W0400592

STEVE
THOMPSON

PEFC
10-31-2541
Promouvoir la gestion durable de la forêt
www.pefc-france.org

Titre original : *Unforgettable – rugby, dementia and the fight of my life*
© Steve Thompson et John Woodhouse, 2022
Édition originale : Blink Publishing, 2022
Édition française : Hugo Sport, 2025

© 2025, Hugo Sport, département de Hugo Publishing
59, quai Alphonse Le Gallo
92100 Boulogne-Billancourt
www.hugopublishing.fr

Photo de couverture : © Robert Wilson
Design de couverture : Nick Stearn
Couverture française : Emmanuel Pinchon

ISBN : 9782755677775 / 001
Dépôt légal : février 2025
N° d'impression : 2405592
Imprimé en France par Normandie Roto Impression en janvier 2025
sur papier provenant de forêts gérées de manière durable

STEVE THOMPSON

INOUBLIABLE

Traduit de l'anglais par Mickaël Caron

Rugby, démence et le combat d'une vie

Hugo Sport

À Steph, Seren, Slone, Saskia et Saxon,
pour m'avoir maintenu en vie.

SOMMAIRE

Chapitre 1 L'ange et le démon 11
Chapitre 2 Oublié 23
Chapitre 3 Reconstruction 35
Chapitre 4 Le Lion perdu 75
Chapitre 5 Boulimie 81
Chapitre 6 Les débuts 91
Chapitre 7 Le Saint 117
Chapitre 8 Grenade 135
Chapitre 9 Perdu en France 147
Chapitre 10 Fermeture 161
Chapitre 11 Est-ce que je l'ai ? 177
Chapitre 12 Enfoiré lunatique 187
Chapitre 13 Résistance 199
Chapitre 14 Mon Steve, par Steph 221
Chapitre 15 L'enfant perdu 239
Chapitre 16 Brisé 255
Chapitre 17 Premier témoin 275
Chapitre 18 Ligne de fuite 297
Chapitre 19 Famille 311
Épilogue Les ténèbres et la lumière 327
Remerciements 331

Chapitre 1

L'ANGE ET LE DÉMON

Je n'ai jamais cherché « démence » dans Google. J'ai peur de ce que je pourrais apprendre.

Ce que je sais, c'est que l'intérieur de ma tête abrite un ange et un démon. Ils se disputent constamment. En fait, leurs chamailleries m'épuisent. Lorsque l'ange me tire vers le haut – « Tu as le droit de te sentir bien. C'est bien de se sentir positif » –, le démon intervient immédiatement – « Oublie ça ! Tu vas redescendre. Et vite. » Et je me sens soudain très mal, sans raison particulière, comme si j'étais sur le point d'être écrasé par un gigantesque pneu noir qui roule vers moi.

J'accepte les bons et les mauvais moments – cela fait partie de la vie – mais là, c'est différent. Les pensées négatives m'envahissent, m'empêchent de profiter des bons moments. J'ai toujours été un battant, j'ai toujours trouvé un moyen de régler les choses, mais cet adversaire ne s'incline pas, au contraire sa force grandit, tandis que mes capacités déclinent.

La démence, avec une probable encéphalopathie traumatique chronique (ETC), une maladie cérébrale dégénérative, me regarde depuis le coin opposé du ring. La comparaison avec la boxe est pertinente : la seule cause connue de l'encéphalopathie traumatique chronique est la répétition des coups à la tête, d'où l'expression « ivre de coups de poing ». Mais si les matchs de boxe sont peu fréquents et ne durent que quelques rounds, j'ai participé à des centaines de matchs de rugby et à d'interminables séances d'entraînement – des milliers et des milliers de coups, de chocs, d'impacts et de commotions, dont la grande majorité ont été à peine remarqués par moi, mes coéquipiers, mes entraîneurs ou les adversaires. Un collègue me disait alors que j'étais allongé sur le pont : « Oh regardez, il fait encore une de ses siestes. » Steve Thompson – il dort du sommeil de l'inconscient.

Chacune de ces collisions a contribué à former l'un de ces affreux pixels jaunes qui, lorsque je regarde un scanner de mon cerveau, représentent des tissus morts. J'ai cette image sur mon téléphone. Je la montre aux gens comme je montre les photos de ma femme et de mes enfants. « Là, c'est nous en vacances l'année dernière. Et si je fais défiler, voici mon ETC ». J'ai résisté à l'envie d'en faire mon fond d'écran. Si elle est visible par tous, on ne pourra jamais rien y faire. Les dommages sont si profonds que même Heineken ne peut les atteindre – Dieu sait que j'ai essayé. En fait, la seule façon de diagnostiquer l'ETC avec une certitude absolue est de procéder à une dissection post-mortem. En attendant, vous devrez nous croire sur parole, les experts et moi. C'est là que ça se passe. Pour être honnête, les symptômes s'additionnent. L'ETC affecte les émotions, vole les souvenirs, rend le patient frustré et irritable, et peut conduire à des pensées suicidaires. Je ne me suis jamais considéré comme un spécimen humain parfait, mais lorsqu'il s'agit de l'encéphalopathie traumatique chronique, c'est tout à fait le cas.

Le résultat de tous ces coups portés à la tête est aussi brutal que simple. Je suis atteint de démence. Elle est décrite comme étant à un stade précoce, mais ses effets sont déjà importants. Je laisse la voiture tourner dans la rue pendant des heures. Je vais chercher une bière dans le réfrigérateur et je trouve dix canettes solidifiées dans le congélateur. Je reste bloqué sur le même livre pendant des mois parce que je dois sans cesse revenir au début.

L'autre jour, j'ai reproché à mon chien d'être pénible. « Saxon ! Saxon ! » disais-je. Il ne me regardait même pas. « Saxon ! » Il me mettait en colère. Puis j'ai regardé mon enfant de trois ans. Il me regardait, terrifié. Que se passait-il ?

« Tu appelles le chien Saxon », m'a dit ma femme, Steph. « Il s'appelle Stan. Saxon est ton fils. »

C'était un vrai moment de *Qu'est-ce qui m'a pris ?* Les gens essaient de me consoler : « Oh, je confonds tout le temps les noms de mes enfants. » Et je me dis *Oui, mais pas avec le chien.*

Et ce n'est pas le pire. Je regarde Steph, la femme avec qui j'ai tout partagé pendant dix ans, avec qui j'ai fait quatre enfants, et je n'arrive pas à me souvenir de son nom. Pensons-y un instant. Est-il simplement possible de ne pas se souvenir du nom de sa femme ? Nous connaissons tous le nom de notre partenaire, n'est-ce pas ? C'est une seconde nature. Il n'y a même pas besoin de brancher le cerveau. Le nom. Boum ! Il est là.

Et pourtant, au cours des deux dernières années, quelque chose d'inimaginable s'est produit, aussi bizarre que déchirant. Steph est là, devant moi. Je la regarde fixement et il n'y a rien. Dans ma tête, je me dis : *je le sais ! Je connais son nom !* – comme on peut voir quelqu'un qui, dans un jeu télévisé, n'arrive pas à trouver la bonne réponse. Mais en réalité, cette réponse n'existe plus. Et contrairement à un jeu télévisé stupide, elle est importante. Connaître le nom de sa femme compte vraiment. À ce moment-là, il est difficile de penser à quoi que ce soit qui puisse avoir plus d'importance – ce qui en soi n'est pas d'une grande aide lorsque vous cherchez désespérément dans les tiroirs encombrés de votre esprit, obtenant un aperçu fugace qui disparaît à nouveau parmi le bric-à-brac, l'enchevêtrement, les ordures. Cela se produit une fois et vous vous dites : *OK, c'est juste une fois. Une panne de cerveau. Cela peut arriver à tout le monde.* Je l'ai vu dans les vestiaires. Le capitaine regarde un gars avec qui il a joué une centaine de fois et c'est là – ce moment où il ne peut pas propulser son nom à l'avant de son esprit. Légèrement embarrassant. Assez drôle, même pour les spectateurs. Cela arrive. Les gens s'embrouillent. Mais le nom de votre partenaire ? Vraiment ? Certainement jamais. Mais ça m'arrive encore et encore. Une minute, c'est là, l'instant d'après, c'est parti. Steph décrit cela comme un vide complet. Comme si quelqu'un m'avait coupé le courant. La seule façon de me rallumer est qu'elle dise, calmement et fermement : « Je suis Steph. » À ce moment-là, quelque chose de tacite passe entre nous et nous continuons. Ce qui ne veut pas dire que tout va bien. Comme tout couple, lorsque Steph et moi nous sommes mariés, c'était pour toujours. Et soudain, on nous l'a encore rappelé, elle se retrouve avec un type qui ne se souvient même pas de son nom. Elle sait que ce n'est pas moi qui suis mentalement paresseux, que je n'ai pas si peu d'estime pour elle que je ne peux vraiment pas me souvenir instantanément de son nom, mais il est difficile d'imaginer que ce n'est pas blessant. Quelque part, même si c'est profond, ça l'est forcément. Nous sommes les deux faces d'une même pièce. Steph et Steve, Steve et Steph – ce n'est pas difficile à retenir. Comme le *fish and chips*, le sel et le vinaigre – le ruck et le maul.

D'autres fois, nous sommes en pleine conversation et je m'arrête au beau milieu d'une phrase. Totalement absent. Comme si on avait levé le pont-levis vers mon cerveau. Là encore, Steph s'y est habituée.

Elle me donne simplement une indication – « Tu parlais de ceci… » –, mais c'est un autre petit rappel de ce qui se passe, de la marée qui monte sans bruit et nous éloigne du rivage. La démence, semble-t-il, ne s'oublie jamais.

La culpabilité me domine. Je me le répète sans cesse : *elle n'a pas signé pour cela. Ce n'est pas ce que je lui avais promis.* Et puis, comme un coup de genou sur le côté de la tête, je me demande quel sera son avenir. Ce n'est pas théorique, il s'agit d'une réalité concrète : à quoi ressemblera vraiment sa vie lorsqu'elle s'occupera d'un mari atteint de démence ? Je la regarde parfois – *Je n'arrive pas à croire ce que je t'ai fait. Je ne serai pas un mari, je serai un patient. Tu ne seras pas une épouse, tu seras une infirmière.*

Steph est la personne la plus forte que je connaisse. Si solide. Si proche. Sa réaction au diagnostic a été simple : « Je m'occuperai de toi. Bien sûr que je le ferai. Il n'y a rien d'autre à dire. » Et je sais qu'elle le fera. Elle est comme ça. Elle aime être mère, s'occuper des autres. Je ne pourrais pas l'aimer davantage pour cela, mais cela ne m'empêche pas de m'inquiéter. On ne devient pas talonneur de l'équipe d'Angleterre si l'on mesure 1,60 m et que l'on pèse 50 kilos. Je mesure 1,90 m et je pèse 130 kilos. Pour l'instant, ça va, mais le moment pourrait bien venir où elle devra me déplacer, éventuellement me porter, me soulever des toilettes, me mettre au lit. Bon sang, à quoi cela ressemblera-t-il ?

Je ne peux m'empêcher de penser que ce cauchemar sera très éloigné de notre rêve initial. Comme nous nous sommes rencontrés assez tard, nous avons pris la décision d'avoir des enfants rapidement. Sont nés Seren, Slone, Saskia, et Saxon. L'idée était qu'au moment où ils grandiraient, nous serions encore assez jeunes pour avoir du temps pour nous. Nous sacrifierions un peu d'intimité au début et nous la retrouverions plus tard à profusion. Après tout, la cinquantaine, voire la soixantaine, ne sont plus ce qu'elles étaient autrefois. Lorsque j'étais enfant, les personnes âgées de cinquante ans étaient vraiment vieilles. Ils avaient l'air vieux, s'habillaient vieux, agissaient vieux. Aujourd'hui, tout cela a disparu. Vieillir est très différent désormais. Les gens sont incroyablement actifs ; leur mode de vie est meilleur. Ils vivent plus longtemps et restent jeunes. Nous aimions cette idée, celle de profiter de notre temps avec les enfants et de vieillir ensemble. Aujourd'hui, cela nous a été enlevé, et Steph en ressent de l'injustice. Nous allons toujours profiter de ces années, mais, même si nous serons ensemble physiquement, nous serons tous les deux assis devant la télévision et en fin de compte, nous serons séparés. Seul l'un d'entre nous saura ce qui se passe.

Sans compter l'effet sur nos enfants. Je les aime tellement, mais je ne peux m'empêcher de me demander si j'ai bien fait de mettre au monde des enfants qui, dans une certaine mesure, devront s'occuper de moi lorsqu'ils seront plus âgés. Je me sens mal à l'idée de ce que je vais leur laisser à tous. Steph devra s'occuper de moi et des enfants, et tous ensemble, ils devront s'occuper de moi.

Il y a en moi un flux constant d'émotions contrastées. Une vague apporte des pensées positives : *d'accord, j'ai quelque chose qui ne va pas, mais nous pouvons le comprendre et y remédier.* La suivante apporte un tsunami de désespoir mental : *que vais-je faire subir aux enfants ? Combien de temps me reste-t-il avant que l'horloge ne s'arrête et que la bombe n'explose ?*

À plusieurs reprises, j'ai été au bord des larmes. Un jour, Saskia est venue me faire un câlin et m'a embrassé sur le front. « Pour quelle raison ? » ai-je demandé. « Tu as une mauvaise tête », m'a-t-elle répondu. Je suppose qu'elle avait entendu deux mamans parler à Steph de mon diagnostic dans la cour de récréation, mais je trouve toujours incroyable qu'un enfant de quatre ans puisse mettre le doigt sur un problème comme celui-là.

Elle n'est pas la seule. Chaque soir, à l'heure du coucher, je raconte des histoires aux enfants. Quand j'ai fini, ils m'embrassent tous la tête avant de s'endormir. Ils avaient l'habitude de faire la même chose sur mon coude si je me l'étais cogné ou sur mes mains si elles avaient enflé à cause du travail. En temps normal, il est difficile de ne pas ressentir d'émotion lorsque les lèvres de vos enfants se posent sur votre front. Aujourd'hui, cette émotion est multipliée par mille. Lorsque je ferme la porte de leur chambre, je reste là, sur le palier, à essayer de tout assimiler. C'est adorable qu'ils m'embrassent sur la tête, mais en même temps, c'est incroyablement triste. J'essaie de faire bonne figure. Faut-il se montrer sous son vrai jour et s'effondrer un peu ? Ou bien faut-il cacher un peu les choses et essayer de rester uni pour eux ? On peut dire que c'est bon pour les enfants de nous voir tels que nous sommes. Mais cela peut également les effrayer. Pour un enfant, un père est un roc, et je ne suis pas sûr qu'ils me verront comme un roc si je suis constamment en train de m'effondrer. Le moment viendra, lorsqu'ils seront un peu plus âgés, de leur dire les choses correctement. Je ne veux pas les effrayer maintenant.

Je suis peut-être un grand gaillard, mais cela ne veut pas dire que je traverse la vie sans réfléchir. En réalité, mon cerveau est en ébullition en permanence. Ce que les gens voient à l'extérieur ne correspond pas toujours à ce qui se passe à l'intérieur. L'autre jour, par exemple, alors que je câlinais Seren, je sentais tout bouillir – la frustration, la colère, et ce grand point d'interrogation en suspens – *Pourquoi ?* –, mêlé à l'amour intense que je ressentais pour cette belle petite figure à côté de moi. À ce moment-là, je me suis senti craquer. Heureusement, Steph et les enfants sont sortis et, en leur absence, j'ai réussi à me ressaisir. Je ne veux pas que les enfants me voient pleurer. Ils ne devraient pas voir leur père comme ça.

D'autres fois, le détachement n'est pas aussi facile. Certains jours, non seulement je vis cette situation, mais j'ai aussi l'impression de me regarder la vivre. Je me regarde de haut et je me dis : *pourquoi suis-je ici ? Je suis brisé. Ce serait beaucoup plus facile pour tout le monde si je me suicidais.* Les gens qualifient d'égoïstes ceux qui s'enlèvent la vie – j'ai moi-même agi de la sorte par le passé –, mais cela ne tient absolument pas compte de l'état d'esprit dans lequel ces derniers se trouvent. La plupart du temps, ceux qui passent à l'acte pensent qu'ils sont tout sauf égoïstes. Ils pensent qu'ils le font pour que ceux qui les entourent soient épargnés par leurs problèmes. Je ne suis pas différent. Je commence à penser à l'avenir maintenant. La douleur, le traumatisme… Tout pourrait disparaître, pour tout le monde, en un clin d'œil. Une douleur à court terme pour un gain à long terme. *Je pourrais mettre fin à tout cela. C'est moi le problème, alors si je pars, le problème part avec moi. Les enfants seront mieux sans moi. Ils n'auront plus à s'occuper de moi. Certes, ils seront bouleversés. Mais au bout d'un certain temps, ils accepteront ce qui s'est passé et passeront à autre chose. Ce sera beaucoup moins de stress pour tout le monde. Je les libérerai tous.*

Quand je suis au plus bas, Steph voit en moi ce sombre dilemme. L'autre jour, je me suis énervé. « Je suis épuisé », lui ai-je dit. « Laisse-moi m'en aller. C'est tellement dur de continuer à se battre, d'avoir constamment cette histoire de bon et de mauvais flic dans ma tête. Et ça ne peut pas vraiment s'améliorer. » Elle m'a caressé la tête comme un bébé. Dans ces moments-là, je suis aussi impuissant qu'un nourrisson.

La menace que les pensées suicidaires font peser sur ma famille et moi n'est pas imaginaire – elle est réelle. L'autre jour, j'allais prendre un train pour Londres, pour la première fois depuis un certain temps. Un train interurbain rapide comme l'éclair s'est dirigé vers le quai. Il n'allait pas s'arrêter. L'idée est venue de nulle part. *Je n'ai qu'à sauter devant la locomotive. C'est la meilleure façon de procéder. En un clin d'œil, disparu.* Je me suis vu faire, comme si j'étais filmé d'en haut. L'express est passé en trombe, la locomotive puis les wagons ont filé à moins d'un mètre de ma tête. Le souffle m'a ramené à la réalité. J'ai commencé à envoyer un message à Steph – *Je me sens mal.* Et comme toujours, elle s'est débrouillée pour me calmer. Mais à ce moment-là, l'idée d'en finir était si réelle que je pouvais la toucher. *Je pouvais le faire. Je pouvais vraiment le faire.* Dans les moments les plus difficiles, Steph – Steph l'étonnante, la compréhensive, l'incroyable Steph – m'écoutera toujours et me rattrapera.

Peu de temps après, j'ai regardé avec Seren l'une de ces émissions de téléréalité consacrée aux situations d'urgence. Il y avait un père en train de mourir – sa femme et leur bébé allaient se retrouver seuls. Seren s'est effondrée. « Je ne veux pas qu'il t'arrive quoi que ce soit. » Pendant un bon moment, elle est devenue très collante. Sassy aussi. Je m'assieds et en quelques secondes, elles sont là. Idem pour Saxon et Slone. Je suis si proche d'eux tous et déterminé à repousser les idées noires et à les garder loin de moi aussi longtemps que possible.

Parfois, cependant, je m'interroge sur ces moments où je me sens détaché de moi-même, de la réalité, comme si j'étais spectateur de ma propre vie. Est-ce que ce sera comme ça quand je serai plus loin ? Quand j'aurai atteint une destination sans retour ? Me verrai-je tel que je suis ? Verrai-je les mêmes yeux vides que ceux qui essaieront de communiquer avec moi ? J'essaierai de comprendre les absurdités que je raconte. Ce sont des questions qui n'auront jamais de réponse. D'ici là, la bombe à retardement aura cessé de faire tic-tac – il sera trop tard.

C'est pourquoi j'écris ce livre : pour raconter mon histoire, à vous, à mes enfants – et à moi-même.

Chapitre 2

OUBLIÉ

Je travaillais loin de chez moi pour réparer une conduite d'eau qui avait éclaté. Alors qu'auparavant mon équipement de travail se résumait à des crampons, un maillot et un short de rugby, ce jour-là, en tirant la chasse d'eau, je portais un gilet et des chaussures de sécurité. Le Covid était à son apogée et j'étais donc confiné avec un autre gars, Shaun. Pendant plusieurs semaines, nous avons travaillé et vécu ensemble à Kendal, à l'extrémité sud du Lake District[1]. Il n'y avait nulle part où aller le soir, pas de sport en direct à la télévision, rien. On avait l'impression que le monde avait oublié comment vivre. Pour combler le vide, ITV a décidé de rediffuser l'intégralité de la Coupe du monde de rugby 2003. Shaun aime bien le rugby et a suggéré qu'on regarde. Je n'avais jamais revu aucun de ces matchs. Pourquoi l'aurais-je fait ? J'y étais. Mais en ce mois de juillet, Shaun et moi avons revécu le parcours de l'Angleterre jusqu'à la finale. Tous les soirs, je nous préparais un petit dîner puis nous regardions le rugby.

1 Région montagneuse située dans le Nord-Ouest de l'Angleterre (toutes les notes sont du traducteur).

Cela a commencé par notre match de poule contre la Géorgie. Au fur et à mesure que les minutes s'écoulaient, je me suis rendu compte d'une chose : je ne me souvenais de rien. Shaun me posait des questions par bribes – « Comment était ce gars ? Qu'est-ce qui s'est passé à ce moment-là ? » – et rien ne me revenait. À un moment donné, j'ai franchi la ligne pour marquer. Génial, mais c'était plus surprenant pour moi que pour mon compagnon. Je n'étais pas trop inquiet. Ce n'était qu'un match de poule assez banal.

Quelques jours plus tard, nous étions de nouveau assis devant la télévision pour le deuxième match, cette fois contre une grande équipe, l'Afrique du Sud. Là encore, rien. J'aurais tout aussi bien pu être en train de regarder *Countdown*[2]. J'avais l'impression de regarder des étrangers, sans savoir qui ils étaient ni ce qu'ils allaient faire. La rencontre suivante, contre les Samoa, m'a procuré la même sensation. Pas le moindre souvenir. J'étais sur le banc de touche pour le dernier match de la phase de groupe contre l'Uruguay, mais étant donné que nous avions gagné 111-13, vous pensez sûrement que c'était une bonne raison de m'en souvenir.

Je suis sûr que Shaun a dû penser que j'étais dingue. Ce n'est pas étonnant qu'il dise à tout le monde : « C'était mon héros, puis je l'ai rencontré. » Mais je mettais l'absence de souvenir sur le compte du temps passé. Je sais que pour beaucoup de gens, cette Coupe du monde, c'était hier, mais elle remonte en fait à près de vingt ans. Il n'y a qu'un nombre limité de matchs que l'on garde en mémoire et ce ne sont généralement pas ceux que l'on joue au début

2 Version anglaise du jeu télévisé *Des chiffres et des lettres*.

d'une compétition. Ce sont les matchs à élimination directe qui impriment des souvenirs durables, tel le quart de finale contre le pays de Galles. En raison de la rivalité qui oppose les deux pays, chaque confrontation devrait être inoubliable, encore plus dans un match à élimination directe de Coupe du monde. Mais, si j'ai vu de la passion sur le terrain, je n'en ai pas ressenti dans mon cœur. L'adrénaline qui avait sans doute coulé dans mes veines ce jour-là avait été remplacée par de la boue. La demi-finale contre la France, un match dont l'enjeu était si important, ne m'a pas non plus procuré la moindre émotion. J'aurais tout aussi bien pu regarder une rediffusion d'un obscur match de football de Premier League. Il n'y avait absolument aucune connexion, physique ou émotionnelle, comme si je m'étais réveillé d'un coma sans savoir qui j'étais auparavant. Un projecteur était braqué sur ma vie, mais je ne me souvenais pas d'avoir participé au spectacle.

Il y avait peut-être une dernière chance. La finale de la Coupe du monde étant devenue si légendaire, j'ai commencé à me demander s'il était possible que mon esprit ait effacé tous les matchs précédents. Pourquoi garder dans un disque dur des fichiers qui ne seront plus jamais consultés ? Pourquoi s'accrocher à des souvenirs qui ont été rendus oubliables par ce qui s'est passé ensuite ? *Oui, c'est peut-être ça. Il n'y a pas forcément quelque chose qui cloche avec moi. Mon cerveau fonctionne peut-être comme celui de n'importe qui. Comme une clé USB, n'est-ce pas ? La mémoire est saturée. Effacer et remplacer – c'est ce que nous faisons tous.*

Je suis donc assis devant la télévision pour visionner la finale. Les équipes entrent sur le terrain, séparées par le trophée. *Bon, je ne me souviens pas de ça.* Un énorme chaudron, 83 000 supporters en furie au Telstra Stadium, dont la moitié vêtue de blanc agitant des drapeaux avec la Croix de saint Georges. Les gens étaient venus par milliers. *Je m'en souviens. Ou est-ce que j'en ai simplement entendu parler ? J'ai vu des photos. Ce ne sont pas mes souvenirs – je sais simplement que cela s'est produit.*

Voici l'hymne national. Les garçons s'y mettent à fond. Lawrence Dallaglio déchire tout. On dirait que ses poumons vont éclater. Et je suis là aussi. J'ai l'air un peu nerveux – sur mes orteils, sautillant, soufflant un grand coup à la fin de *God Save the Queen. Étais-je nerveux ? C'est un étranger que je regarde. Comment savoir ce qu'un étranger ressent à l'intérieur ?*

Coup d'envoi. Les Australiens marquent après quatre minutes. Stephen Larkham envoie un coup de pied haut directement dans les mains de Lote Tuqiri. Jason Robinson se trouve face à lui sur la ligne d'essai, mais la lutte n'est pas équitable – Jason mesure vingt centimètres de moins. *C'est le match le plus connu et le plus mémorable de l'histoire du rugby anglais, et il pourrait tout aussi bien se dérouler en direct vu le peu de souvenirs que j'en ai.*

Deux pénalités transformées par le pied en or de Jonny Wilkinson nous donnent l'avantage. Je n'arrive plus à me concentrer pendant de longues périodes et mon esprit commence à vagabonder. Il y a des questions que l'on me pose tout le temps, l'une d'entre elles est : « Comment était Jonny Wilkinson ? » C'est normal, il est devenu un héros national grâce à ce qu'il a accompli dans ce tournoi. Parmi les autres questions, citons : « Qu'est-ce que Martin Johnson a dit dans le vestiaire avant la finale ? » et « Quel genre de mec était Clive Woodward ? » Ma réponse honnête à toutes ces questions est toujours : « Je ne sais pas. » Je me sens comme un imposteur lorsque les gens me demandent ce genre de choses et que je leur réponds que je ne me souviens pas. L'expression de leur visage révèle ce qu'ils pensent : *il ne se donne pas la peine. Il se croit trop important pour parler à quelqu'un comme moi.* Si la situation était inversée, c'est exactement ce que je penserais. *Bien sûr que vous vous souvenez. Qu'est-ce que vous racontez ?* La dernière chose que je souhaite, c'est de donner l'impression que je me crois supérieur. Je suis mortifié à l'idée qu'on me trouve arrogant au point de ne pas répondre à une question que l'on me pose ; que je puisse blesser quelqu'un volontairement. Cela me rappelle l'époque où, enfant, je regardais Northampton Town. L'attaquant Trevor Morley était mon idole, ses buts avaient donné aux Cobblers le titre de champion dans l'ancienne quatrième division[3]. Un jour, j'ai attendu des heures devant le stade sous la pluie. Il a fini par sortir. Mon grand moment. « S'il vous plaît, puis-je avoir votre autographe ? » Il m'a répondu « Va te faire foutre », et est monté dans sa voiture. Cela m'a brisé le cœur.

Je n'ai jamais oublié ce sentiment. J'ai toujours voulu être différent. Alors, quand des gens me demandent de revivre l'excitation, les grands moments, notre plaisir ou nos bagarres, je ne veux pas qu'ils pensent que je me fiche d'eux. Je sais que j'ai vécu leurs rêves et qu'ils veulent juste savoir ce que l'on ressent à notre place. Je suis désolé si je

3 Le club de Northampton a été champion de troisième division en 1963 et a remporté le titre de quatrième division en 1987 (dont il est question ici) et en 2016.

suis maladroit. Ma mémoire est vide. *Vide.* Je ne sais tout simplement pas quoi dire et je suis gêné.

*

Mon attention se porte à nouveau sur l'écran. Une autre pénalité de Jonny, puis Jason se dirige vers l'en-but pour un essai en coin. Je remarque que sa célébration lui permet d'envoyer le ballon plus loin que je ne pourrais jamais le lancer en touche. La mi-temps est sifflée et nous rentrons au vestiaire en menant 14 à 5.

J'essaie souvent de tester ma mémoire en repensant à quoi ressemblaient les vestiaires dans les stades. Là encore, les anciens joueurs sont souvent interrogés à ce sujet – à côté de qui ils s'asseyaient, s'il y avait une piscine, ce genre de choses –, mais je suis incapable de fournir ne serait-ce que la plus élémentaire des descriptions, et encore moins de révéler à qui appartenait tel slip accroché à une lampe. Le vestiaire du Telstra Stadium n'y échappe pas. Le seul dont je me souvienne est le petit vestiaire merdique qu'ils avaient à Bath, un souvenir qui semble malheureusement ancré dans ma mémoire. Pour le reste, je n'ai pas le moindre souvenir des stades où j'ai joué – Lansdowne Road, Murrayfield, le Millennium Stadium, le Stade de France. Pas même le vestiaire de Franklin's Gardens, à Northampton, qui a été ma maison pendant une décennie. Je vous le dis, si j'étais sur le terrain de Twickenham en ce moment même et que quelqu'un me demandait comment se rendre aux vestiaires, je n'en aurais pas la moindre idée. Je lui dirais probablement de s'adresser au gardien.

On joue la deuxième mi-temps. L'Angleterre domine, mais les Australiens se battent pour égaliser au coup de sifflet final. Avant la prolongation, je vois notre capitaine Martin Johnson nous encourager. Je suppose qu'il le fait, en tout cas. Je ne me souviens pas de ce qu'il a dit.

L'Angleterre reprend l'avantage avant qu'Elton Flatley ne remette les compteurs à égalité grâce à une pénalité. Même moi, je sais ce qui va se passer ensuite – 99 minutes au chrono, un alignement en touche. Je lance le ballon et trouve Lewis Moody, le ballon finit dans les mains de Jonny. Lewis m'a reparlé récemment de ce lancer. Il m'a dit que le ballon l'avait frappé en plein dans les couilles[4]. « Je pensais viser ton cerveau », lui ai-je répondu.

Jonny a à peine une demi-seconde pour se mettre en position et envoyer son drop entre les poteaux. De temps en temps, j'entends le commentaire légendaire d'Ian Robertson sur BBC Radio 5 Live : « Il tape pour la gloire de la Coupe du monde ! C'est passé – c'est fini ! Il l'a fait ! » Mais je ne ressens aucune émotion. Il n'y en a pas davantage maintenant. L'arbitre siffle et c'est fini. Je vois une vidéo de Lewis Moody, Jason Leonard et moi en train de rire et de célébrer. C'est le genre de chose qui devrait me donner la chair de poule. Tout ce que je vois, c'est un gros garçon, une tête ronde, un gros cul.

Sur le podium, je me vois entre mes collègues de la première ligne, Phil Vickery et Trevor Woodman. On nous remet nos médailles avant que Johnno[5] ne soulève la Coupe

4 En réalité, lors de la dernière touche, Steve Thompson vise le fond de l'alignement où se trouve Lewis Moody, qui doit lever les bras pour se saisir de la balle, avant de la volleyer vers Matt Dawson.

5 Martin Johnson (84 sél.), alors capitaine de l'équipe d'Angleterre.

du monde. Je me vois en train de sauter pendant que le trophée passe de mains en mains. Normalement, lorsque vous revoyez les images d'un grand événement de votre vie, votre rythme cardiaque s'accélère, vous ressentez de l'excitation, les poils de votre nuque se dressent. Rien de tout cela ne se produit. Je ne m'y attends pas. À présent, tout est évident : cette partie de moi, cette version de moi, est morte.

J'ai gagné la Coupe du monde et je ne m'en souviens pas.

D'après tous les témoignages, le prince Harry est passé dans les vestiaires après le match. Il m'a peut-être parlé – je n'en ai aucune idée. Il en va de même pour toutes les célébrations qui ont eu lieu cette nuit-là et celles qui ont suivi. J'ai vu des photos de notre arrivée à Heathrow, le nombre fou de personnes qui se sont entassées dans le hall des arrivées à l'heure horriblement antisociale de 4 h 30 pour nous accueillir, mais dans ma tête, il n'y a plus rien. Les gens veulent également me parler de la parade à Londres. C'est compréhensible. Ils me disent où ils se trouvaient dans la foule. Ou bien ils se souviennent simplement de l'incroyable sensation d'appartenir à quelque chose de grand. Quelque chose qui ne s'était jamais produit auparavant. L'histoire du sport.

Ils me disent « *Waouh* », en pensant que, quelles que soient les émotions incroyables qu'ils ont ressenties, j'ai dû en ressentir dix mille fois plus, que « ça a dû être incroyable ». Et pourquoi ne penseraient-ils pas cela ? Nous tous, une véritable équipe de copains, qui avons atteint le summum ensemble, dans un bus à toit ouvert qui serpente dans le centre de Londres, saluant, riant, buvant du champagne et de la bière, soulevant à tour de rôle le trophée devant la foule. Peut-être, comme moi – typique de Thommo[6] – en train de le mettre sur ma tête (j'ai vu les photos). Et pourtant, tout ce que je peux faire, c'est hocher la tête, sourire ou les regarder dans le vide. Encore une fois, je ne peux m'empêcher de penser à la déception que cela doit engendrer, à l'impression d'impolitesse que je dois dégager. Je ne me souviens tout simplement pas d'avoir été dans ce bus. Je ne me souviens pas davantage d'avoir été nominé pour le titre de Joueur mondial de l'année. Je sais que c'est arrivé. C'est là, sur Google. En dehors de ça, rien du tout.

Lewis m'a récemment envoyé quelques photos de notre séjour en Australie. Je nous vois sur la plage de Manly[7], dans des restaurants entourés de coéquipiers avec qui nous partageons de grandes assiettes de travers de porc, profitant d'une matinée tranquille dans un café. Ce n'est pas désagréable de regarder de vieilles photos. Cela ne peut pas l'être, car cela signifierait qu'il y a une sorte d'attachement émotionnel à l'image. Mais ce n'est pas le cas – il n'y a rien. *Je te connais*, je pense en me regardant dans les yeux, *mais je ne me souviens pas d'avoir été toi.*

Il y a une autre photo qui témoigne de l'euphorie qui a suivi la Coupe du monde. Toute l'équipe est réunie à Buckingham Palace pour une photo avec la Reine, un corgi passe devant Sa Majesté juste au moment où l'obturateur se déclenche. Pour une fois, je suis au dernier rang, je souris et, comme on pouvait s'y attendre, je regarde dans la mauvaise

6 Surnom de Steve Thompson.
7 Plage située au Nord-Est de la ville de Sydney.

direction. J'ai vu ça sur Twitter récemment et j'ai regardé les chaussures que tout le monde portait. *C'est donc là que je les ai eues !* Depuis longtemps, j'ai une paire de chaussures préférée – en cuir marron souple – et je me demandais d'où elles pouvaient bien venir. Il s'avère que ce sont mes chaussures officielles de la Coupe du monde. Enfin, je crois que je peux les appeler ainsi. Je les ai fait réparer tellement de fois qu'elles sont comme la vieille brosse de Trigger dans *Only Fools and Horses*[8] – sauf qu'au lieu d'avoir dix-sept nouvelles têtes et quatorze nouveaux manches, c'est cinq nouvelles empeignes et trois semelles neuves.

Nous avons ensuite été anoblis au palais, dans la promotion du Nouvel An, une autre grande occasion qui n'est qu'une page blanche dans ma mémoire. Je connais quelques détails de la journée parce que Lewis me les a rappelés, ce qui peut en soi être une source de confusion pour les personnes atteintes de démence précoce. Je ne parle pas du fait que Lewis m'ait parlé, bien que cela soit assez déroutant, mais des souvenirs – possédés et empruntés – qui, ensemble, forment un paillis dans mon cerveau. *S'agit-il vraiment de mes souvenirs ou de choses que j'ai entendues ailleurs ?* La soirée qui récompense la personnalité sportive de l'année de la BBC en est un bon exemple. Je sais que j'y suis allé parce que j'ai encore la plaque qu'on nous a remise lorsque nous avons reçu le titre d'équipe de l'année. En dehors de cela, je ne me souviens de rien. Je sais cependant que si quelqu'un me parle de cette soirée, mon cerveau essaiera de s'approprier ce souvenir. Il peut disparaître immédiatement, s'attarder pendant un certain temps ou former comme un

8 Série télévisée humoristique diffusée par la BBC entre 1981 et 2003.

écho. Si c'est le cas, je n'aurai finalement aucune idée de si le souvenir est mien ou s'il vient d'ailleurs. Je suis tellement perturbé que je ne sais même pas si j'utilise mon propre cerveau.

Ma vie après la Coupe du monde a été un tourbillon de réceptions, de récompenses et d'événements. Mais s'il n'y avait pas de preuves photographiques, je n'y croirais pas, tout comme je n'accepterais pas d'avoir passé cette soirée mémorable au Telstra Stadium. J'étais là, bien sûr, mais en même temps, je n'existais pas. Si vous n'avez aucun souvenir d'un événement, le fait que vous y ayez participé n'a absolument aucune signification. Comment le faire revivre dans votre esprit ? Comment déterrer un passé oublié et le rendre réel ? Pour autant que je sache, les archéologues ne recherchent pas de cellules cérébrales perdues depuis longtemps. Si je me trompe, prévenez-moi.

Pour moi, le souvenir de la Coupe du monde 2003 ne peut être qu'indéfiniment reconstruit par ceux avec qui j'ai partagé cette expérience – mes coéquipiers et les entraîneurs qui ont rendu cet exploit possible.

Cela m'a fait réfléchir. *Je me demande si…*

Chapitre 3

RECONSTRUCTION

C'est une chose étrange de demander à des gens de reconstruire un cerveau. Cela fait un peu *L'homme qui valait trois milliards* sauf que c'était Steve Austin, pas Thompson. Mais j'ai réfléchi à la personne qui serait la mieux placée pour me réimplanter quelques souvenirs d'une gloire disparue. J'ai d'abord pensé à Lewis Moody, ce grand imbécile de Lewis – « Chien Fou » de son propre aveu. Le premier joueur anglais expulsé à Twickenham. Un homme qui a un jour donné un coup à Johnno à l'entraînement et qui a survécu pour raconter l'histoire. L'homme le plus loyal que j'ai connu, qui traverserait un mur de briques – ou de Samoans – sans la moindre hésitation. Lewis et moi venons d'horizons très différents. Lui est un produit de l'école publique huppée, à mille lieues de l'éducation que j'ai reçue, mais, comme moi, il n'a jamais de préjugés sur les gens et, dès le départ, nous nous sommes entendus. Il était très drôle, pas toujours intentionnellement, et avait l'habitude d'oublier le code de sa carte bancaire à des moments très opportuns.

Et puis il y a eu Ben Cohen qui, lorsque je l'ai rencontré pour la première fois alors que j'étais adolescent à Northampton, m'a si généreusement surnommé « Shrek ». Ben, bien sûr, ne se serait jamais attiré un tel surnom. Il a fait un millier de couvertures de magazines, généralement enduit de produits de beauté et vêtu d'un caleçon affreusement petit. Les gens me disaient souvent : « Comment diable peux-tu être ami avec Ben ? » Mais pour moi, Ben est comme une paire de baskets usées – on ne peut pas s'empêcher de les mettre de temps en temps.

Lewis et Ben me connaissent sous toutes les coutures. Au fil des ans, j'ai tout partagé avec eux – les grandes choses, les petites, et tout ce qu'il y a entre les deux. Ensemble, nous avons parcouru le monde, nous nous sommes terriblement saoulés et nous avons gagné la Coupe du monde. Et tout d'un coup, j'ai surgi, je leur ai tapé sur l'épaule et j'ai dit : « Au fait, les gars, je ne me souviens de rien. » Paul Grayson (Grays), le demi d'ouverture de longue date de Northampton, qui a également participé à la campagne de 2003, était d'une génération différente de celle des trois idiots que nous étions. Il avait vu quelque chose de spécial en moi dès le début et m'avait vraiment pris sous son aile chez les Saints, ce dont je lui serai toujours immensément reconnaissant.

Du côté des entraîneurs, Sir Clive Woodward a été, bien sûr, essentiel. C'était sa vision de faire jouer l'Angleterre d'une manière différente, qui non seulement ferait de nous les meilleurs au monde, mais qui nous permettrait de jouer un rugby incroyable tout en avançant selon son plan. La contribution de Clive, non seulement au rugby mais au sport anglais, ne pourra jamais être surestimée.

J'avais également beaucoup de respect pour Andy Robinson (Robbo), l'assistant de Clive. Alors que Clive gardait de la hauteur, Andy était beaucoup plus actif, au cœur même de la mise en œuvre de la formule qui nous mènerait finalement jusqu'à cette grande soirée à Sydney. Clive pouvait dire quelques mots à l'oreille, alors que Robbo se contentait de grogner.

Simon Hardy, entraîneur spécialiste de la touche, possédait de vastes connaissances et une patience encore plus grande pour transformer ma relation cauchemardesque avec cet exercice en quelque chose d'à peu près décent. Simon était implacable dans son approche. Il m'a traqué comme le flic le fait avec Harrison Ford dans *Le Fugitif*. Il y a eu des moments où je tirais mes rideaux le matin et où je m'attendais à ce que son visage soit appuyé contre la fenêtre.

Par chance, tous ont été heureux de s'asseoir et de m'aider à reconstituer le puzzle. Ce qui suit est le fruit de ces conversations. Certains souvenirs sont doux ; d'autres, en particulier un ou deux souvenirs de Ben et Lewis, auraient mieux fait de pourrir sur l'arbre ! À tous ceux qui ont parlé en mon nom, qui sont devenus ma mémoire, je suis à jamais reconnaissant. Je voudrais toutefois réfuter ici et maintenant l'affirmation de Lewis selon laquelle j'ai un jour suspendu Rory McIlroy au balcon d'un pub.

Ben : Avant la Coupe du monde, je partageais ma chambre avec Wally – il s'appelait Steve Walter quand je l'ai connu [voir chapitre 6]. J'avais l'impression de vivre avec un animal – un animal qui ronflait violemment. Gagner une Coupe du monde est un travail difficile. Nous nous faisions fouetter à l'entraînement et un peu de sommeil aurait été d'une grande aide. Un soir, j'en ai eu assez. « Pour l'amour du ciel, Wall, ferme ta gueule ! »

Il a explosé. « C'est ça ! », a-t-il bafouillé. « C'est ça, putain ! » Il s'en prenait à moi, me traitant de tous les noms, comme si c'était moi qui causais le problème. « J'en ai assez », a-t-il dit. « Je m'en vais. »

Il s'est levé, a retiré l'énorme matelas de son lit et l'a traîné jusqu'à la salle de bains. Le matelas était si grand et la salle de bain si petite qu'il a dû le plier en deux comme un morceau de pain, avec lui au milieu, comme une saucisse dans un hot-dog.

« Bien », a-t-il dit. « Va te faire foutre ! Je vais dormir. »

« Bonne nuit, Wall. »

J'ai attendu quelques minutes et j'ai frappé : « Wall, je dois aller aux toilettes. » Il est devenu complètement fou. J'ai réfléchi aux conséquences si j'insistais. « C'est bon, mon pote, je vais pisser dans une bouteille. »

Wally et moi avons une longue histoire de conflits en matière de cohabitation. Dans une chambre double, la plupart des hôtels mettent un lit double et un lit simple. Nous faisions la course dans le couloir avant de nous battre violemment pour être les premiers à franchir la porte. Une fois, j'ai forcé le passage avant lui et j'ai sauté sur le lit double, mais les pieds du lit ont cédé. Immédiatement, j'ai sauté sur le lit simple : « Prends le lit double, Wall ! »

Il a dormi incliné à 45 degrés. Rien n'empêchait Wall, le grand ronfleur, de s'endormir.

Lewis : J'ai partagé beaucoup avec Thommo. Il souffrait depuis longtemps de psoriasis et il y avait deux solutions possibles. La première consistait à exposer la peau au soleil. L'autre à appliquer une crème pour le corps et à la laisser sécher à l'air libre. Lorsque je lui ai suggéré, il a choisi la deuxième option. Dès lors, à chaque fois que je revenais dans la chambre avec ma femme ou mon agent, qui est également une femme, nous trouvions Thommo complètement nu qui se promenait nonchalamment dans la pièce en attendant que la crème sèche.

Steve : *Pour être honnête, je passais mon temps à faire d'autres choses.*

Lewis : Thommo avait une carabine à air comprimé. Nous passions beaucoup de temps au centre d'entraînement de l'équipe d'Angleterre, Pennyhill Park, à Bagshot, pas très loin de Twickenham. Il s'agissait d'un vieux manoir réaménagé, une grande bâtisse adossée à une forêt et entourée d'hectares de terrain. Nous avions beaucoup de temps libre et les garçons trouvaient toujours le moyen de se divertir. La PlayStation et la lecture étaient des loisirs très populaires. Thommo avait apporté un fusil. Nous nous sommes mis à tirer. Au début, il s'agissait d'un renard en carton sur le rebord de la fenêtre. Ensuite, nous avons installé des boîtes de conserve à l'arrière de la fenêtre. Nous avions l'habitude de cacher la carabine sous le lit, à l'abri de la femme de ménage, mais la rumeur a dû se répandre, car un jour, un membre du staff s'est approché de Thommo. Nous avons craint le pire mais en fait, il a mentionné qu'il y avait un problème avec des pigeons et voulait savoir si Thommo pouvait l'aider. À partir de ce moment-là, chaque fois qu'il n'était pas à l'entraînement, Thommo se promenait dans l'hôtel avec son fusil et se perchait dans diverses positions, comme un sniper, éliminant les pigeons à gauche, à droite et au centre. Dieu sait ce que les gens pensaient qu'il se passait.

Steve : *Voilà pourquoi je voulais que d'autres personnes que Ben et Lewis apportent leurs souvenirs – pour qu'il y ait autre chose dans ce chapitre que des preuves de l'idiot que j'étais. Je veux dire, j'étais sûrement un bon joueur aussi ?*

Grays [Paul Grayson] : Quand vous êtes un joueur plus âgé, vous entendez parfois le nom de jeunes locaux qui font de bonnes choses. À Northampton, les noms de Ben et de Steve ont été cités comme des garçons qui avaient un certain potentiel, mais aussi de sérieuses lacunes. Lorsque j'ai rencontré Wally pour la première fois, il était déjà très, très compétent. Parfois, on voit un potentiel et on se dit que s'il arrive à faire les choses correctement, il n'y aura pas de limite à ce qu'il pourra faire en tant que joueur. Lorsque Steve a commencé à progresser au poste de talonneur, j'ai écrit un article pour le *Northampton Chronicle & Echo* dans lequel je disais que Steve Thompson pourrait être le meilleur du monde à son poste. Il avait tout ce qu'il fallait, il était même extraordinairement doué.

Steve : *D'après Grays, les choses sérieuses ont vraiment commencé pour moi lorsque l'Angleterre m'a emmené en tournée en Amérique du Nord en 2001.*

Grays : Nous étions allés à Los Angeles pour jouer contre les États-Unis à UCLA[9], un match de tournée classique. Steve était blessé au genou, mais il est entré en jeu à environ quinze minutes de la fin. C'était la première fois que Clive Woodward le voyait de près – c'était un terrain universitaire, nous nous tenions donc sur le côté. Pendant ces quinze minutes, Wally a absolument tout déchiré. Il dominait, sortait vainqueur des chocs physiques et avait vraiment l'air de quelqu'un d'autre. Je m'en souviens parfaitement. C'est à ce moment-là que Clive a eu un déclic. On pouvait le voir se dire qu'il avait trouvé quelque chose. C'est ce match qui a scellé l'avenir de Wally. S'il pouvait apprendre à lancer correctement, il allait devenir immense.

Sir Clive [Clive Woodward] : L'équipe qui a gagné en 2003 était exceptionnelle – j'ai eu la chance d'avoir des joueurs extraordinaires sur tout le terrain –, mais le seul poste où j'avais le sentiment que nous n'étions pas de classe mondiale était celui de talonneur. Je cherchais la dernière pièce du puzzle. Steve est sorti de nulle part. Rapide, courageux, habile. Je savais alors que nous avions l'équipe pour gagner la Coupe du monde.

Steve est venu en Amérique avec nous en tant que troisième ligne de complément. C'était un gros dur et je l'ai tout de suite apprécié. Je me souviens très bien lui

9 L'Université de Californie, à Los Angeles.

avoir dit : « Le problème, Steve, c'est que tu es confronté à Lawrence Dallaglio, Richard Hill et Neil Back. » Lewis Moody était également de la partie. C'est à ce moment-là que je lui ai demandé : « As-tu déjà pensé à jouer en première ligne ? »

Grays : J'avais participé à cette tournée en tant qu'entraîneur des buteurs. Les meilleurs joueurs anglais étaient partis avec les Lions britanniques. J'ai dit à Trevor Woodman, Steve Thompson et Phil Vickery : « Vous trois, vous serez la première ligne de l'Angleterre à la Coupe du monde. »

Sir Clive : Tout le monde pensait que Jason Leonard et Graham Rowntree seraient titulaires à la Coupe du monde aux postes de 1 et 3. C'étaient de bons joueurs, de bons piliers, mais au fond de moi, je savais que si nous voulions faire quelque chose de grand, nous devions changer notre vision de la première ligne. Beaucoup de talonneurs et de piliers considèrent que leur rôle se résume à la mêlée et à la touche. Pour moi, ce n'était qu'un début. J'avais besoin que l'équipe passe à un autre niveau. Oui, un joueur de première ligne doit être bon en mêlée, mais ce n'est que la base ; c'est ce qui lui permet d'entrer dans l'équipe. En ce qui concerne Woodman, Thompson et Vickery, je pouvais vraiment leur parler à tous les trois. Je leur ai dit que je voulais qu'ils fassent bien plus que la mêlée : « Nous ne gagnerons pas la Coupe du monde en nous contentant d'être excellents en mêlée. Nous perdrons si nous ne gagnons pas les mêlées, mais être bons en mêlée ne suffira pas à gagner. »

J'ai ajouté : « Si les joueurs de première ligne veulent gagner une Coupe du monde, ils doivent courir sur le terrain, plaquer, passer. Ils doivent jouer comme des arrières. »

Robbo [Andy Robinson] : Les jours des talonneurs à l'ancienne, un peu lourdauds, étaient comptés. La vitesse de Thommo lui permettait de jouer en profondeur, c'est ce que nous avons vu en lui lorsqu'il jouait en première ligne. Ses qualités athlétiques et sa puissance ont beaucoup apporté à l'équipe d'Angleterre.

Lewis : Nous étions habitués à des talonneurs comme Brian Moore et Richard Cockerill, des petits gars. On pensait qu'ils s'adaptaient mieux à la partie centrale de la première ligne. Thommo était tout le contraire. Il avait la taille d'un arrière et était nettement plus lourd. Lorsque nous nous sommes rencontrés pour la première fois, il était numéro 6 et moi numéro 8. Il n'a même pas pu jouer. Mais en tant que talonneur, il a été un pionnier. Il s'est imposé comme le patron. J'ai adoré la façon dont il a contrôlé la mêlée dès son arrivée dans l'équipe.

Ben : Il avait tout – un excellent jeu de jambes, il pouvait enchaîner, passer par-dessus. Il pouvait aussi, si nécessaire, être un peu « *old school* », mettre les mains dans le cambouis et se salir, ce dont toute grande équipe a besoin. C'était comme si on avait trouvé le talonneur parfait.

Sir Clive : Phil Larder, notre entraîneur de la défense, adorait Steve, parce qu'il pouvait plaquer, impacter, il pouvait tout faire comme un arrière. Dans mon esprit, j'ai commencé à voir cette première ligne composée de Vickery, Thompson et Woodman. Vickery et Woodman n'étaient pas massifs – en fait, alors que les talonneurs sont normalement plus petits que les piliers, Steve était plus grand que les deux – mais, comme Steve, ils étaient très athlétiques. J'ai demandé à notre entraîneur spécialiste de la mêlée, Phil Keith-Roach, ce qu'il pensait de Steve. « Est-ce qu'il peut le faire ? » En tant que joueur, je n'avais jamais lancé un ballon lors d'une touche ou participé à une mêlée – c'était un endroit dangereux où je n'avais jamais voulu aller ! Si je voulais faire de Steve le meilleur talonneur du monde, j'avais donc besoin de cette expertise. Après quelques séances avec Steve, la réponse de Phil a été claire : « S'il veut le faire, il peut le faire. » Tout d'un coup, nous avions ce gamin, Thompson. Le reste appartient à l'histoire.

Steve : *J'ai eu de la chance d'entrer dans l'équipe d'Angleterre au moment où je l'ai fait. Dix-huit mois plus tard, je n'aurais jamais connu cette gloire. Oui, il faut être talentueux, mais il faut aussi avoir beaucoup de chance.*

Ben : Wally était vraiment dans une situation délicate lorsqu'il est entré dans l'équipe qui disputait la Coupe du monde, car il était l'un des derniers arrivés. Il a été l'exemple même de l'application nécessaire pour atteindre ce niveau.

Sir Clive : Il a dû travailler dur. Il avait toutes les compétences d'un arrière. Il ne fait aucun doute que c'était un attaquant de troisième ligne. C'était un grand changement pour lui, c'était comme de demander à Lawrence Dallaglio s'il voulait jouer talonneur. Lawrence m'aurait regardé et dit : « Tu te fous de moi ! » Steve, lui, a répondu : « Oui, je veux le faire. » Il savait qu'il faisait partie d'un groupe spécial de joueurs, avec le potentiel pour faire quelque chose de grand, et il a vu qu'il y avait une place de talonneur à prendre. Il savait que s'il parvenait à être bon en touche, il ferait partie de l'équipe.

Steve : *Plus facile à dire qu'à faire. Quand j'ai commencé comme talonneur, je n'avais aucune confiance en ma capacité à lancer le ballon sur une touche. Avec les Saints, si nous avions le ballon dans nos 22 et que nous envoyions le ballon vers l'avant, je voulais à tout prix que les adversaires courent avec le ballon plutôt que de renvoyer un long coup de pied. S'ils choisissaient de passer par les airs, je sentais un frisson me parcourir l'échine. Si ce coup de pied sortait en touche, je devais effectuer le lancer. Ne le sortez pas ! Ne le sortez pas ! Et bien sûr, le ballon sortait. Cela peut paraître stupide, mais ce n'est pas comme si mon passage au poste de talonneur, en club ou en sélection, s'était fait avec le temps. C'était pratiquement une conversion du jour au lendemain et je n'avais donc rien qui ressemble, de près ou de loin, à une technique de lancer rodée. J'aurais eu de la chance d'atteindre la porte d'une grange. Un talonneur qui ne sait pas lancer, c'est comme un gardien de but qui ne sait pas arrêter un tir. C'est ainsi que j'ai rencontré Simon Hardy pour la première fois.*

Sir Clive : J'ai dit à Simon : « Va vivre avec Thompson. Passe le maximum d'heures avec lui. » Il fallait qu'il devienne un lanceur de classe mondiale. Tout le reste, il savait déjà le faire.

Simon [Hardy] : La première fois que je suis allé chez Steve, j'ai demandé un café. Il m'a fait un Nescafé. Je lui ai dit : « Je ne rentre pas si tu me sers ça. Je n'ai pas parcouru la moitié de l'autoroute M1 pour boire du Nescafé ! » Il a retenu la leçon ; vingt-quatre heures plus tard, il avait une machine à café. Et c'était parti, nous avons commencé à bosser son lancer.

Steve : *C'est Simon qui a fait de moi un lanceur respectable. Tous les talonneurs qui prétendent à l'équipe d'Angleterre ont travaillé avec Simon. En tant que joueurs, on a de la chance avec les entraîneurs qui entrent dans notre vie. Je n'ai jamais eu autant de chance qu'avec Simon – il m'a transformé. Du bon travail, vraiment. Je me souviens suffisamment de mon caractère à ce moment-là pour dire que si Simon et moi ne nous étions pas entendus, je n'aurais pas coopéré avec lui. J'aurais été un trou du cul, totalement désintéressé. Je me serais puni tout seul. Cela dit, l'incident du Nescafé a failli tout gâcher. J'aurais tout aussi bien pu lui servir une tasse de crotte de lapin bouillie.*

Robbo : Tant qu'elles étaient justes, Steve était toujours capable d'accepter les critiques. Même s'il n'aimait pas toujours ce qu'il entendait, il savait l'utiliser à bon escient pour améliorer ses performances. C'est grâce à cela qu'il a pu atteindre son apogée et exploiter tout son potentiel.

Steve : *Robbo pouvait être assez dur, mais c'était un entraîneur brillant, principalement parce que lui-même, comme Simon, était toujours prêt à apprendre. Plutôt que d'adopter la même approche avec tout le monde, il observait différents joueurs, prenait les meilleurs puis travaillait avec eux pour les rendre encore meilleurs. Les meilleurs entraîneurs sont toujours capables de s'adapter. Il est contre-productif de dire à quelqu'un : « Voilà, c'est la méthode de l'Angleterre », et de s'attendre à ce qu'il l'applique. Celui qui agit ainsi montre qu'il ne comprend pas comment les gens pensent et travaillent. Un bon professeur est bien plus subtil que cela. Cela ne veut pas dire qu'il ne mettait pas un joueur au défi s'il estimait que c'était nécessaire. Il vous rentrait dans le lard et c'est exactement ce dont j'avais besoin. J'étais à un âge, au début de la vingtaine, où j'étais parfaitement capable d'être con à l'occasion.*

Robbo : Je pouvais remettre Steve en question, je pouvais le pousser, mais je savais qu'il pouvait toujours compter sur le soutien de Simon. Pour un joueur, quand vous avez des entraîneurs qui vous mettent au défi, qui vous critiquent, le fait d'avoir une personne vers qui se tourner est primordial. Cette relation devient très importante. Vous avez besoin d'un mentor pour vous soutenir. C'est là que Simon a été déterminant – tout le travail invisible qu'il a fait avec Steve a été phénoménal.

Simon : Lorsque vous travaillez en tête-à-tête avec les joueurs, vous apprenez à les connaître. On entre dans leur peau et on voit leur vraie personnalité. Steve était très axé sur la maîtrise de la technique, alors qu'une grande partie de son jeu était basée sur l'ego. Il travaillait dur sur son lancer parce que ce n'était pas naturel pour lui, mais il avait un véritable ego lorsqu'il jouait en mêlée. Je l'avais vu s'entraîner dans son club. Il y avait beaucoup plus de badinages dans ses mêlées – il passait les autres à la moulinette. Les joueurs sont différents. Jonny Wilkinson était tout en maîtrise. Chris Ashton était dirigé par son ego. En ce qui concerne les lancers, Steve s'est nourri de cette maîtrise. Il était pragmatique. Il se fichait que les séances d'entraînement soient passionnantes, il voulait simplement réussir. Il voulait juste qu'on lui dise clairement ce qu'il devait faire.

Steve : *Simon m'a appris à placer mes coudes et mes mains. Il m'a enseigné l'importance du timing et de l'atteinte des cibles.*

Simon : Le commun des mortels pourrait penser qu'un talonneur ramasse un ballon de rugby, reste debout et le lance le long de la ligne, mais il y a tellement d'éléments techniques qui comptent : la posture, l'équilibre, les angles, la distance, la prise en main. Certains des problèmes que j'ai identifiés provenaient de l'enfance de Steve, qui jouait au basket. Les deux disciplines exigent une position du poignet très différente et lorsqu'il était fatigué sur un terrain de rugby, il n'était pas rare qu'il retombe dans ses vieilles habitudes. Au lieu de viser le ballon, il le faisait tourner. Il souffrait également d'une légère blessure à l'épaule gauche, ce qui faisait que son coude gauche sortait largement. Au moins, ses mains avaient la bonne taille. Les talonneurs qui ont des mains trop grandes ou trop petites ont du mal à manier le ballon. Le talonneur parfait est un peu un monstre de Frankenstein. Des épaules solides et des jambes trapues peuvent être utiles à un première ligne, mais pas nécessairement à un lanceur. Il faut assembler différents éléments, les peaufiner et espérer qu'ils fonctionnent. Je n'ai jamais prétendu que j'allais faire de lui le meilleur lanceur de ballon que le rugby ait jamais vu mais j'étais sûr de pouvoir l'amener au point où il pourrait lancer efficacement. J'en avais vu assez pour savoir qu'il n'était pas un lanceur naturel, mais je pensais qu'ensemble nous pourrions construire une technique solide.

Robbo : Cela montre la détermination de Steve à faire en sorte que la transition vers le poste de talonneur fonctionne aussi bien. Jouer en première ligne demande beaucoup, vraiment beaucoup, et la façon dont il s'y est pris a été formidable. Dès que Steve est devenu capable de lancer et de jouer en mêlée, et qu'il a amélioré sa technique défensive, il est devenu notre talonneur numéro un.

Grays : Je ne me souviens pas qu'il ait jamais été question que quelqu'un d'autre s'approche de près du maillot numéro 2.

Lewis : Tout d'un coup, il s'est mis à voler. Il est entré très rapidement dans l'équipe et une fois qu'il était là, il n'y avait plus moyen de l'en faire sortir. C'était une véritable révélation. Il était massif, fort, rapide, maniait superbement le ballon et désormais, il pouvait aussi lancer.

Ben : Cela fait une énorme différence quand vous avez une première ligne aussi adroite et capable de jouer. Avant la Coupe du monde, Wally, Vickery et Woodman ont créé une première ligne intouchable. Ils étaient la définition même de la nouvelle race de joueurs de première ligne. C'était incroyable d'évoluer derrière eux parce que vous saviez qu'ils faisaient le boulot.

Sir Clive : Jusque-là, le paquet d'avants jouait plutôt lentement. J'avais une vision très claire de la manière dont il fallait jouer pour gagner au plus haut niveau. Nous avons passé beaucoup de temps à étudier les All Blacks. À la fin, j'ai simplement dit : « La seule façon de battre les All Blacks, c'est de les surpasser – il faut jouer plus vite qu'eux. » Vite, vite, vite. Ce n'était pas un jeu de poulets sans tête. C'était le ballon dans la mêlée – entrer, sortir, jouer. Le ballon dans l'alignement – entrer, sortir, jouer. Taper et avancer. Penser vite. Je ne faisais pas cela pour des raisons philosophiques. Je le faisais parce qu'en jouant rapidement, avec tous nos joueurs au top, nous avions plus de chances de gagner contre les meilleures équipes. Si vous voulez organiser un festival de coups de pied contre l'Écosse ou le pays de Galles, c'est très bien. Mais si vous voulez battre les All Blacks, l'Afrique du Sud ou l'Australie loin de chez vous, il faut changer son jeu. Pour moi, nous devions jouer d'une manière si peu anglaise que personne ne nous reconnaîtrait. Et c'est ce que nous avons fait. Nos avants étaient méconnaissables – littéralement. Avec Thompson, Woodman et Vickery, nous avions trois joueurs de troisième ligne en première ligne. Mon travail consistait à faire en sorte que chaque individu adhère à cette idée – Dallaglio, Johnson, Steve, tous. « Je ne veux pas me prendre la tête – nous allons être plus en forme que l'équipe en face et nous allons l'éjecter du terrain. » La vitesse de cette équipe était incroyable, et c'est l'une des principales raisons de notre succès, non seulement à la Coupe du monde, mais aussi pendant quatre ans, où nous étions pratiquement imbattables. Cette façon de jouer a fonctionné. Nous avons été l'équipe la plus performante que l'Angleterre a jamais eue, pas seulement en rugby – dans tous les sports. Steve a joué un rôle clé dans cette réussite. Absolument. Je ne m'en cache pas.

Robbo : La beauté de cette équipe, c'est que chacun avait un rôle. Chacun comprenait ce qu'il avait à faire et parvenait à le faire sous pression. Cela ne s'est pas produit du jour au lendemain, mais l'équipe s'est toujours concentrée sur ce qu'elle pouvait contrôler et sur la suite des événements, au lieu de s'appesantir sur ce qui venait de se passer. C'était une équipe capable de faire face à un revers, comme elle l'avait fait cinq mois plus tôt en se retrouvant à treize contre la Nouvelle-Zélande à Wellington – la première victoire de l'Angleterre contre les All Blacks sur le sol néo-zélandais depuis trente ans. Le fait que nous ayons également battu l'Australie, en Australie, plus tôt dans l'année signifiait que, si les joueurs savaient que les All Blacks étaient une menace, ils savaient aussi qu'ils pouvaient résister à cette menace. Cela montrait la confiance qu'ils avaient les uns dans les autres, et Steve y était pour beaucoup.

Steve : *Ce match contre les All Blacks à Wellington devait être aussi mémorable que tous ceux auxquels j'ai participé. J'en ai d'ailleurs entendu parler à la radio l'autre jour. Encore une fois, c'est comme si je n'avais pas été là.*

Ben : Ce qui était bien avec cette équipe, c'est que, comme nous avions déjà joué et gagné beaucoup de grands matchs, nous savions que nous avions tout ce qu'il fallait. Même si, et c'est compréhensible, les gens voudront toujours parler de la finale de la Coupe du monde, la vérité, c'est qu'il y a eu des matchs avant celui-ci qui ont forgé notre caractère de champions, qui ont eu beaucoup plus d'impact. Nous n'étions plus au sommet de notre forme lorsque nous avons remporté ce tournoi, mais nous avions encore tout ce qu'il fallait dans notre arsenal. Nous pouvions encore être performants et décisifs au bon moment.

Robbo : Tout le monde a compris ce qu'il devait faire pour gagner cette finale de Coupe du monde. Steve, comme toute l'équipe, a fait toute la préparation. J'ai toujours pensé que si vous avez travaillé dur, que vous avez progressé, vous ne pouvez pas en faire plus. Il faut aller sur le terrain et jouer. Ils savaient qu'ils étaient prêts, et cela s'est vu lorsque la mêlée a soudainement commencé à être pénalisée par l'arbitre pour ce que nous considérions comme de mauvaises décisions. Nous avons été capables de faire face à cette situation, ce qui témoigne non seulement de l'entraînement des joueurs, mais aussi des relations qu'ils ont créées entre eux. En tant que capitaine, Martin Johnson était un formidable leader à suivre, mais il laissait d'autres joueurs prendre des décisions. C'est exactement ce que Steve faisait s'il estimait que c'était approprié. Il était très axé sur la performance et comprenait bien le jeu. J'aimais, lorsque les choses devenaient difficiles, qu'il exprime ce qu'il ressentait. Steve était un garçon émotif qui avait traversé beaucoup d'épreuves dans sa vie. Ce qu'il avait appris grâce à ces expériences, c'était la faculté à s'exprimer au bon moment.

Ben : Wally avait des qualités de leader que j'appréciais, comme d'autres joueurs. Il vous mettait dans le ton d'un match.

Sir Clive : Dans une équipe, il y a des joueurs qui ne se taisent jamais. Et puis il y a ceux qui restent assis, mais que tout le monde écoute lorsqu'ils prennent la parole. Steve faisait plutôt partie de ces derniers – très intelligent, avec un excellent esprit d'équipe. Il contribuait énormément et s'il sentait qu'il avait quelque chose à dire, il le disait. Aujourd'hui, en coaching, on parle de « sécurité psychologique ». Vous créez un environnement d'équipe où, si quelqu'un pense que quelque chose ne va pas, il peut se lever et le dire, même si cela risque de contrarier un coéquipier, un entraîneur ou quelqu'un d'autre. La sécurité psychologique signifie que vous pouvez faire confiance aux joueurs pour qu'ils soient honnêtes. Je voulais que cette équipe soit suffisamment mûre et intelligente sur le plan émotionnel pour exprimer ses opinions, et qu'elle se sente à l'aise pour le faire. Steve en était un excellent exemple. Je savais que si quelque chose ne collait pas, il me le dirait. Les réunions d'équipe étaient parfois animées, pour ne pas dire plus, mais c'était parce que nous voulions gagner. J'ai créé cet environnement et j'ai encouragé Steve à s'exprimer parce qu'il était très doué pour cela.

Lewis : Thommo ne parlait pas pour ne rien dire. Lorsqu'il s'exprimait, il le faisait avec détermination et force. Quand vous regardez les joueurs présents à cette Coupe du monde, il n'était pas facile d'imposer sa voix et sa personnalité. Mais il ne se retenait pas. Si un ancien s'en prenait à lui, il répliquait immédiatement. Cela leur montrait qu'il était là et qu'il était sérieux. Il était respectueux, mais il avait une volonté de fer – en plus, il était imposant, évidemment !

Robbo : La franchise de Thommo nous a aidés, en tant qu'entraîneurs, à comprendre comment utiliser son caractère pour améliorer ses performances.

Ben : Les meilleurs compétiteurs ont de forts caractères. Lorsque l'Angleterre a atteint la finale de la Coupe du monde 2003, c'est exactement ce que nous avions, et Wally faisait partie des plus forts d'entre eux, sur et en dehors du terrain.

Grays : C'était un personnage très sympathique, agréable à côtoyer, doté de caractéristiques physiques et mentales exceptionnelles. Il était jeune et décontracté, mais il avait du charme. J'appréciais nos soirées en équipe. Il était toujours en train de faire quelque chose, mais c'était généralement assez drôle et inoffensif. Il avait un côté espiègle, mais il savait aussi lire les situations et les gens. Il savait où était sa place : « Bon, où suis-je dans la hiérarchie ? » Je n'ai jamais trouvé qu'il faisait partie de ces jeunes gens dont on se dit qu'ils ont besoin d'une piqûre de rappel. Il ne tapait pas sur le tambour et ne prenait pas la parole à chaque arrêt de jeu. Il ne se mettait pas au niveau de Dallaglio, Johnson, Matt Dawson, les chevilles ouvrières de l'équipe.

Steve : *D'après mes souvenirs, je m'entendais bien avec tout le monde dans l'équipe de la Coupe du monde 2003. Lewis m'a dit que je m'étais très bien intégré – ce qui n'est pas toujours facile lorsque vous êtes le dernier arrivé. Mais d'un autre côté, j'ai toujours pris les gens tels qu'ils sont. Il ne faut pas juger un livre à sa couverture, etc. Je parlerais à un sans-abri dans la rue comme je parlerais à un PDG. Le rugby m'a beaucoup aidé à cet égard. Il m'a donné la capacité de parler à n'importe qui. J'aime quand les gens me rencontrent et me disent : « Vous êtes différent de ce que je pensais – je pensais que vous seriez un peu imbu de votre personne », parce que j'espère que cela signifie que je suis tout le contraire.*

Lewis : Lorsque j'ai rencontré Steve pour la première fois, dans l'équipe d'Angleterre des moins de 21 ans, il était totalement différent de tous ceux que j'avais connus. Je venais d'une école privée et voici ce jeune homme avec son franc-parler, direct, brut de décoffrage. Mais ce n'était que la première impression. Une fois que j'ai commencé à le connaître, que j'ai appris son histoire et que j'ai vu à quel point il était compétitif, comme moi, ainsi que sa loyauté et sa façon de vous protéger, j'ai pu voir à quel point nous étions semblables. Bien sûr, nous aimions tous les deux rire et nous amuser, ce qui me plaisait également. Thommo était très impulsif – il changeait en un clin d'œil –, et cela le rendait très amusant à côtoyer. Mais nous étions tous les deux très, très doués pour nous égarer l'un l'autre.

Steve : *C'était la même chose entre Ben et moi. On était comme l'eau et le feu mais on s'entendait bien. Comme nous nous connaissions depuis le début, nous ne nous sommes jamais bridés. On se foutait les uns des autres, c'était comme ça. De l'humour sans retenue qui, d'une manière ou d'une autre, nous unissait. Au fond, l'autre savait que vous resteriez à ses côtés quoi qu'il arrive.*

Ben : Dans le rugby, il faut faire preuve d'une incroyable honnêteté, sinon vous risquez de chuter au premier obstacle. Wally dit toujours les choses telles qu'elles sont, et c'est ainsi que je me vois. Lorsque vous passez cinq ou six ans ensemble, littéralement dans la poche l'un de l'autre, vous créez une relation particulière. Nous étions tous copains en 2003. J'ai apprécié le fait que Wally et moi puissions parler très franchement et nous amuser ensemble.

Robbo : Steve était très populaire au sein de l'équipe. Il était taquin et aimait les plaisanteries. Mais il y avait beaucoup plus sous la surface. Il était très généreux. Il s'intéressait à vous en tant que personne et était très attachant.

Simon : Steve était très actif, mais il était plus humble qu'arrogant.

Lewis : L'une des choses que j'ai toujours admirées chez Thommo, c'est que, alors qu'il m'a fallu du temps pour me sentir à l'aise dans l'environnement de l'équipe, il a semblé s'intégrer tout de suite. Il n'y avait pas que Ben et moi, l'équipe l'a également adopté très rapidement. Le fait est que lorsque vous apprenez à connaître Thommo, vous découvrez l'homme calme et sensible qui se cache derrière. Il est très gentil et se préoccupe toujours de ses camarades. La Coupe du monde l'a prouvé. Nous avions eu carte blanche pour nous amuser le temps d'une soirée à condition d'être présents à la réunion de l'équipe à 9 heures le lendemain matin. Au fur et à mesure que la nuit avançait, quelques gars sont rentrés à l'hôtel, mais Thommo et moi avons continué. Il n'y a pas deux façons de le dire, à la fin de la nuit, nous étions bien saouls. À un moment donné, j'ai donné une pichenette dans les prunes de Thommo (je dois mentionner ici que Steve partait au quart de tour) et il a réagi en me donnant un uppercut dans les miennes, au point que je me suis effondré sur le sol, à moitié en riant, à moitié à l'agonie. Ne voulant pas le laisser s'en tirer à si bon compte, j'ai poussé Thommo dans une porte. Soit je l'ai poussé trop fort, soit il était plus ivre que je ne le pensais, car sa tête a cogné le cadre de la porte et il s'est ouvert l'arcade sourcilière, avec du sang partout. Je suis resté là à tenir un glaçon sur son œil pendant le reste de la nuit. La raison pour laquelle cette histoire relève de la « gentillesse » est que je me suis réveillé le lendemain matin, allongée sur mon lit, encore habillé. Ma tête cognait littéralement, ou du moins c'est ce que je croyais. En fait, c'était Thommo qui frappait à la porte. Clive était un militant inconditionnel du « temps Lombardi » – le principe selon lequel si vous n'êtes pas en avance à une réunion, vous êtes en retard. Et si vous étiez en retard, c'était un très mauvais point pour vous. Thommo était arrivé en avance à la réunion, avait vu que je n'étais pas là et était venu me chercher. On peut dire qu'il a sauvé ma Coupe du monde. Si je n'étais pas arrivé à temps, cela aurait été très mal vu. Tout compte fait, c'était très altruiste de sa part.

Steve : *Si je m'entendais bien avec quelqu'un, ça primait sur tout. Je déteste qu'une minute on entende une personne en critiquer une autre dans son dos et que la minute d'après, on fasse comme si tout allait bien. Je n'arrive pas à comprendre cela. Si j'aime quelqu'un, je l'aime, et c'est tout. C'est juste une approche honnête, de la même manière que si nous avions un jour de repos, je me détendais parfois seul pendant quelques heures à l'hôtel plutôt que de me sentir obligé d'être avec d'autres personnes.*

J'ai aimé la variété de caractères dans l'équipe. Jason Robinson en est un bon exemple. Parce qu'il avait trouvé la foi, je me souviens d'avoir eu avec lui des conversations différentes de celles que j'ai pu avoir avec d'autres joueurs. J'ai apprécié ce changement de décor. Dans toutes les équipes où j'ai joué, je n'ai jamais aimé que les joueurs soient si proches les uns des autres que c'était comme s'ils ne laissaient pas entrer les autres. Je le voyais parfois avec les gars qui jouaient aux cartes. Une minute, ils s'aimaient tous et soudain, l'un d'entre eux était exclu du groupe. Avant même que son siège ait refroidi, un autre joueur le remplaçait et devenait instantanément le meilleur ami des autres joueurs.

Lewis : Il a toujours semblé avoir les pieds sur terre. Il y avait d'autres joueurs de Northampton dans le groupe, Matt Dawson et Grays par exemple, et cela a peut-être aidé. Le temps qu'il a passé avec les Saints, aux côtés de joueurs comme le légendaire Tim Rodber, qu'il idolâtrait, a développé sa concentration et sa détermination. Il attribue d'ailleurs à Rodber une grande partie de son succès dans le rugby.

Steve : *Outre Rodber, Mattie Stewart, le pilier international écossais de Northampton, est l'un de ceux qui m'ont permis de garder les pieds sur terre. Lorsque j'ai intégré l'équipe d'Angleterre, je conduisais une Mercedes sponsorisée et j'étais payé pour porter des vêtements Nike. Pour tout le monde, c'est extraordinaire. Je rentrais du rassemblement avec l'équipe d'Angleterre et je disais à Mattie : « Allez, fais chauffer la bouilloire ! » Il me répondait : « Oh, tu as changé ? C'est le grand jour parce que tu as joué pour l'Angleterre ? »*

Ben : Je dirais que Wally n'a pas toujours été aussi confiant qu'il en avait l'air. Son premier match avec l'Angleterre, l'année précédant la Coupe du monde, était contre l'Écosse à Murrayfield. Il était très nerveux. Nous étions assis dans notre chambre et il m'a dit : « Pourquoi suis-je ici ? Comment puis-je jouer pour l'Angleterre ? » L'équipe nationale était tellement forte à ce moment-là que je suppose que nous nous nous sous-estimions tous les deux.

Steve : *Ben méritait vraiment d'être dans l'équipe d'Angleterre, mais ça me faisait rire de voir à quel point la chance* *semblait toujours être de son côté. Une fois, nous nous sommes arrêtés sur le bord de la route pour faire une pause pipi et sur le sol à côté de lui, il a trouvé une pièce de deux livres. Un jour de grand vent, vous pouvez parier que je serais en train d'enlever des feuilles sur mon visage et qu'il aurait un billet de dix livres collé sur son front.*

Une chose très bizarre que je n'ai jamais oubliée à propos de mes débuts pour l'Angleterre, c'est que j'aurais pu porter le maillot de l'Écosse ce jour-là. Nous avions joué contre Édimbourg à Northampton et mon coéquipier, l'Écossais Richard Metcalfe, remarquable par son mètre quatre-vingt-dix, m'a invité chez lui le lendemain matin pour prendre un café. J'ai trouvé cela un peu bizarre – Richard et moi n'étions pas proches –, mais j'y suis allé quand même. Je suis entré et j'ai vu Frank Hadden, l'entraîneur d'Édimbourg. Je me suis demandé si Ian McGeechan, le directeur du rugby de Northampton, récemment parti pour occuper le même poste avec l'équipe nationale d'Écosse, n'avait pas donné un coup de pouce à Hadden. Après tout, si Édimbourg m'engageait et que je vivais là-bas pendant quelques années, je pourrais jouer pour l'Écosse grâce à mon statut de résident.

« Je suis désolé », j'ai dit. « Je suis anglais. » Je ne pense vraiment pas que cela aurait marché. Les Écossais ne semblent pas m'aimer. Une fois, on m'a refusé un sandwich à la saucisse dans un café au nord de la frontière. J'ai dû demander à un collègue écossais d'aller me le chercher.

Ian McGeechan : La rencontre avec Frank Hadden n'avait rien à voir avec moi ! En fait, j'étais l'entraîneur de l'Écosse lors du match où Steve a fait ses débuts. J'ai toujours été très fier de voir où en étaient les joueurs avec lesquels j'avais travaillé. D'un point de vue personnel, j'étais donc très heureux de le voir sur le terrain ce jour-là et de voir ce qu'il avait accompli avec l'Angleterre.

Sir Clive : Il est vite devenu omniprésent. C'était une bonne chose pour lui, mais une mauvaise chose pour nous, car s'il se blessait, il y aurait un grand vide. Tous les autres joueurs de cette équipe étaient remplaçables, même Jonny Wilkinson. Je suis convaincu que nous aurions quand même gagné la Coupe du monde si Paul Grayson avait été titularisé au poste de demi d'ouverture parce qu'il était très bon au pied. Mais si Steve n'avait pas été là, cela aurait été un vrai coup dur. À la plupart des postes, nous avions un remplaçant au niveau assez proche du titulaire. Le talonneur sur le banc était Dorian West, un excellent joueur mais dans un style plus traditionnel. Une fois que Steve est entré dans l'équipe, il était au-dessus de tout le monde. Je ne l'aurais échangé contre personne. Personne. Ni un Sud-Africain ni un Néo-Zélandais. Personne.

Robbo : L'Angleterre dans son ensemble était devenue une équipe capable de s'adapter et de jouer de différentes manières. L'Australie a marqué un essai au début de la finale. Lorsque nous sommes revenus grâce à un essai de Jason Robinson, les talents de Lawrence Dallaglio et les qualités de soutien des autres joueurs ont montré à quel point nous étions bons.

Lewis : C'était un match serré. Je suis entré en jeu en prolongations. Je n'étais pas nerveux, car j'étais allé au cinéma la veille au soir. Aller au cinéma avant chaque match de l'Angleterre était ma principale superstition. C'est vite devenu une routine. La seule fois où je ne l'avais pas fait, c'était quelques mois plus tôt à Marseille, et nous avions perdu le seul de nos vingt-deux matchs précédents. Imaginez donc mon état lorsque Thommo et moi sommes arrivés à 21 h 30 pour la dernière projection du film *Pur Sang, la légende de Seabiscuit* et que le projectionniste rangeait son matériel. Personne d'autre ne s'était présenté, a-t-il expliqué. Il n'y avait qu'une chose à faire : payer le gars pour qu'il projette le film rien que pour nous. Il a gentiment accepté. Je dis « gentiment », mais en fait, Thommo a dû lui payer une centaine de livres – et le projectionniste nous a aussi réclamé l'argent des billets. Steve les a également payés. Je ne sais pas pourquoi mais j'avais oublié mon code de carte bleue.

Steve : *Pas étonnant que j'aie visé ses couilles lors du dernier alignement. Même si toucher une cible d'un mètre quatre-vingt-dix – c'est-à-dire Lewis, pas ses couilles – n'aurait pas été aussi simple sans préparation mentale.*

Ben : Le problème avec un lanceur, c'est que sa confiance peut facilement prendre un coup. Steve en parlait et je lui disais : « Mon pote, détends-toi. Nous sommes tous comme ça. Nous avons tous des problèmes de confiance et nous essayons de rejouer nos meilleures actions. Cela fait partie de la vie d'un athlète professionnel. »

Simon : J'ai essayé de le préparer mentalement. J'ai constaté, par exemple, qu'il était nerveux lorsqu'il se dirigeait vers la ligne de touche pour un lancer. Je lui ai demandé : « Si tu es nerveux et que tu as l'air nerveux, que crois-tu que les autres joueurs vont ressentir ? Vous devez donner le change. Vous devez être impétueux. Votre langage corporel doit être positif. »

Steve : *Je me souviens vaguement d'avoir consulté un psychologue du sport – il y en a eu de plus en plus au cours de ma carrière. L'un d'eux a conclu que j'étais meilleur en pilote automatique qu'en analysant trop ce que je faisais. Cette conclusion a été transmise à Robbo. « Alors, attendez », a-t-il dit. « Nous avons dépensé tout cet argent pour un psychologue et tout ce qu'il a trouvé, c'est que Thommo ferait mieux de ne pas trop réfléchir ? »*

Simon : Il était important qu'il ne gaspille pas son énergie mentale et qu'il accepte qu'avec chaque lancer, toute une série de choses échappe à son contrôle. Quelqu'un dans l'alignement peut prendre une mauvaise décision, un autre peut mal sauter ou un arbitre peut commettre une erreur de jugement. Je voulais qu'il résume mentalement tout le processus au simple fait de lancer le ballon, qu'il soit toujours positif. Pour ce faire, j'ai développé une phrase de déclenchement à laquelle il pouvait accéder lorsqu'il s'approchait de la ligne de touche et qu'il lançait le ballon. L'idée était de le dissuader de se dire : « Bon, il faut mettre les genoux, les hanches, la poitrine. » Trop réfléchir est un danger dans le sport. Regardez les golfeurs qui ratent un simple putt qui leur ferait gagner un tournoi. Ils ont déjà réussi ce putt un millier de fois, alors quel est le problème ? La pression réelle ? Ou une pression imaginaire ? Nous avons trouvé moins une phrase qu'un bruit : « PPPSSSS ! » – qui correspondait au rythme de son lancer. Je lui demandais souvent à quoi il pensait en s'approchant de la ligne de touche, et il oubliait toujours ce que je voulais dire et me donnait une réponse stupide. « Qu'est-ce que tu fais ? », m'écriais-je. « C'est très simple. Il n'y a qu'une seule réponse ! »

Il s'agissait de le maintenir prêt mentalement. J'ai fait une vidéo des meilleurs lancers de Steve et j'y ai mis sa musique préférée. Ainsi, chaque fois qu'il entendait ce morceau de musique, il pensait automatiquement à ses meilleurs lancers.

Robbo : Steve a reconnu l'importance de la touche et a fait tout ce qu'il pouvait pour être aussi bon que possible. Nous avions perdu contre l'Irlande en 2001 et nous avions été mis en pièces en touche. Tout le monde accuse le talonneur quand la touche ne se passe pas bien, mais c'est parfois aux combinaisons de saut, aux sauteurs que vous avez, et à la façon dont l'adversaire a étudié votre dispositif. C'était une époque où la compétitivité de ce secteur était énorme. Nous avons réussi à battre la Nouvelle-Zélande à Twickenham en 2002 parce que Ben Kay a volé un ballon en touche dans les arrêts de jeu sur notre ligne d'en-but, ce qui a finalement empêché la Nouvelle-Zélande de l'emporter.

Simon : Avant un match, je dressais une liste. Une grande partie du travail était basée sur la visualisation. Je parlais de l'opposition, des mouvements, des états de forme – je préparais Steve à ce qu'il allait probablement voir. Pendant la Coupe du monde, nous avons joué quelques matchs de poule à Perth, sur un terrain ovale de football australien avec un rectangle de pelouse au milieu. Cette disposition complique grandement la visualisation, car les joueurs n'ont pas l'habitude de jouer dans ces conditions. Les buteurs s'entraînent toujours dans un stade à une heure comparable à celle du match pour se faire une idée précise des conditions, et Steve et moi allions aussi faire des lancers. Nous faisions le tour complet du terrain pour nous visualiser les lieux. Nous examinions également les conditions de vent et la façon dont elles peuvent être affectées par les vides dans les tribunes.

Sir Clive : Steve est au départ de l'action du drop de Jonny. Il était sous une énorme pression. S'il n'avait pas lancé le ballon directement à Lewis en fond d'alignement, nous n'aurions pas gagné la Coupe du monde.

Simon : Les sorties de touche des deux équipes ne se sont pas déroulées comme prévu. Ils ont gagné beaucoup des nôtres, nous avons gagné beaucoup des leurs. Cela fait partie du jeu, mais c'est aussi lié au fait que les équipes s'analysent beaucoup vers la fin d'un tournoi. J'ai passé en revue pendant des heures tous leurs alignements et leurs appels, et je suppose qu'ils ont fait de même. Ils ont dû déceler certaines choses sur nous, tout comme nous l'avons fait sur eux. Cela vous met sous pression. Lors de ce match, nous avions une troisième ligne relativement petite eu égard aux normes internationales – de bons sauteurs, mais on ne peut pas dire qu'ils étaient imposants. Les Français, par exemple, avaient tendance à avoir trois garçons au-delà d'un mètre quatre-vingt-dix en troisième ligne.

Steve : *De l'extérieur, on doit penser que la touche représente une grande pression mais je ne me souviens pas d'avoir été nerveux pendant un match international. Je me rendais dans des écoles pour parler aux enfants dans le cadre du programme communautaire des Saints et j'ai trouvé cela bien plus angoissant que de jouer devant 80 000 personnes. Les enfants ne se retiennent pas. Ils sont trop honnêtes.*

Simon : Tout le monde parle du dernier lancer de la finale – « Mon Dieu, ça a dû être difficile » –, alors qu'en fait, c'était le meilleur lancer de la Coupe du monde de Steve. La seule règle quand on lance à plus de quinze mètres, c'est de ne pas dépasser. Si c'est le cas, vous vous retrouvez en difficulté parce que le ballon rebondit au milieu du terrain. Il ne l'a pas dépassé et le ballon a été attrapé. L'idée était que les Australiens ne se battraient pas à plus de quinze mètres, donc tout ce qu'il avait à faire était de lancer au-delà de cette distance.

Lewis : Je savais où Steve allait lancer, car cela faisait longtemps que je jouais avec lui. Il n'y avait aucune chance que le flanker australien George Smith l'attrape – il était trop petit – donc peu importe où allait le ballon tant qu'il visait le fond d'alignement.

Steve : *À cette époque, je savais vraiment ce que je faisais lors d'une touche. Quel que soit le nombre de ballons bottés par*

Jonny Wilkinson, je pense que j'en ai lancé dix fois plus. Vous avez entendu parler des oreilles en chou-fleur ? Moi, j'ai les coudes en chou-fleur.

Robbo : Il pouvait très bien lancer jusqu'à dix-sept mètres. Malgré tout, le fait qu'il ait réussi ce dernier lancer était vraiment impressionnant. De plus, près de vingt ans plus tard, combien de fois un talonneur titulaire serait-il encore sur le terrain pour effectuer ce lancer ? Steve a tenu cent minutes sans le moindre problème.

Grays : Qui joue un match entier et les prolongations en tant que talonneur ? C'est extraordinaire !

Ben : Il était tellement fort qu'il n'arrêtait pas d'avancer.

Sir Clive : Ma position de départ était que l'Angleterre devrait être l'équipe la plus en forme du rugby mondial. Je voulais que les joueurs soient costauds, mais avant tout résistants. Je devais créer ce que j'ai appelé quinze médaillés d'or – un par poste. Je regardais toutes les équipes du monde et je me demandais s'il y avait un joueur qui pourrait entrer dans mon équipe, sur la base de sa capacité à courir, vraiment courir, pendant quatre-vingts minutes. Certaines séances de remise en forme impressionnantes sont entrées dans la légende, parce que la concurrence était énorme.

« Si vous ne pouvez pas jouer tout le match », leur disais-je, « vous ne serez pas dans l'équipe. » On ne peut pas se moquer des joueurs. Ils savaient que s'ils n'étaient pas à la hauteur, ils pouvaient s'en aller.

Même aujourd'hui, je dirais que l'équipe de 2003 était plus en forme que l'équipe actuelle. Le niveau était tout simplement fantastique, et Steve était en pleine forme. Il fallait le voir au gymnase, un monstre. J'étais heureux qu'il fasse partie de notre équipe. S'il avait joué contre nous, je me serais dit : « Oh non, nous avons un bestiau face à nous ! » Il n'a jamais ralenti. Il est resté rapide. Je n'aurais jamais sorti Steve, à moins d'un match cauchemardesque, ce qui n'est jamais arrivé.

Depuis, le jeu a évolué. Aujourd'hui, les gens s'étonnent qu'un joueur de première ligne reste sur le terrain pendant toute la durée du match. Si Steve était là aujourd'hui, il ne jouerait probablement jamais quatre-vingts minutes. Il serait remplacé en même temps que toute la première ligne, ce que je trouve ridicule et illogique. On veut jouer au rugby, pas s'asseoir sur le banc. Il n'y a rien de pire que de rester sur le banc. Si je ne jouais pas régulièrement, je dirais simplement : « Oubliez ça. »

Robbo : Tous les garçons avaient travaillé très dur pour se mettre en forme et être disposés à jouer une finale de Coupe du monde. Ils n'auraient qu'une opportunité. Pour les joueurs les plus âgés, les grands compétiteurs qu'étaient Neil Back, Jason Leonard et Martin Johnson, c'était la dernière chance. Ils avaient réussi avec les Lions, avec leurs clubs, mais c'était leur dernière chance de gagner avec l'Angleterre. C'était très spécial.

Sir Clive : Si nous avions perdu la finale de la Coupe du monde, je ne me le serais jamais pardonné. Nous étions l'équipe à battre. J'ai souvent dit aux joueurs : « Regardez autour de vous dans ce vestiaire. Y a-t-il un autre vestiaire dans lequel vous préféreriez être ? Dans celui des All Blacks ? Nous sommes en avance sur eux dans tous les domaines. »

Il aurait fallu qu'une équipe joue vraiment très bien pour nous battre et, du point de vue de l'entraîneur, c'était une position très confortable. Le sport reste le sport, et nous aurions pu perdre ce jour-là, mais ce n'est pas arrivé parce que nous avons réussi beaucoup de choses, en particulier la sélection des joueurs.

Steve : *Je voyais Clive comme un directeur général qui s'assurait que tout allait bien, qui supervisait la mise en œuvre de son plan à tous les niveaux.*

Sir Clive : Je ne dirais pas « directeur général », je me vois plutôt comme un chef d'orchestre ! Ce qui est sûr, c'est que je voulais que mon temps comme entraîneur de l'Angleterre soit différent de mon temps comme joueur. Je regarde en arrière et je suis évidemment très fier d'avoir joué vingt-et-une fois pour mon pays, mais je suis aussi très déçu, parce que nous n'avons jamais vraiment eu une équipe passionnante. Nous avons joué comme tout le monde s'attendait à ce que l'Angleterre joue. Le ballon arrivait au numéro 10 et il l'envoyait en l'air. J'ai passé la moitié de ma carrière à courir pour essayer d'attraper des ballons tombés du ciel. Je me suis plaint de la façon dont l'Angleterre jouait dès l'époque où je jouais moi-même. Je trouvais l'équipe ennuyeuse à regarder. Lorsque j'ai obtenu le poste d'entraîneur, je me suis regardé dans la glace et je me suis dit : « Bon maintenant, tu dois t'y mettre ou te taire. » J'ai souvent parlé aux joueurs du fait de jouer devant 80 000 personnes enthousiasmées par notre façon de jouer. Il n'était pas question de se contenter de mêlées et d'alignements. Nous devions passer à tout autre chose.

J'ai dit aux joueurs : « Pour cette période de notre vie, nous allons tout donner. Nous allons jouer de telle sorte que, qu'on gagne, qu'on perde ou qu'on fasse match nul, on sorte du terrain en se disant : "Wow ! C'était génial !" » Et c'est ce que nous avons fait. Je suis extrêmement fier que nous ayons gagné la Coupe du monde, mais je suis encore plus fier de la manière dont nous avons joué. Cela commence par le choix des joueurs. Vous pouvez avoir toutes ces merveilleuses idées, mais vous devez d'abord sélectionner les joueurs capables de les appliquer. La première règle est de ne pas regarder les joueurs que l'on a. Si vous faites cela, vous finirez par jouer comme l'Angleterre a toujours joué. J'avais une idée pour chaque poste. J'essayais de faire quelque chose de totalement différent, et nous y sommes parvenus.

Simon : Au coup de sifflet final, Steve m'a fait le plus beau compliment de ma vie. Il est venu me voir, m'a remercié et m'a dit qu'il n'aurait jamais réussi sans moi. Quand on pense à tout ce qui se passait à ce moment-là, toute l'excitation, l'émotion, les joueurs qui couraient pour se féliciter les uns les autres, ce geste était exceptionnel.

Lewis : À la fin, j'ai cherché Thommo. Il donnait l'accolade à Jason Leonard et je leur ai sauté dessus. Lorsque nous avons quitté le stade après avoir répondu à toutes les interviews pour la télévision et la presse, il était une heure du matin. On s'est retrouvé dans un bar du port de Sydney pour boire quelques verres, mais il était si tard que la nuit a été plutôt calme par rapport à d'autres que j'ai passées avec Thommo. Une soirée en particulier, après avoir joué contre l'Irlande à Dublin en 2005, reste gravée dans ma mémoire. Nous étions dans le salon VIP d'un bar et le jeune Rory McIlroy[10], grand amateur de rugby, est venu nous voir. Lorsque j'ai revu Rory, Thommo tenait sa tête dans son bras. Il ébouriffait ses cheveux comme ceux d'un enfant. Le salon VIP se trouvait à l'étage et je me souviens de Rory suspendu par-dessus le balcon par Steve.

Steve : *Je ne sais pas ce qu'il en est du balcon, mais Rory est reparti avec une marque visible, ce qui l'a incité à envoyer un tweet à Matt Dawson : « Je déteste Steve Thompson, votre gros talonneur. Il m'a fait un suçon ! Comment je vais expliquer ça en rentrant à la maison ? »*

Robbo : Steve s'est toujours amusé avec les autres joueurs, mais après la victoire en finale de la Coupe du monde, il n'a jamais voulu être sous les feux de la rampe. Le rugby et sa réussite lui ont permis de s'accepter en tant que personne. C'est ce que j'aimais chez lui : il était lui-même.

Steve : *Je suis heureux à l'arrière-plan. Malgré mon physique avantageux, la télévision n'a jamais été mon truc.*

10 Rory McIlroy, golfeur professionnel nord-irlandais, victorieux de 26 tournois sur le circuit professionnel, dont 4 Majeurs.

Grays : Il n'a jamais cherché à attirer l'attention. Chacun décide s'il aime ce genre de choses ou non. Il n'a jamais fait commerce de son nom, il aimait simplement jouer. Il s'est contenté de faire son travail tranquillement, sans se poser de questions. Il ne faut pas oublier pour autant que c'était un joueur de classe mondiale – et pendant un temps, le meilleur joueur du monde. Il devrait être considéré comme l'un des plus grands joueurs de tous les temps.

Sir Clive : Parce que nous avions un paquet d'avants exceptionnel, je ne pense pas que Steve ait été suffisamment reconnu. Il est devenu le meilleur talonneur du monde en partant de loin, ne sachant pas vraiment comment lancer un ballon en touche. Il n'était pas aussi connu que Dallaglio ou Johnson, mais il était tout aussi important – tout simplement parce qu'il était irremplaçable, alors que les deux autres ne l'étaient pas. C'est pour cela que j'aime Steve Thompson : vous pouvez avoir toutes les idées du monde, mais vous avez toujours besoin des joueurs. Voici l'un de mes dictons favoris : « Les grandes équipes sont faites de grandes individualités. » Si le rugby est un fantastique sport d'équipe, il s'agit avant tout pour chaque individu de devenir le meilleur, le tout meilleur. C'est indispensable tant il y a tellement de postes différents. La façon dont Steve Thompson doit jouer est très différente de celle de Matt Dawson ou de Jonny Wilkinson. Ce n'est pas comme au football, où tous les joueurs font à peu près la même taille et jouent de la même manière.

Il n'y a pas à dire, Steve a joué un rôle fondamental dans notre victoire à la Coupe du monde. Il ne m'a jamais déçu, jamais. Il était spécial, c'est pourquoi je suis si triste de la situation dans laquelle il se trouve aujourd'hui.

J'espère qu'il a apprécié de faire partie de l'équipe d'Angleterre à cette époque, en raison de la façon dont nous jouions. Je ne pourrais rien imaginer de pire que Steve Thompson écrivant un livre pour dire qu'il a trouvé très ennuyeux de jouer sous les ordres de Clive Woodward !

Steve : *Tout va bien, Clive. Si j'en crois tes mots et ceux des autres, nous avons vécu une expérience incroyable du début à la fin. Gagner la Coupe du monde est censé être le point culminant de la vie d'un joueur, et c'est exactement ce qui s'est passé.*

Le fait est que, sachant ce que je sais aujourd'hui, j'aurais préféré à cent pour cent que cela n'arrive jamais.

Chapitre 4

LE LION PERDU

La vie, dit-on, serait une affaire de portes qui s'ouvrent ou restent fermées. Si j'étais arrivé quelques mois plus tard, je n'aurais pas fait partie de l'équipe championne du monde, de la même façon que si je n'avais pas grandi à Northampton, je n'aurais jamais découvert le rugby. Est-ce une chance ? Ou la vraie chance aurait-elle été que ces portes restent fermées ? Si j'avais poursuivi ma route quelques arrêts de plus, j'aurais eu une vie totalement différente. Je n'aurais pas connu la réussite, la gloire. En fait, cette vie aurait pu être plus difficile. Mais j'aurais été capable de m'en souvenir.

C'est l'absence de lien émotionnel qui me dérange vraiment. Il n'y a pas que l'équipe d'Angleterre : j'ai un vieux maillot de la tournée des Lions britanniques en Nouvelle-Zélande en 2005. En le dépliant récemment, j'ai eu un choc. J'avais passé tellement de temps à essayer de me souvenir de la Coupe du monde que c'était la première fois que je me demandais vraiment si je me souvenais des moments passés avec les Lions. Mais, au lieu d'un bon souvenir, il y avait un vide. En 2005, j'étais apparemment le meilleur talonneur des quatre nations qui composent cette équipe. Je dis « apparemment » parce que je n'ai aucune idée de si c'était le cas ou non. J'aurais tout aussi bien pu être en train de regarder le maillot d'un autre joueur.

J'ai ressenti le même vide quelques mois plus tard lorsque Lewis, qui était également du voyage, a publié une vieille photo de l'équipe sur les réseaux sociaux. Je n'avais aucune idée du lieu ou du moment où elle avait été prise. Lewis a parlé avec passion de la camaraderie et de la fraternité au sein des Lions, de la singularité de mettre de côté les griefs passés de nations rivales pour se rassembler autour d'une cause commune. Cela devrait me faire dresser les cheveux sur la tête. Au lieu de cela, je me sens étranger à cette histoire. Comme si mon passage chez les Lions n'avait jamais eu lieu.

Je sais que j'ai été vice-capitaine pendant une bonne partie de cette aventure. Je l'ai lu – c'est écrit noir sur blanc –, cela a donc dû se produire. Brian O'Driscoll était initialement notre leader mais il n'a tenu que deux minutes lors du premier test avant que le capitaine néo-zélandais Tana Umaga et le talonneur Keven Mealamu ne le soulèvent puis l'écrasent au sol. Brian aurait pu souffrir d'une terrible blessure au cou, mais il a réussi à pivoter suffisamment pour que l'impact se répercute sur son épaule. La luxation qui s'ensuivit mit fin à sa tournée et Alfie – Gareth Thomas – prit le brassard. Alfie était le messie des Gallois, mais nous ne nous étions jamais rencontrés. En tant que nouveau capitaine, il avait le droit de choisir son numéro deux. Selon Alfie, c'est ma réaction à la défaite lors de ce premier test qui l'a poussé à regarder dans ma direction. Nous avions été complètement dépassés et, par la suite, Phil Larder s'en est pris à nous, critiquant la réaction des avants face aux percées néo-zélandaises. Il estimait que nous avions été trop rapides à revenir à l'intérieur pour aider. À ce moment-là, quelque chose s'est déclenché en moi.

« C'est des conneries », ai-je dit. « Nous avons réagi comme n'importe qui aurait réagi : nous sommes revenus pour soutenir nos coéquipiers. C'est ainsi que l'on doit faire. Et je ne m'en excuse pas. »

C'est à la suite de cette petite explosion qu'Alfie m'a demandé d'être son vice-capitaine. Il semblait que mes valeurs correspondaient aux siennes – une attitude forgée dans les vestiaires de clubs amateurs que nous avions tous deux appréciés. À l'époque, je n'avais aucune idée de la torture intérieure que représentait pour Alfie sa sexualité[11].

Lewis aime me rappeler un autre incident qui s'est produit lors de cette tournée. Pour une raison incompréhensible, l'ancien conseiller en image de Tony Blair, Alastair Campbell, était du voyage. Officiellement, il était « directeur de la communication », mais c'était du rugby, pas le 10 Downing Street. Ce n'était pas sa faute, mais Alastair était comme un poisson hors de l'eau. Ses capacités d'analyse étaient peu utiles à la réussite d'une tournée des Lions. Une fois, il a été assez inconscient pour laisser son BlackBerry sans surveillance pendant une seconde. J'ai profité de l'occasion pour m'en emparer. Ce n'était qu'une blague, mais Alastair était paniqué, essayant désespérément de me reprendre l'appareil. On peut comprendre son anxiété – imaginez les numéros de tous les dirigeants du monde,

11 Gareth Thomas a dévoilé son homosexualité à la fin de sa carrière en 2009, à l'âge de 35 ans.

tous ses messages privés, courriels, tout. Je pensais le faire transpirer un peu, mais quelques minutes plus tard, notre chef de la sécurité frappait à la porte de ma chambre d'hôtel. Alastair lui avait demandé de me dire que les services secrets britanniques voient généralement d'un mauvais œil le vol de téléphones gouvernementaux et qu'il serait peut-être bon de le lui rendre. Je n'avais pas envie de recevoir la visite des barbouzes au milieu de la nuit et je l'ai donc rendu.

*

Seize ans plus tard, au début de la tournée des Lions en Afrique du Sud en 2021, j'ai vu des reportages sur la remise des maillots aux nouveaux membres de l'équipe. Je me suis dit que la même chose avait dû m'arriver et, comme toujours, je n'arrivais pas à m'en souvenir. Il y a des choses qui déclenchent mes émotions, et ça a été le cas à ce moment-là. J'ai commencé à pleurer, vraiment bouleversé. *Cela a dû m'arriver, j'ai dû recevoir un maillot. Quelqu'un de spécial a dû me le remettre. Tout le monde a dû applaudir. Pourquoi ne puis-je me souvenir de rien de tout cela ? Pourquoi ne puis-je pas au moins me souvenir de cela ?* Comme pour la Coupe du monde, un autre grand moment a disparu.

C'est dans ces moments-là qu'au lieu de me complaire dans la nostalgie, je me noie dans la colère. J'essaie de me souvenir de ce que c'était, de ce que j'ai ressenti en enfilant ce maillot, en prenant part à quelque chose d'aussi emblématique, et, à part quelques images floues qui clignotent comme une vieille bobine de cinéma, je me rends compte que j'aurais tout aussi bien pu ne pas y être. Je commence à détester le rugby. Je ne veux pas devenir un de ses détracteurs. C'est la pire chose que je puisse faire. Si je me mets dans cet état d'esprit, je vais finir par sombrer, sombrer, sombrer dans les profondeurs.

Jusqu'à cette invasion de pensées négatives, je me réjouissais de regarder le premier test des Lions. Finalement, j'ai passé une journée à Blackpool avec ma famille. C'était la meilleure chose à faire. Nous nous sommes amusés sur la plage et aux jeux d'arcade, nous avons mangé du *fish and chips*, puis nous avons descendu la promenade en voiture, Seren accrochée à la fenêtre, regardant avec incrédulité tous les gars déguisés en femmes dans le défilé sans fin des enterrements de vie de garçon. En regardant son visage dans le rétroviseur, je me suis rappelé à quel point tout ce qui m'entoure est précieux. Le passé est peut-être perdu, mais le présent ne l'est certainement pas. Et c'est là, et non dans le rugby, que je trouve mon réconfort.

Chapitre 5

BOULIMIE

Le talent et le travail m'ont permis d'intégrer l'équipe des Lions et d'atteindre la finale de la Coupe du monde. Mais j'avais une autre arme dans mon arsenal : la boulimie.

J'avais seize ans lorsque j'ai délibérément vomi ma nourriture pour la première fois. C'est à cet âge que j'ai vraiment pris conscience de mon besoin d'être en forme et du fait que, pour une personne de ma corpulence, c'était une bataille qu'il ne serait jamais facile de gagner. J'ai toujours aimé manger et il m'a donc été très difficile de réduire ma consommation de façon suffisamment drastique pour atteindre mon poids de forme. Je ne me souviens pas des détails de la toute première fois où je me suis fait vomir après un repas, mais je sais que c'est rapidement devenu une sorte de routine. Je mangeais quelque chose que je ne devais pas, ou ce que je considérais comme étant de trop, j'étais submergé par la culpabilité, je trouvais les toilettes les plus proches, et je revenais à la charge. L'odeur sur mes mains à l'entraînement me dégoûtait.

Je comprends que cela puisse paraître complètement fou, pour ne pas dire totalement immonde, mais quand on vous pousse à être le plus affûté possible physiquement, il n'est pas difficile de se mettre dans la tête que la nourriture *est un problème et je dois m'en débarrasser*. En tant qu'amateur, une fois que j'ai atteint un niveau de forme convenable, j'ai arrêté de rendre ma nourriture pendant un certain temps, mais lorsque je suis devenu professionnel et que le staff a été constamment sur mon dos, en particulier avec l'Angleterre, je suis vite retombé dans mes anciennes habitudes. Pour moi, la graisse est toujours restée tapie en arrière-plan. Je n'ai jamais eu la chance d'être en forme sans effort. J'ai toujours dû travailler pour. Quel que soit l'entraînement auquel je m'astreignais, je prenais du poids. Même aujourd'hui, si je ne fais pas attention, les kilos ne tardent pas à s'accumuler. Pour un talonneur d'aujourd'hui, cela n'est pas acceptable. La condition physique est cruciale pour l'équipe. On ne peut pas se contenter d'être grand. Si vous ne pouvez pas vous déplacer sur le terrain, vous n'êtes pas efficace.

Pour remédier à tout cela, je faisais du rab d'entraînement en secret. À l'abri des regards, je m'astreignais à des exercices interminables pour brûler les graisses à la salle de sport. Si je sortais ensuite manger un curry avec des amis, je savais que cela réduirait à néant tout le travail accompli alors, une fois rentré à la maison, je me défoulais à nouveau. Je n'ai jamais pensé qu'il y avait quelque chose de mal à agir ainsi. C'était simplement une façon pratique de faire face à la situation ; une façon d'avoir le beurre et l'argent du beurre, d'apprécier la nourriture, de profiter de mes amis sans ruiner tout le travail de remise en forme. Je sais que ce n'est pas normal, mais d'une certaine manière, c'est comme la démence – quand vous la vivez, vous n'êtes pas vraiment conscient de ce qu'est la normalité, ou du fait que vous avez glissé loin en dehors de celle-ci.

L'obsession du poids m'a été inculquée en club et en équipe nationale. À chaque seconde passée sur le terrain, les Saints voulaient le meilleur Steve Thompson. Pour l'être, j'ai fini par faire partie d'un « club des gros », où je suivais un programme de remise en forme totalement différent de celui des autres joueurs. Pendant la période précédant la Coupe du monde, le staff de l'Angleterre pesait mes aliments, littéralement tout ce qui entrait dans ma bouche, même la salade. J'avais quelques tours dans mon sac. Au petit déjeuner, par exemple, en stage d'entraînement ou à l'hôtel, après avoir pris mes flocons d'avoine et mon lait, il m'arrivait de faire un détour par le buffet. Je mangeais quelques saucisses, une tranche de bacon, un peu d'œufs brouillés à la crème. Je me suis convaincu que si elles n'étaient pas dans mon assiette, les calories ne comptaient pas. Je sais que je me racontais des histoires. En outre, je n'arrêtais pas d'essayer différents régimes, pensant que tel ou tel était génial, pour finalement m'en lasser au bout de quelques jours.

En fin de compte, bien que j'aie évolué dans des environnements où la nourriture était disponible et abondante, j'ai fini par comprendre que je n'en avais pas besoin tant que cela. Alors que je voyais d'autres joueurs profiter d'un déjeuner copieux et, plus tard, à la fin de l'entraînement, d'énormes assiettes de sandwichs arrosées de boissons énergisantes gorgées de sucre, je me suis rendu compte que je pouvais vivre avec pratiquement rien. Je touchais à peine à la nourriture et ne buvais que de l'eau. Il m'arrivait encore de me goinfrer quelques fois. Je faisais attention à ce que je mangeais, mais s'il y avait quelque chose devant moi qui me tentait vraiment, je me jetais dessus. Si je me sentais trop rassasié, ou un peu coupable, je m'enfermais dans les toilettes et enfonçais mes doigts dans ma gorge. J'avais toujours à l'esprit mon pourcentage de masse graisseuse et c'est donc tout naturellement que je me disais : « Bon, il faut que ça ressorte. » Parfois, je n'avalais rien de la journée. Je m'entraînais le matin et l'après-midi puis je prenais un dîner copieux qui me rendait malade. *Le régime Steve Thompson*, disponible dans toutes les mauvaises librairies.

J'ai vu l'ancien joueur de cricket anglais Andrew Flintoff parler de son expérience de la boulimie, mais alors qu'il a fait tout son possible pour garder le secret, j'étais en fait connu pour cela. Si les gars sortaient manger un bon repas, je ne voulais pas manquer ça. Après, je leur disais ouvertement : « Bon, on ferait mieux d'expulser tout ça. » Ils riaient. Ils pensaient que je me faisais vomir de temps en temps, pas que c'était une routine. Je rirais aussi. Je savais que ce que je faisais relevait de la boulimie, que ce n'était pas bon, mais ce qui était bien plus important pour moi, c'était d'avoir le bon poids. En rire rendait la chose acceptable.

Il y a une autre raison pour laquelle je ne pouvais pas garder le secret : je fais un bruit de morse lorsque je vomis. Honnêtement, vous pourriez me coller au sommet d'une falaise, me faire manger un gâteau à la crème et m'utiliser comme corne de brume.

La confusion des sportifs à propos de la nourriture est compréhensible. Quand j'ai commencé, il n'y avait que des glucides, des glucides, des glucides. À Northampton, nous avalions trois énormes bols de pâtes par jour, ce qui était la recette parfaite pour prendre du poids. Puis, vers la fin de ma carrière, tout a changé. Soudain, à l'exception de l'avant-match, il n'y avait plus de glucides au menu, seulement des produits frais, du poisson, des salades, ce genre de choses. Le résultat a été une énorme variation de poids. Je montais sur la balance tous les jours. Le week-end, je pesais 122 kilos. Puis, immédiatement après le match, je devais redescendre. Sinon, je serais devenu de plus en plus gros. Le mardi, je pesais environ 116 kilos. J'étais dans une situation impossible : prendre du poids et le perdre en même temps. C'était une bataille sans fin. Du début à la fin de ma carrière, j'ai utilisé le vomissement comme un moyen efficace de perdre du poids.

Un nutritionniste m'a dit un jour que j'avais la morphologie d'un Samoan – j'étais naturellement massif et il n'y avait pas grand-chose à faire pour y remédier. Je savais ce que cela voulait dire. Northampton me soumettait à des régimes très stricts, réduisait ma consommation de glucides, mais mon poids continuait d'augmenter. Si je faisais de la gym et de la musculation, je ne faisais que m'épaissir. J'avais parfois l'impression d'être un monstre. De temps en temps, la maladie ou la diarrhée se propageaient au club. Pour quelqu'un comme Matt Dawson, qui s'était battu pendant des semaines pour prendre du poids – du muscle, pas de la graisse – c'était un cauchemar, car en quarante-huit heures, tout ce dur labeur était réduit à néant. Moi, en revanche, je faisais feu de tout bois, mais j'avais aussi des fringales. Les autres gars n'en revenaient pas : « Steve, tu es le seul à pouvoir être malade et avoir la diarrhée tout en prenant du poids ! »

*

Je n'ai jamais rechigné à prendre des mesures extrêmes pour résoudre mes problèmes avec mon corps. Au cours de l'été 2006, j'ai senti que je faiblissais après avoir joué sans relâche pendant des années. Alors que l'Angleterre se déplaçait en Australie, j'ai décidé de me rendre en Thaïlande pour y passer plusieurs jours avec un tube planté dans le derrière. L'irrigation du côlon était de plus en plus considérée comme un moyen de rincer et de recharger le système, et lorsque j'ai quitté l'hôpital après ce séjour plutôt inhabituel, je n'avais rien consommé d'autre que des smoothies aux fruits pendant dix jours, et j'avais perdu sept kilos. Cependant, il est cruel de constater que lorsque l'on est naturellement gros, on ne remarque souvent même pas la différence.

C'est le demi de mêlée néo-zélandais des Saints, Mark Robinson, qui m'a donné le tuyau et cela semblait correspondre exactement à ce dont j'avais besoin, une remise en question physique et mentale complète – en fait, une présaison. J'avais eu tellement de blessures que si je voulais survivre dans ce sport, j'avais besoin de prendre un nouveau départ. J'avais l'impression d'être une voiture roulant au ralenti. Mon psoriasis s'était vraiment aggravé à cause de la fatigue et du stress, à tel point que mes collègues pros avaient commencé à me surnommer le « léopard rouge ». Je m'écaillais tellement que j'emportais avec moi un petit aspirateur à main. Ce n'était pas suffisant pour certains de mes coéquipiers : « Va te faire foutre ! Tu n'entreras pas dans ma maison ! »

Les entraîneurs me disaient toujours : « Assure-toi de tout laisser sur le terrain. »

« Pas de problème », disais-je. « Je laisse un peu de moi partout. »

Un voyage en Thaïlande pour s'enfoncer un tube dans le cul, c'est l'assurance qu'on se paie votre tête pendant un moment dans le milieu du rugby. La plupart des gars étant partis pendant l'été, j'ai été épargné mais en toute honnêteté, cela ne m'aurait pas dérangé du tout de toute façon. C'était ce que je voulais faire et c'est tout ce qui comptait. Le fait que je me souvienne d'une bonne partie de ces dix jours en dit long sur les bienfaits qu'ils m'ont apportés, peut-être parce que mon cerveau s'est rechargé au lieu de rendre l'âme. Des rares moments de ma carrière où je me suis reposé, il me semble un peu plus facile de retrouver des petits bouts de mémoire.

Le fait est que lorsque je leur en parle, la plupart des gens préféreraient que j'ai oublié cet épisode.

Pour l'irrigation du côlon, je devais monter dans une cabane trois fois par jour. Il y avait là un seau avec du café au fond – à ne surtout pas boire. J'ajoutais de l'eau chaude, suspendais le seau, m'allongeais sur le dos, jambes écartées, et faisais remonter un tube du seau dans mon anus. La gravité faisait descendre le liquide à toute vitesse jusqu'à sa destination, puis je me frottais l'estomac et le liquide ressortait. Heureusement, c'était avant la mode des selfies.

Au début, les responsables de ce traitement m'ont donné une carte qui m'indiquait exactement ce que je pouvais m'attendre à voir sortir de mon derrière chaque jour. Je n'y ai pas prêté attention sur le moment, mais le cinquième jour, alors que je regardais ce qui semblait être des algues, j'étais reconnaissant d'être accompagné de Michael Choi, un bassiste et producteur qui avait travaillé avec de grands artistes tels que MIKA, Annie Lennox et Beth Ditto, et qui m'a vraiment aidé à surmonter cette épreuve. Nous avions une routine quotidienne : nous allions ensemble au restaurant et regardions les gens manger.

Avec la faim à l'esprit, j'aurais pu choisir un meilleur coffret de DVD à emporter. Les nourritures les plus incroyables nous passaient devant les yeux, des festins italiens familiaux, de l'entrée au dessert, j'ai très vite commencé à regretter d'avoir emporté *Les Soprano*.

L'attention que je porte aujourd'hui à mon poids et à mon alimentation n'est plus liée au sport de haut niveau. Le matin, je prends deux tartines de pain au levain garnies d'amandes, le midi, peut-être du thon et du maïs doux, et le soir, nous préparons un repas pour quatre personnes pour nous six, ce qui fonctionne parce que je ne prends pas de glucides et que je les remplace par quelque chose de simple, comme des carottes râpées. Malgré ce régime assez maigre, j'ai encore du mal à garder un poids stable, même si je fais de l'exercice, mais je vais m'y tenir parce que je connais l'importance de l'alimentation dans la lutte contre la démence. Les légumes à feuilles sont régulièrement au menu, tout comme les baies, les noix et les poissons riches en acides gras oméga-3, dont on dit qu'ils aident le cerveau à rester en bonne santé. Je laisse de côté le chou-fleur, car ce serait comme manger mes oreilles.

Aujourd'hui encore, il m'arrive de me rendre malade. Il m'est très difficile de résister à certains aliments, en particulier les travers de porc et les ailes de poulet. J'en mange trop puis je me sens trop plein, un peu mal à l'aise et je fonce aux toilettes. Mais dans l'ensemble, j'ai une bien meilleure relation avec la nourriture qu'à l'époque où je jouais. Je mange à heure fixe. De même, si je continue à faire de l'exercice, je ne le fais pas comme quelqu'un dont le corps est constamment endommagé, qui a besoin de se réparer et de se construire. Une grande partie de mes problèmes, mentaux et physiques, est due au fait que le rugby de mon époque était axé sur la taille et la force. On m'a fait grossir alors qu'en réalité, l'efficacité d'un joueur vient de sa puissance plutôt que de son gabarit. En tant que joueur, j'étais toujours sur le fil du rasoir entre la force et l'agilité, et j'avais parfois l'impression que ces mesures draconiennes étaient le seul moyen de parvenir à mes fins.

De même, on pourrait dire que j'ai toujours eu une relation dysfonctionnelle avec la nourriture, qui a juste été exagérée par le monde du sport dans lequel j'ai évolué. Enfant, je mangeais quand il y avait de la nourriture, que ce soit à la maison, à l'école ou chez des amis. Je ne venais pas d'un foyer où il y avait un bon repas sur la table à heure fixe, où la famille s'asseyait au petit déjeuner et s'informait poliment du programme de la journée de chacun. J'ai grandi en apprenant que la nourriture était fonctionnelle. On se remplissait l'estomac quand on pouvait avec ce qu'on pouvait et on continuait à vivre entre-temps.

Cette gestion de la nourriture qui m'a conduit à la boulimie était nocive, mais il faut se rappeler que je n'ai jamais pensé une minute que c'était une maladie mentale. Au contraire, j'étais heureux d'avoir trouvé une solution qui me convenait. Cela ne faisait de mal à personne, pas même à moi, pensais-je. Bien sûr, ce n'était pas vrai. La boulimie n'est pas appelée « trouble alimentaire » pour rien. Votre estomac n'existe pas indépendamment de votre cerveau. Mais lorsque vous avez grandi de manière si indépendante, vous trouvez votre propre façon de fonctionner. C'est pourquoi j'étais – et je suis toujours un peu – boulimique.

Chapitre 6

LES DÉBUTS

Je n'ai jamais voulu être rugbyman – gagner la Coupe du monde avec l'Angleterre n'a jamais fait partie de mes rêves. J'ai toujours eu envie d'être policier. C'est surprenant, car mes premières années n'ont pas vraiment été placées sous le signe de l'honnêteté. J'ai failli être pris en flagrant délit de vol à l'étalage à l'âge de six ans. Avec mon copain Richard, nous dérobions des billes au magasin du coin et les vendions à la criée au terrain de jeu. C'était un bon moyen de gagner de l'argent, jusqu'à ce que le commerçant nous prenne la main dans le sac. Pendant que Richard se faisait pincer, j'ai montré un potentiel rugbystique précoce en poussant le gars et en m'enfuyant. Avec bravoure, j'ai laissé Richard essuyer les critiques – je ne pense pas que sa mère me l'ait jamais pardonné. J'aimerais dire que ce contact avec l'autorité a mis fin à mes habitudes de chapardeur, mais j'étais un grand garçon avec un penchant pour les sucreries. Je suis passé des billes aux confiseries.

Quand j'étais enfant, c'était juste les trucs habituels – sonner aux portes des gens, attendre derrière une haie, puis leur lancer des œufs quand ils ouvraient la porte, trouver un emploi de livreur de journaux gratuits et économiser un peu de semelles de chaussure en y mettant le feu. Je pense qu'il est juste de dire que j'ai exercé une mauvaise influence sur Richard. Mais compte tenu de ma taille – j'avais atteint le mètre cinquante dès l'âge de huit ans – j'étais probablement une personne assez agréable à fréquenter. Richard, qui vivait à quelques portes de chez moi, mesurait la moitié de ma taille. De son point de vue, il bénéficiait d'une protection toute trouvée partout où il allait.

J'étais entré dans la vie de Richard et de quelques autres copains par un chemin plutôt détourné, dont certaines parties restent encore aujourd'hui un peu mystérieuses. Je suis né à Hemel Hempstead, mais j'ai emménagé à Northampton presque immédiatement. Ma mère et mon vrai père se sont séparés alors que j'étais à peine sorti des langes et pour une raison ou une autre, je suis allé vivre avec mes grands-parents paternels, près de Cromer, ce qui explique que je sois devenu un fan de Norwich City. Je ne me souviens pas très bien de ces jours passés dans l'East Anglia, démence ou pas, mais j'ai l'impression que c'était une bonne période de ma vie, probablement la plus stable de mon enfance. Puis, au moment où j'entrais à l'école, je suis revenu à Northampton pour vivre avec ma mère. Je voyais encore mon père policier de temps en temps, mais il vivait à quatre-vingts kilomètres de là, à Welwyn Garden City, et au cours des années qui ont suivi, nous avons perdu le contact jusqu'à ce que, à l'âge de dix ans, il disparaisse de ma vie. J'avais vingt-deux ans lorsque je l'ai revu et à ce moment-là, le lien émotionnel et physique était bel et bien rompu. Lorsque votre père revient dans votre vie après une si longue période, ce ne sera jamais comme s'il était un père, comme la plupart des gens pourraient le penser. Au lieu de cela, je n'ai vu qu'un énorme gaillard. Dès que j'ai posé les yeux sur lui, j'ai compris pourquoi, malgré mon amour du football, je n'étais pas destiné à devenir footballeur.

Lorsque mon père a disparu, ma mère a rencontré un autre homme qui m'a adopté, et je suis passé de Steve Thompson à Steve Walter. Je n'ai jamais aimé mon beau-père. Nous ne nous sommes jamais entendus et, malgré l'adoption, je n'ai jamais eu l'impression qu'il voulait de moi. Au début de ma carrière de rugbyman, j'ai repris le nom de Thompson. Je ne voulais pas être associé à lui de quelque manière que ce soit.

Nous vivions à Blackthorn, à l'est de Northampton. L'un des quartiers les plus difficiles de la ville, certes, mais qui est devenu mon terrain de jeu favori. Je ne voulais jamais rester à la maison à cause des disputes interminables et de l'atmosphère tendue, et je passais donc le maximum de temps à l'extérieur, à faire des bêtises dans les bois ou à pratiquer n'importe quel sport auquel moi et mes copains pouvions penser. S'il y avait Wimbledon, on jouait au tennis sur la route. D'autres fois, je tapais un ballon de football contre le mur d'une maison de campagne – *Boom ! Boum ! Boum !* Finalement, les pauvres bougres qui vivaient-là ne me supportaient plus, ils sortaient et devenaient complètement fous.

La plupart du temps, je sortais à sept heures du matin et ne revenais qu'à onze heures du soir, m'échappant parfois complètement du quartier pour aller rendre visite à des copains dans les villages voisins, sur un BMX sans vitesses – je n'avais pas non plus de casque ni de lumières. C'est drôle de voir mes propres enfants aujourd'hui et de repenser à mon enfance. À cinq ans, je me rendais seul à l'école ; à huit ans, je sortais sur mon vélo la moitié de la nuit. Personne n'avait idée de l'endroit où j'étais. Je n'aurais jamais laissé un de mes enfants se débrouiller seul à cet âge. Parfois, d'autres enfants me regardaient – dehors à toute heure, sans discipline – et me disaient : « J'aimerais bien avoir une mère comme la tienne, parce qu'alors je pourrais faire n'importe quoi. » Lorsqu'ils grandissaient un peu, ils changeaient de discours : « Dieu merci, j'ai eu un père et une mère comme les miens. »

Voltigeant d'un endroit à l'autre, surgissant à l'improviste ici et là, partout, j'étais un enfant fantôme. Et comme tout fantôme, il n'existe pratiquement aucune preuve de mon existence. On m'a demandé plusieurs fois des photos de moi quand j'étais petit ou adolescent, et il n'y en a pas. Je n'ai jamais existé. Je ne saurais dire si ma mère avait un appareil photo à l'époque, mais même si je m'étais placé devant l'objectif, je suis presque sûr qu'elle l'aurait détourné. Mon ami Hephs – Simon Hepher, qui a également réussi à devenir joueur de rugby professionnel et que je considère encore aujourd'hui comme un frère – mentionne une fois où elle m'a délibérément enfermé à l'extérieur de la maison tard dans la nuit. Elle était à l'intérieur mais ne voulait pas me laisser entrer. J'ai appelé Hephs, il est venu et m'a trouvé assis contre un mur au bord de la route.

Je sais que cela donne une image assez misérable, mais avant que vous ne cherchiez des Kleenex, je vais vous dire ceci : je n'en ai pas souffert à l'époque. Pour moi, c'était normal. De toute façon, j'ai toujours été sur mes gardes. Enfant, je ne montrais pas mes émotions – jamais. À Blackthorn, on apprenait vite à ne pas montrer de faiblesse. Aujourd'hui, je pleure pour un rien. Steph et moi regardons Britain's Got Talent[12] et je me cache le visage pour ne pas qu'elle puisse me voir. Les choses m'atteignent comme jamais auparavant. Je sais que le fait d'avoir une jeune famille rend souvent les gens plus émotifs, mais j'ai l'impression que mon caractère s'adoucit. J'ai récemment assisté au mariage d'un ami. Il épousait une Polonaise dont le père ne parlait pas un mot d'anglais. Il a pris la peine d'écrire un discours incroyablement émouvant dans une langue qu'il ne connaissait pas. Ajoutez à cela le fait qu'il se soit levé devant une foule d'étrangers pour prononcer ces mots incroyablement sincères et j'en ai eu les larmes aux yeux. Mais en tant qu'enfant ? Oubliez cela. Pleurer était impossible.

Je savais que j'étais considéré comme un enfant difficile, mais je n'étais pas le seul à venir d'un milieu défavorisé et j'ai eu plus de chance que d'autres, car les parents d'autres enfants s'occupaient de moi. Ils m'invitaient à déjeuner le dimanche et étaient si gentils et attentionnés que j'avais l'impression de faire partie de leur famille. J'ai adoré cela et j'ai toujours essayé de bien me comporter. Mais une partie de moi s'inquiète aujourd'hui de savoir si je n'ai pas profité de la situation en restant dans les parages. J'espère que non, car j'ai vraiment apprécié leur générosité, leurs tentatives de compenser le manque de stabilité que je vivais

12 Version anglaise de *La France a un incroyable talent*.

à la maison. Le sang est plus épais que l'eau ? Pas pour moi. C'est l'eau, et non le sang, qui m'a permis de tenir. Je repense aux parents de Hephs et à ceux d'autres enfants et je les considère comme des modèles – c'est ainsi que je veux agir avec mes propres enfants.

*

Le sport, le vrai sport organisé, a commencé à m'offrir une distraction bienvenue. Bizarrement, c'est sur des patins à roulettes qu'on m'a remarqué pour la première fois. Nous ne sommes pas le 1er avril au moment où j'écris ces lignes, alors croyez-moi quand je vous dis que le gros balourd que vous avez vu sur les terrains de rugby était le champion britannique de patinage de vitesse à roulettes à l'âge de dix ans, terminant sixième aux championnats d'Europe en Allemagne. Un ami adorait ce sport et m'a emmené à l'entraînement pour essayer. Je n'avais jamais utilisé de patins, mais j'ai vite brillé et, huit mois plus tard, j'étais champion national, me produisant dans des vélodromes en plein air dans tout le pays et parcourant entre 24 et 32 kilomètres par nuit, quatre soirs par semaine, autour du parc de Northampton. On a même parlé de me convertir à la glace et de m'intégrer rapidement à l'équipe olympique. Mais, bien que le fait de me voir dans un article du journal local soit agréable, j'étais bien plus intéressé par le football et, après environ un an, j'ai raccroché mes patins. J'étais tout aussi heureux de raccrocher également, ou peut-être même de brûler mon body en lycra, un vêtement dans lequel je n'ai jamais été à l'aise.

J'ai eu la chance que mon école, Blackthorn Middle, soit rattachée à l'école pour garçons de Northampton, reconnue pour ses excellents résultats scolaires et réputée pour être tout aussi excellente sur le plan sportif. Les premiers ne m'intéressaient pas contrairement au second, et, dès que j'ai mis les pieds à l'école, j'ai adoré la quantité et la variété des sports proposés. Le basket est devenu mon premier amour et j'ai été sélectionné pour jouer dans l'équipe des Midlands. Je n'ai jamais été le joueur le plus talentueux mais ma taille et ma vitesse ont fait de moi une menace, tout comme mon envie. Je voulais le ballon plus que quiconque. Je me suis battu encore et encore, j'ai persévéré. C'est grâce à cette détermination que j'ai continué à être sélectionné, même si l'entraîneur m'a un jour engueulé pour ce qu'il considérait comme un excès de physique.

« Tu ressembles plus à un joueur de rugby qu'à un basketteur », a-t-il déclaré. Il n'avait pas tort.

En tant que footballeur, j'ai joué quelques fois comme défenseur central dans l'équipe du comté. Mon rêve le plus cher était de devenir professionnel. Bien sûr, cela ne s'est jamais produit mais j'ai fait une apparition télévisée, lors de l'Alan Ball Memorial Cup, un match opposant l'Angleterre au monde entier, en hommage au vainqueur de la Coupe du monde décédé en 2007[13]. Les commentateurs ont dit que j'étais le meilleur non-footballeur sur le terrain, même si Vernon Kay[14] était également présent, ce qui rendait la chose moins difficile qu'il n'y paraît.

13 Alan Ball (1945-2007) a remporté la Coupe du monde de football en 1966 à l'âge de 21 ans. Il était le plus jeune joueur de l'équipe d'Angleterre.
14 Présentateur télé et ancien mannequin anglais.

Cependant, en vieillissant et en prenant du volume, le département d'éducation physique a décidé que ma taille et mon rythme étaient définitivement faits pour le ballon ovale. C'était nouveau pour moi. Bien que Northampton soit une ville de rugby, je n'avais jamais suivi son club professionnel, les Saints, étant toujours plus intéressé par le football et le basket. Lorsqu'un ami m'a traîné aux Franklin's Gardens, ma première impression du rugby a été que, même si j'étais grand et rapide et donc parfaitement adapté, c'était un jeu auquel il fallait être fou pour jouer. Il semblait si complet, si dur et si compliqué. Et c'était avant que je découvre que les joueurs se douchaient tous ensemble.

J'avais quinze ans lorsque j'ai commencé à jouer et je suis sûr que même à ce moment-là, je n'aurais jamais poursuivi sérieusement ce sport si je n'avais pas eu mon premier entraîneur à l'école, Mark Lee. Mark et son collègue d'éducation physique Pete « Snapper » Dewsnap avaient repéré en moi les ingrédients – taille, vitesse, habileté à manier le ballon, attitude sans faille – qui, ensemble, constituaient la recette du succès. Dès le début, Mark m'a encouragé, m'inculquant que si je travaillais dur et que j'écoutais, je pourrais réaliser quelque chose de spécial. Il a également compris qu'un passé de basketteur n'était pas une mauvaise chose – les compétences en matière de maniement du ballon et de coordination main-œil étaient transposables au rugby.

Ensemble, Mark et Pete étaient phénoménaux. « Snapper », en particulier, n'était pas à prendre à la légère : c'était l'un de ces professeurs capables de faire taire une salle pleine d'enfants bruyants par sa seule présence. Mais alors que d'autres se tassaient dans son sillage, je l'aimais

– je n'avais pas seulement besoin de cette discipline, je la réclamais à cor et à cri. Mark, quant à lui, appliquait des méthodes d'entraînement qui n'étaient rien moins qu'originales. Arbitre d'un match, voulant que je porte le ballon vers l'avant, il m'a sanctionné pour avoir couru sur le côté avec le ballon sous un bras. Curieusement, je me souviens encore de ses paroles exactes : « Walter ! Ce n'est pas un déodorant pour les aisselles, tu sais. » À la stupéfaction de l'équipe adverse, il faisait de même s'il estimait que j'avais parcouru une trop grande distance sans faire de passe. Finalement, Mark cessa de siffler et me donna carte blanche pour courir avec le ballon. Libéré, je saisis l'occasion de marquer quelques essais.

Mark a peut-être ressenti le besoin de m'enseigner quelques leçons, mais il n'est jamais intervenu sur ce qui allait devenir l'une de mes marques de fabrique, ce qu'il appelle mon « éthique de travail de chien », ma volonté de me démener sur le terrain, d'être dans la boue et de faire le travail de l'ombre. On ne m'avait jamais rien donné, j'avais lutté pour tout, et je ne voyais pas le sport comme quelque chose de différent. Quelle que soit la difficulté d'une situation, je n'allais jamais baisser les bras. Si mon enfance m'a appris quelque chose, c'est qu'il faut persévérer jusqu'à ce que, quelque part, n'importe où, on finisse par vous donner un coup de pouce. Je ne dis pas qu'un milieu difficile est la seule source de compétitivité. Après tout, l'un de mes meilleurs amis est Lewis Moody, qui a eu à peu près tout sur un plateau lorsqu'il était enfant, et c'est l'une des personnes les plus compétitives que je connaisse. En revanche, il est stupide. Par conséquent, il ferait n'importe quoi, continuerait à avancer, même s'il n'y était pas obligé. Il était capable de ne pas remarquer que l'arbitre avait sifflé le coup de sifflet final et que tout le monde était rentré chez soi. Dans mon cas, cependant, je suis sûr que ma détermination, mon désir, ce sentiment d'insécurité face à ce que je considérais comme un chemin facile dans la vie pour mes concurrents, m'ont poussé à vouloir faire mes preuves. Je voulais montrer du doigt ceux qui doutaient que quelqu'un comme moi puisse réussir, et c'est ce qui m'a poussé à m'investir à cent pour cent dans tout ce que je faisais en tant que joueur de rugby. Mark avait donc raison. Je n'allais jamais être l'un de ces joueurs en quête de gloire qui glissent sur l'herbe en essayant d'être beaux pour les caméras. J'allais être un battant. J'allais tout faire pour arriver au sommet.

J'ai écouté Mark parce que je croyais en lui en tant que personne et en tant que parfait connaisseur du rugby. Je l'ai aussi fait parce qu'il ne m'a pas laissé le choix. « Tu ferais mieux de m'écouter, Steve Walter » disait-il, « parce que je suis le meilleur entraîneur que tu auras jamais. » Quand je repense aux entraîneurs sous lesquels j'ai joué, des légendes comme Wayne « le Professeur » Smith et Ian McGeechan, je dis toujours aux gens que Mark Lee était le meilleur – parce qu'il me l'avait dit.

Le fait que j'aie accordé autant d'importance aux paroles de Mark a rendu sa déclaration après un match – « Tu vas jouer pour l'Angleterre » – tout à fait incroyable. Mark n'était pas du genre à faire des compliments en l'air. Il raconte qu'il n'a dit cela qu'à trois joueurs dans sa vie. Ce qu'il a vu en moi, c'est le physique, l'éthique de travail, des mains habiles et des capacités athlétiques. Je n'étais pas encore totalement convaincu que le rugby était le sport dans lequel je voulais tout investir. À un moment donné, j'ai frappé à la porte du bureau de Mark et je lui ai dit que je voulais abandonner le rugby. J'ai insisté sur le fait que le basket était le sport qu'il me fallait. Nous avons trouvé un compromis. Pendant un an, j'ai pratiqué les deux, puis j'ai pris une décision. Je m'entraînais deux fois par semaine avec l'équipe de rugby, tout en continuant à jouer au basket. J'ai également rejoint les Northampton Old Scouts, un fantastique club de rugby dont les terrains se trouvaient à côté de ceux de l'école, et où j'ai rencontré pour la première fois un jeune homme dégingandé appelé Ben Cohen, sans savoir que le voyage que nous étions sur le point d'entreprendre ensemble aboutirait à une certaine nuit à Sydney, une dizaine d'années plus tard.

Petit à petit, le basket a été relégué au second plan et le rugby a pris une place prépondérante dans ma vie. Je jouais le samedi et le dimanche et, sans l'aide de ma mère et de mon beau-père pour me rendre aux matchs et en revenir, je m'organisais moi-même. Je prenais mon vélo, le bus, ou j'espérais que d'autres parents m'aideraient. C'est ce qu'ont fait beaucoup d'entre eux. Me prenant en pitié à cause de ma vie familiale compliquée, et sachant que j'avais eu une période un peu difficile, ils voyaient que j'étais doué pour le rugby et voulaient m'encourager. En plus de m'emmener aux matchs, ils venaient me chercher après l'entraînement pour que je puisse traîner un peu chez eux.

À ce moment-là, j'évoluais dans différents cercles : mes amis de l'école, les copains de mon quartier, mes camarades de rugby et ce que l'on pourrait appeler les « mauvaises influences », c'est-à-dire les personnes plus âgées que moi qui sortaient pour voler et, plus généralement, pour faire des bêtises. Bizarrement, compte tenu de mon éducation, j'ai toujours su distinguer le bien du mal et je n'ai donc jamais suivi la même voie. Le fait que je n'aie jamais été particulièrement hostile à l'autorité m'a aidé. Si je n'étais pas opposé à l'idée de faire exploser une poubelle de merde à l'aide d'une boîte d'allumettes et d'un aérosol, je ne voyais aucun intérêt à suivre une voie criminelle plus dure, à voler des voitures, à cambrioler des maisons, à trafiquer de la drogue. Je regardais les gens prendre ou fumer quelque chose et je restais là, zombifié, à fixer la chaîne stéréo. Je n'en voyais pas l'intérêt et je n'avais pas plus envie d'en prendre une part que de pénétrer par effraction dans la maison de quelqu'un, ce qui me rendait malade, car j'imaginais très bien le mal que cela pouvait causer.

Une partie de moi s'est toujours détournée du mauvais chemin. De temps en temps, je me retrouvais face à un garçon ou un autre qui voulait se montrer le plus dur du quartier, et qui me prenait pour cible à cause de ma taille. Dans leur tête, il n'y avait pas de meilleure façon de montrer leur force que d'affronter le grand garçon qui semblait avoir cinq ans de plus que les autres, mais je les prenais pour des idiots. Je n'ai jamais voulu être mêlé à ce genre de bêtises. C'était tout simplement stupide et ça ne m'intéressait pas du tout. Une fois, Richard et moi avons marché dans le centre commercial et un groupe de garçons a commencé à être turbulent. Richard, qui faisait la moitié de ma taille, n'était certainement pas intéressé par une bagarre.

Nous nous sommes enfuis tous les deux et avons passé une demi-heure très inconfortable allongés sur le toit d'un garage en nous cachant.

Cela ne veut pas dire que j'étais l'élève le plus angélique qui ait jamais franchi les portes de l'école pour garçons de Northampton – en fait, je suis sûr que j'étais assez difficile –, mais j'aimais l'école, j'y trouvais de la motivation et de la concentration et je faisais de mon mieux pour apprendre. Ma vie familiale étant un désastre, l'école était un refuge bienvenu. Je n'ai jamais voulu faire l'école buissonnière. Je ne comprenais pas cette attitude : pourquoi vouloir sécher lorsque vous pouviez être à l'école avec vos copains ? Mais à la fin, j'étais peut-être un peu trop, disons, « énergique » – et j'ai été renvoyé pour avoir cassé des trucs. Plus tard, lorsque j'ai joué pour l'équipe d'Angleterre, cela m'a fait rire que l'école m'ai fait revenir pour raconter mon expérience.

« La différence », disais-je aux élèves, « c'est que cette école offre quelque chose à chacun. Quelles que soient ses forces. Pas seulement le sport, mais aussi la musique, l'art, le théâtre et bien d'autres choses encore. » La preuve est faite : Matt Smith, l'ancien « Docteur[15] », a fréquenté l'école pour garçons de Northampton.

Si j'en ai terminé avec l'école, le rugby est resté. J'ai entendu dire que certaines personnes aimaient les sports de contact parce qu'ils leur permettaient d'évacuer la colère qu'elles ressentaient lorsqu'elles étaient enfants. Soyons réalistes, il n'y a pas beaucoup de boxeurs issus de la classe moyenne, n'est-ce pas ? Je n'ai jamais ressenti cela au rugby.

---

15 Matt Smith a joué le rôle du onzième Docteur dans la série télévisée britannique *Doctor Who*, diffusée depuis 1963.

J'ai excellé dans un sport de contact parce que j'étais doué et que j'avais des qualités athlétiques naturelles. D'accord, il faut de la volonté pour atteindre le sommet dans le sport, mais pour moi, le rugby était la chose la plus facile à faire, plus facile, j'en suis sûr, que beaucoup d'autres emplois, comme travailler dans les hôpitaux, vider les poubelles, descendre dans la rue pour attraper des criminels – les emplois de tous les jours que si peu de gens apprécient ou même remarquent. On pourrait dire que j'ai choisi le rugby par paresse. Certes, je n'ai jamais aimé ce sport autant que le football et le basket. Si j'avais un attachement inconscient à ce sport, c'était parce qu'il me procurait quelque chose que je n'avais jamais eu : une famille. J'avais les qualités pour jouer, et en retour, il me procurait de l'amitié, de la solidarité, de la protection et de la loyauté.

Je sais avec certitude que le rugby m'a sauvé à un moment où ce que l'on pourrait qualifier de façon risible de « vie de famille » a finalement pris fin. À l'âge de dix-sept ans, sans crier gare, ma mère et mon beau-père m'ont mis à la porte. Il n'y avait pas eu de grosses disputes, mais à l'heure du thé, ils se sont tournés vers moi et m'ont dit : « Nous voulons que tu t'en ailles. » Je n'aurais pas dû être surpris. Ils avaient fait la même chose à ma demi-sœur aînée quelques années plus tôt. Je n'ai pas discuté. Ils n'en valaient pas la peine, et ce n'est pas comme si je n'avais pas pris soin de moi seul depuis des années. J'ai rassemblé quelques affaires, je les ai mises à l'arrière d'une vieille Vauxhall Nova que j'avais achetée, et je suis parti. Je n'ai jamais reparlé avec eux depuis.

*

S'éloigner de la « maison » a été l'une des meilleures choses que j'aie jamais faites. Lorsque je suis parti, il y avait quelques logements dans le voisinage immédiat où les gens se cachaient pour échapper à la police. Un jour, alors qu'un copain et moi allions monter dans la Nova, un Écossais est apparu. Il était ivre, agressif et nous a menacés d'un pistolet. De là où je venais, cela ne m'a pas semblé si étrange que cela. C'était juste le genre de choses stupides qui se passaient dans le coin. En fait, j'ai pris ça à la rigolade. Mais pour mon ami, qui n'était pas du coin, ce fut un choc énorme. Comme c'était prévisible, tout cela n'a abouti à rien et s'est terminé aussi vite que cela avait commencé. Mais qui sait comment cet environnement m'aurait affecté sans la discipline et la sécurité du rugby ? Peut-être qu'un jour, c'est moi qui me serais caché de la police.

Après l'école, j'ai commencé l'université, mais j'avais quitté la maison sans un sou et j'ai donc commencé des petits boulots ici et là, notamment une carrière naissante de portier. J'ai commencé à travailler dans les pubs et les clubs de Northampton à l'âge de seize ans – ma taille me faisait paraître plus âgé que la plupart des gens qui essayaient d'entrer. Lorsque l'on prononce le mot « portier », les gens pensent immédiatement à des bagarres et à des coups de poing, mais à l'époque, il n'y avait pas vraiment d'ennuis. Northampton est comme un village : si vous sortez et que vous vous promenez, vous finissez par connaître tout le monde assez rapidement. Si quelqu'un se mettait en travers de votre route, vous l'attrapiez et le mettiez à la porte.

Le fait pour moi de venir de l'est de la ville décourageait la plupart des gens de me chercher des noises.

Plus que tout, c'est la drogue que nous recherchions. Une fois, je travaillais à l'entrée d'un événement à Northampton Guildhall. Un jeune homme faisait la queue et j'ai tout de suite compris qu'il cachait quelque chose. Il était nerveux, sournois. J'ai jeté un coup d'œil dans son paquet de cigarettes et il s'est avéré qu'il en avait retiré tout le tabac, rempli l'espace avec des comprimés d'ecstasy, puis remis le tabac pour les cacher. Lorsqu'il a vu que je l'avais démasqué, il était absolument dévasté. C'était sa façon de gagner quelques livres et je l'en avais privé. J'ai appelé la police, ils ont confisqué sa marchandise et il est parti.

La plupart des gens, cependant, n'étaient là que pour l'alcool. Cela me faisait rire de voir comment leur caractère changeait au cours d'une soirée. À Northampton, il y a la Wellingborough Road, ou « la Welly » comme on l'appelle. À une époque, il y avait dix-huit pubs sur cette route, parfaite pour une partie de « pub-golf », avec une boisson différente dans chacun d'entre eux, avant de finir dans le centre-ville. On pouvait aussi faire l'inverse, c'est-à-dire commencer par le Wedgwood, où je travaillais comme portier. À ce stade, les types que je rencontrais étaient les plus sympathiques que l'on puisse imaginer. Mais quelques heures plus tard, lorsque je les voyais à nouveau, cette fois à la porte du Stirling's, du nom du bombardier de la RAF qui s'est écrasé sur la ville en 1941, ils se transformaient en fous baveux et incompréhensibles. Une semaine plus tard, ils me retrouvaient au Wedgwood – « Désolé pour la semaine dernière, mon pote » –, avant de recommencer l'horrible rituel. Certains pensaient que je passais à côté de ma propre vie sociale en travaillant comme portier. Je n'ai jamais vu les choses de cette manière. À Noël et au Nouvel An, par exemple, parce qu'il y avait toujours beaucoup de matchs de rugby, je n'avais de toute façon pas envie de boire. Tous les gars sortaient se saouler tandis que je gagnais ma vie au lieu de la dépenser, tout en continuant à rire avec mes copains à l'entrée.

Les autres agents de sécurité étaient généralement plus âgés que moi et avaient des caractères bien trempés. L'un d'eux forçait les caisses des cabines téléphoniques rurales à l'aide d'une perceuse à pointe de diamant. C'est ainsi, et avec l'argent de son travail de portier qu'il gagnait sa vie. Parfois, j'avais l'impression de faire partie d'une mafia des East Midlands, un peu à la manière d'un gang, avec des entreprises rivales qui se disputaient le même marché. À un moment donné, j'ai été recruté par une autre entreprise. Rien que la tenue méritait ce changement – nœud papillon bleu et un long manteau noir de gangster. J'ai adoré – à Northampton, il n'y avait pas beaucoup d'occasions de s'habiller comme sur un plateau de tournage. Ce changement n'a toutefois pas été apprécié par le chef de l'équipe pour laquelle je travaillais auparavant. Mon ancien patron m'a vu en ville et fait signe de le suivre au coin d'une rue. À l'abri des regards, il m'a asséné un violent coup de poing à l'estomac. Je suis resté planté là et j'ai encaissé. Il était accompagné de quelques autres garçons et ça ne valait pas la peine de s'énerver. Quelques années plus tard, après avoir joué pour l'Angleterre, je l'ai croisé et nous en avons bien ri.

« Pourquoi as-tu fait ça ? », lui ai-je demandé.

« Question de réputation », a-t-il répondu. « Je ne pouvais pas laisser penser qu'on pouvait me quitter comme ça. » J'aurais pu lui faire remarquer qu'il s'agissait de Northampton et non de New York, mais j'ai décidé de ne rien dire.

Travailler pour un nouvel employeur impliquait des réunions secrètes le dimanche, dans une ancienne boîte de nuit située au-dessus d'un bowling. Les portiers se réunissaient avant l'arrivée du patron. À son arrivée, il faisait le tour et pressait de l'argent dans nos paumes en nous serrant la main. Cela faisait très Al Capone, ce qui plaisait à beaucoup de gars – il y avait quelques vilains garçons là-bas.

Le père de Ben Cohen, Peter, a largement contribué à ce que je tourne le dos à ce monde un peu louche. Il faisait tout pour aider les Old Scouts, que ce soit en les conduisant aux matchs, en leur apportant des rafraîchissements ou en étant simplement là pour nous soutenir. Peter avait travaillé dans le secteur des boîtes de nuit et m'a dit que je devais arrêter de travailler comme portier. Il pensait que ce n'était pas bon pour moi à long terme d'être dans cet environnement, des mots qui résonneront quelques années plus tard lorsque, malheureusement, il mourra après une violente attaque dans une boîte de nuit de la ville.

J'ai regardé Peter – c'était un ami et le père d'un ami – et j'ai tout de suite compris qu'il avait raison. Mes collègues et le monde qu'ils fréquentaient étaient aux antipodes des entraîneurs qui ont transformé ma vie. J'ai rencontré Matt Bridge à l'école, puis à nouveau lorsque j'ai commencé à apparaître sur le radar des Saints, où, en tant qu'entraîneur, il a aidé de nombreux jeunes à prendre pied dans le monde professionnel. À ce stade, même si j'avais du potentiel, je manquais de discipline sur le plan physique. Je mangeais trop et j'avais pris goût à la bière. Matt voyait bien qu'en restant sur cette pente glissante, je risquais de stopper net mes progrès et il s'est acharné pour tenter de me faire entendre raison. Il me faisait faire des courses sans fin. Je les trouvais incroyablement dures et je m'effondrais parfois sur le sol ou tombais malade. Si j'étais en état de jouer, il ne m'accordait que dix minutes à la fin de la rencontre. Je l'ai interrogé à ce sujet.

« Comment se fait-il que je n'ai droit qu'à dix minutes ? »

« Parce que dix minutes, c'est tout ce que tu es capable de me donner », a-t-il répondu. « Donne-moi plus et tu auras plus de minutes. » C'est ce qu'on pourrait appeler l'amour vache. Mais Matt était également très conscient de mon approche psychologie. Il m'avait lancé un défi et il savait que je me battrais jusqu'au bout pour prouver à mon détracteur qu'il avait tort.

J'ai travaillé dur et cela a payé puisque j'ai commencé à être régulièrement titularisé. Matt et Keith Picton, le manager de l'équipe, ont vraiment commencé à me façonner comme le joueur que je deviendrais. Matt voyait en moi un combattant au corps-à-corps et a commencé à me faire jouer comme pilier, tandis que Keith, en plus d'être un entraîneur fantastique, est devenu comme un père pour moi. Du moment où je suis arrivé chez les Saints, il n'a jamais cessé de s'occuper de moi. Très tôt, nous sommes allés jouer contre Gloucester, sur le terrain de Kingsholm. Nous avons joué à fond et marqué l'essai de la victoire à la dernière minute. C'était une grande réussite et un sentiment incroyable avec un groupe de gars fantastiques. Keith avait une petite blague : au retour d'un match, il arrêtait le minibus dans une friterie et nous faisait manger à chacun un œuf au vinaigre. Heureusement, nous avions aussi du *fish and chips* pour faire passer le goût. Nous nous sommes arrêtés dans une friterie à Gloucester avant de prendre la route. Les garçons sont tous descendus du bus – sauf moi.

« Allez, Wally », m'a dit Keith. « Va chercher ton repas. »

« C'est bon, je n'ai pas faim. »

« Ne sois pas bête. »

« Sérieusement, je n'ai pas faim. »

« Tu n'as pas d'argent, c'est ça ? »

J'étais gêné, la tête baissée. Keith avait toujours un peu d'argent sur lui. Il m'a donné cinq livres et m'a dit : « Va rejoindre tes copains. » Pour un autre, cela aurait pu n'être qu'un petit geste. Pour moi, c'était énorme.

Keith est allé encore plus loin lorsque les Saints ont annoncé une tournée de développement en Amérique pour les jeunes joueurs en devenir. Comme je n'avais pas les moyens d'y aller, il a cherché à me faire parrainer.

Mais Keith, qui a joué un rôle majeur dans le développement de nombreux joueurs des Saints, comme Matt Dawson, n'était pas un tendre pour autant. Les garçons buvaient tous un verre au retour d'un match à l'extérieur et, comme il n'y avait pas de toilettes à bord, ils utilisaient les bouteilles vides pour pisser. Inévitablement, il y avait des écoulements et si Keith pensait que j'avais besoin d'un coup de pied au cul, ce qui n'était pas rare, il me faisait rester derrière pour nettoyer. Son message était toujours clair : j'avais du talent et je pouvais réussir, mais je n'y arriverais jamais si je ne prenais pas les choses au sérieux et si je ne donnais pas tout ce que j'avais. Il s'est occupé de moi lorsque j'étais un diamant brut et m'a fait comprendre que si je ne donnais pas le meilleur de moi-même, je passerais à côté d'un avenir incroyable. Même lorsque j'ai intégré les rangs de l'équipe d'Angleterre, il a continué à me pousser, refusant d'assister à mes premiers matchs. « Si tu es si bon que ça, tu vas jouer cinquante matchs pour l'Angleterre », m'a-t-il dit. « Quand tu joueras ton cinquantième, je viendrai te voir. »

Plus que tout, Keith et Matt m'ont fixé des limites. Le message était simple : « Fais ce que tu veux à l'intérieur de ces limites, mais si tu les dépasses, c'est fini. » J'ai coopéré. Pour la première fois de ma vie, j'avais un cadre solide. Ces limites étaient comme les parents que je n'avais plus. Il n'est pas exagéré de dire que je considérais Keith comme une figure paternelle.

Je savais aussi que j'étais très bon au rugby et qu'il m'apporterait un sentiment de sécurité. Je n'avais pas l'intention de faire partie de ceux qui ruminent une occasion manquée. Je voulais exploiter mon potentiel. Cela ne veut pas dire que je me suis transformé en enfant de chœur. Loin de là. J'avais encore beaucoup d'énergie et de volonté. Parfois, pour faire passer le message, les gens devaient être francs avec moi. À ce moment-là, si un entraîneur m'avait passé un bras autour des épaules et m'avait parlé avec douceur, j'aurais pris la mouche, alors que si l'on était plus dur avec moi, et qu'il y avait un respect réciproque, je donnais tout ce que j'avais.

Lorsque j'ai commencé à jouer pour les moins de 19 ans des East Midlands avec Alan Hughes, l'entraîneur des

Saints, il l'a bien compris. Au début de notre relation, je me suis froissé les ischio-jambiers, mais j'ai quand même pris le bus de l'équipe pour me rendre à un match à l'extérieur. Je faisais des bêtises à l'arrière, ce qui m'a amené à sauter par la porte coupe-feu à notre arrivée. Alan est devenu complètement fou, me disant que je laissais tomber tout le monde, moi y compris. À partir de là, je me suis concentré. Nous avons rapidement développé une grande compréhension mutuelle et il s'est rendu compte que le fait que je puisse occasionnellement le saluer en lui mettant la langue dans l'oreille ne signifiait pas que je n'avais pas un respect total pour lui et ses méthodes. De même, je savais que s'il me poussait à m'entraîner particulièrement dur, il le faisait uniquement parce qu'il voulait que je donne le meilleur de moi-même.

Alan a également reconnu que j'avais un côté tranchant et a répété que, sans discipline, l'agressivité ne servait à rien. Même si cela n'a pas toujours semblé être le cas, je le savais déjà. Bien que j'avais parfois la mèche courte, je restais toujours maître de la situation. Comme tout bon joueur, je ne voulais pas que les gens prennent le dessus sur moi, ce qui signifie que tout au long de ma carrière, à chaque fois que je m'entraînais, peu importe qui j'avais en face de moi – meilleur ami ou pas – je lui aurais arraché la tête si cela avait permis à mon équipe de gagner. Cet esprit combatif a conduit certaines personnes à dire que j'étais fou. En réalité, j'affinais ma soif de vaincre en m'investissant toujours dans ce que je pouvais apporter. Je n'ai été exclu qu'une seule fois dans toute ma vie de rugbyman, et c'était lors d'un match scolaire interclasses. L'adversaire qui m'a mis en rogne était mon meilleur ami. Il m'a mis un coup de genou (ce qu'il nie toujours), je me suis relevé et lui ai rendu la politesse. Il s'est enfui et je l'ai poursuivi – je l'aurais tué si je l'avais attrapé –, et nous avons tous les deux été renvoyés. À partir de ce moment-là, j'ai joué avec discipline. Une fois que j'ai compris l'importance du respect et des bonnes manières dans le rugby, le fait de se contrôler sur le terrain et en dehors, j'y ai totalement adhéré. C'est bizarre, car mes parents ne m'ont jamais inculqué les bonnes manières ni le respect, mais les gens m'ont toujours complimenté à ce sujet. « Nous avons toujours su que si tu sortais avec notre fils, tu t'occuperais de lui », me disent-ils en se remémorant ces années. « Tu as toujours été très poli, même si nous savions que tu étais un mauvais garçon. »

Avec cette équipe des East Midlands, un groupe de joueurs et d'entraîneurs que j'aimais profondément, j'ai vraiment commencé à aller loin. Deux années de suite, nous avons atteint la finale du championnat du comté des moins de 19 ans, qui se déroulait sur la plus grande scène du monde, Twickenham, et nous avons gagné les deux fois. Lors de la première finale, Alan m'a utilisé en troisième ligne, avant de me faire passer au poste de pilier pour la deuxième.

En fait, les années de gloire des East Midlands auraient pu se terminer avant même d'avoir commencé. Deux semaines avant notre première finale, je suis tombé de l'arrière de la camionnette d'un ami à une vitesse de plus de trente kilomètres à l'heure. Je pense que c'est la route qui a été abîmée. Malgré tout, j'ai eu de sérieuses contusions à un coude et à un genou. Je dois dire qu'Alan n'était pas très content, même s'il n'était pas du tout surpris. En effet, il s'était habitué au fait que Steve Walter et les égratignures allaient de pair. Il me considérait comme Le Renard de Charles Dickens[16], aussi franc et direct que vulnérable ; peut-être pas aussi confiant que je voulais le faire croire. Comme les autres entraîneurs avant lui, il comprenait parfaitement que le rugby avait comblé un vide dans ma vie. Il savait que le Steve dur et inflexible n'était en fait qu'une façade. Il me considérait également comme assez grand pour faire mes propres erreurs, ne me rabaissait jamais et considérait tous les membres du groupe comme de jeunes adultes, ce qui était le cas. Nous prenions une bière après les matchs et les entraîneurs venaient avec nous. Ils appréciaient notre compagnie autant que nous appréciions la leur. Aucun des entraîneurs qui ont travaillé avec moi dans ma jeunesse ne m'a jamais jugé. Dans le rugby, il n'était pas rare de rencontrer des snobs en blazer, des gens qui semblaient penser que vous n'étiez pas à la hauteur si vous ne veniez pas d'une certaine école, d'un certain milieu. J'ai eu la chance de toujours être entouré de personnes qui non seulement me prenaient comme j'étais, mais m'appréciaient pour cela.

Malgré tous les succès que j'ai connus par la suite, y compris la victoire en Coupe du monde, jouer pour les East Midlands a été le moment le plus précieux de ma carrière. Aucun autre n'est comparable. Je n'ai pas besoin de fouiller au fond de mon esprit pour trouver le moment où je me suis senti le plus heureux dans un maillot de

16 Le Renard est le chef de la bande des voleurs dans l'œuvre de Charles Dickens, *Oliver Twist.*

rugby, car je sais que cette première finale des moins de 19 ans contre Hertfordshire n'a jamais été surpassée. À ce moment-là, tout s'est mis en place : Twickenham, les outsiders, une incroyable bande de copains jouant les uns pour les autres. Ce que nous avons accompli en tant que groupe, en tant que bande d'amateurs, était incroyable. En tant que professionnel, j'étais un tueur à gages, un assassin payé. C'est pour cette raison qu'un exploit n'aura jamais la même signification, la même émotion, que de réussir avec un groupe de joueurs qui sont sur le terrain parce qu'ils aiment le jeu, l'équipe et l'ambiance.

Là où l'amateur et le professionnel sont liés, c'est qu'après avoir humé un peu de succès, j'ai été poussé à faire passer ma carrière à l'étape suivante. Je ne me doutais pas alors que le sport qui m'avait sauvé causerait aussi ma perte.

Chapitre 7

LE SAINT

Le week-end dernier, j'ai fouillé dans de vieux sacs. Ils étaient restés pendant des années dans le garage de Hephs à se couvrir de toiles d'araignée. En fouillant dans le premier, ma main a trouvé un bout de ruban. J'ai tiré dessus et sorti ma médaille de vainqueur de la Coupe du monde. En fouillant un peu plus, j'ai repéré quelque chose de rouge foncé. Une casquette de l'équipe d'Angleterre. Les deux plus belles reliques de ma carrière de rugbyman professionnel. Je les ai regardés pendant un moment et j'ai attendu de ressentir quelque chose, quoi que ce soit. J'aurais tout aussi bien pu regarder un cendrier et un bout de tissu.

J'ai trouvé un maillot de la finale de la Powergen Cup[17]. Encore une fois, j'ai regardé attentivement l'insigne de Northampton, j'ai senti le coton épais dans mes mains. Je me suis tourné vers Hephs : « J'ai joué ce match, n'est-ce pas ? »

---

17 Coupe d'Angleterre de rugby à XV, une compétition à élimination directe qui existe depuis 1972. Lors de l'édition 2002-2003, Northampton atteint la finale (défaite contre Gloucester 40-22).

« Oui, mon pote, bien sûr. Contre Gloucester, tu te souviens ? » Non, je ne m'en suis pas souvenu. Ni de ce match ni d'aucun autre. Le coffre-fort mental qui contient ma période chez les Saints a été envahi et vidé par la maladie. C'est vraiment incroyable. J'ai joué 195 fois pour Northampton, dont une finale de Coupe d'Europe, la première du club. La moitié de la ville s'était rendue à Twickenham pour nous encourager. Je le sais, car j'ai lu des articles à ce sujet.

Je suis retourné voir un match aux Franklin's Gardens récemment. Je me demandais si le fait d'assister à un match pourrait raviver certains souvenirs. Ce ne fut pas le cas – à part deux choses. Tout d'abord, l'inclinaison du terrain m'a rappelé que je préférais jouer en haut plutôt qu'en bas. Et puis il y a eu l'horloge. Je n'arrêtais pas de la regarder. Il y avait quelque chose là. Je savais qu'un souvenir y était lié. Si seulement je pouvais y accéder. L'image est apparue par bribes.

OK, nous avons quelques points de retard… c'est bientôt la fin… la foule commence à quitter le stade… ils n'ont pas réalisé que l'horloge ne correspond pas à la façon dont l'arbitre chronomètre le match… et maintenant il y a des cris… ils reviennent en courant… nous avons marqué à la toute fin… nous gagnons… ils veulent voir ce qui provoque tant d'excitation.

Je l'avais – un souvenir. Un moment de triomphe aussi grand que tous ceux que j'avais vécus sur ce terrain. Mais j'ai commencé à réfléchir. *Pourquoi ce moment ? Pourquoi l'horloge ? Pourquoi ce moment précis a-t-il été soudainement délogé de sa place dans le cœur mourant de mon cerveau alors que tant d'autres refusent d'en bouger ?* Ce genre de hasard me perturbe. Cela me rappelle à quel point mon cerveau est déphasé par rapport à la réalité. Pourquoi un souvenir aussi inutile subsisterait-il alors que tant d'autres souvenirs importants ont été perdus ? Cela me rappelle mon enfance. Il y avait un jouet appelé Etch A Sketch[18]. Tout le monde semblait en avoir un. Il suffisait de tourner quelques boutons pour faire apparaître une image sur l'écran. Puis on secouait l'appareil et l'image disparaissait, mais on pouvait parfois en voir légèrement les contours. Je pense que c'est ce qui est arrivé à ma tête. Pendant ma carrière de rugbyman, elle a été constamment secouée. La plupart des images disparaissaient, mais de temps en temps, il en restait les contours. Et c'est ce que mon cerveau utilise maintenant pour reconstruire des histoires à partir du passé.

Si une image a été complètement effacée, qu'il n'en reste plus aucun contour, c'est qu'elle a disparu. Dix ans après la victoire en Coupe du monde, par exemple, j'ai participé à un match des « légendes » contre les Australiens au Twickenham Stoop. D'une manière ou d'une autre, j'ai réussi à courir – courir est peut-être un peu exagéré – le long de l'aile depuis ma propre moitié de terrain pour marquer un essai de quatre-vingts mètres. Les gens étaient debout et criaient quand j'ai franchi la ligne. J'ai adoré – *fantastique, voilà quelque chose que je n'avais jamais fait auparavant.* Quelques jours plus tard, j'en parlais à un ami.

« Tu ne te souviens pas ? » a-t-il dit. « Tu as fait exactement la même chose pour les Saints lors d'un match de Heineken Cup contre Glasgow en 2005. »

18 L'Écran Magique ou Télécran, inventé en 1959 par André Cassagnes.

Je n'ai aucun souvenir de cet essai, et je ne peux pas en trouver d'enregistrement, mais il est mentionné dans un compte rendu de match de la BBC, donc il a dû se produire. Je suis sûr que si un enregistrement fait un jour surface, il confirmera que je suis un peu moins lourd que les 150 kilos de l'ex-professionnel qui s'est écrasé sur la ligne au Stoop.

Lors de ce match de charité, c'était la première fois que Steph me regardait jouer. Elle a trouvé l'essai formidable. L'occasion était trop belle pour la rater. « Quoi, ça ? », ai-je dit avec nonchalance. « Je faisais ça tout le temps. »

En 1997, les Saints m'ont ouvert la voie vers le rugby professionnel en m'intégrant à leur nouvelle académie, créée en reconnaissance du statut professionnel récemment conféré au jeu. Cela signifiait que, pour la première fois, j'étais réellement payé. Ce n'était pas grand-chose – 200 livres par mois plus mon loyer –, mais c'est toujours un grand moment pour un sportif lorsqu'il réalise enfin qu'il n'a plus de quoi s'inquiéter. *Ils me donnent de l'argent pour jouer ?* Dans une certaine mesure, je ne suis pas sûr d'avoir jamais laissé cette pensée derrière moi. Tout au long de ma carrière, j'ai abordé les contrats sous un angle légèrement différent et plus naïf que d'autres personnes dont les parents étaient impliqués ou qui connaissaient quelqu'un qui pouvait les aider à négocier. Étrangement, comme je n'avais jamais vu grand-chose avant le rugby, je n'ai jamais été motivé par l'argent. La façon dont je voyais les choses à l'époque, et dont je les vois encore aujourd'hui, c'est qu'il y a toujours quelqu'un de meilleur que vous, toujours quelqu'un qui gagne plus que vous. Sur cette base, si j'étais satisfait de ce que j'avais obtenu, je ne chercherais pas à en obtenir davantage. Mon attitude lorsqu'on me proposait un contrat était simple : *qu'est-ce que je pourrais faire d'autre ?* Je ne croulais pas vraiment sous les offres en dehors du rugby. Mes pensées n'ont jamais dévié de ce point de départ : *je suis payé pour faire du sport, c'est génial !*

Lorsque j'ai commencé à jouer pour les Saints, je logeais avec Mattie Stewart, qui me racontait des histoires de joueurs internationaux, ce qui m'a donné envie de faire la même chose. Mattie était très exigeant sur le terrain et en dehors. Ancien militaire, il n'était pas loin de repasser ses cornflakes avant de verser le lait. Une fois, Ben Cohen est venu me chercher pour l'entraînement et s'est rapidement préparé des toasts avant de partir. Quand je suis revenu plus tard, Mattie était excédé.

« Wally, ça ne va pas marcher. »

« Qu'est-ce que tu veux dire ? »

« La maison est dans un état. »

J'ai fait le tour. Tout me paraissait normal. Mattie m'a emmené dans la cuisine et m'a montré du doigt les miettes de toasts de Ben sur le plan de travail. Calmement, je les ai ramassées dans la paume de ma main et les ai mises à la poubelle.

« Je pense que tout va bien maintenant, Mattie. »

Je n'avais aucun problème à garder une maison impeccable. Quand j'étais enfant, je rentrais de l'école et je devais nettoyer la maison. Certains se seraient peut-être rebellés contre cela et, une fois partis, n'auraient plus jamais pris une brosse. Mais j'aime toujours que les choses soient bien rangées. J'ai toujours été à l'aise dans une paire de gants en latex. À Noël dernier, je me suis même offert une nouvelle table à repasser ! Je ne comprends pas les gens qui ne peuvent pas s'occuper d'eux-mêmes. C'est encore plus difficile à comprendre pour quelqu'un qui, à cause de la démence, risque de bientôt ne plus pouvoir le faire. Mes propres enfants, aussi jeunes soient-ils, cuisinent déjà avec moi. Nous aimons tous cela et je sais que cela leur sera utile lorsqu'ils prendront leur indépendance.

Les gens vont rire mais tout ce que je possédais à l'époque, c'était un grand lit en pin et un matelas. J'ai changé de maison et d'appartement et ce lit était tout ce qui m'accompagnait. Dans certaines chambres, il occupait tout l'espace. J'ouvrais la porte et me glissais directement sous la couette. Ce lit est l'un des achats dont je suis le plus fier. C'est étrange, car je n'y dormais presque pas. Je dormais moins que toutes les personnes que je connaissais.

J'ai eu la chance que, démonté, mon lit, avec le coffre ouvert et peut-être l'une des portières, rentre à peu près dans ma nouvelle voiture – la vieille Ford Fiesta de la grand-mère de Hephs. Bien que ce véhicule épique, crème à l'extérieur et beige à l'intérieur, soit sorti de la chaîne de production il y a près de vingt ans, il n'avait que 30 000 kilomètres au compteur. La vieille dame ne l'utilisait qu'une fois par semaine pour faire l'aller-retour au supermarché. Depuis mon enfance, j'ai toujours aimé les vieilles voitures – posséder une Cortina et une Capri est mon rêve – et celle-ci était impeccable, un spécimen en parfait état, un classique absolu. Je ne le savais pas au moment où je l'ai achetée, mais cette Fiesta allait prendre toute son importance lorsque les agriculteurs et les camionneurs ont bloqué les raffineries de pétrole, au moment des manifestations contre la hausse du prix du carburant en 2000. L'essence étant très chère, les conducteurs faisaient la queue pendant des heures pour obtenir une maigre ration de diesel ou de sans-plomb. Pas moi. En raison de son âge, la Fiesta fonctionnait encore à l'essence au plomb quatre étoiles[19]. Je passais devant des dizaines d'automobilistes en colère pour me rendre à la pompe à essence toujours vide.

Une fois, cependant, je revenais en trombe sur la route lorsque j'ai vu des lumières bleues derrière moi. Mon comportement avait attiré l'attention de la police locale. Je me suis garé et deux agents se sont approchés. Ils ont vérifié la plaque d'immatriculation et il s'est avéré que le véhicule n'était pas taxé. Ce n'était pas délibéré, j'avais complètement oublié. L'un d'eux a commencé à se moquer de moi et de la voiture, et je l'ai bousculé amicalement – enfin, ce que je considère comme une bousculade amicale. L'instant d'après, il s'est retrouvé par terre. Je n'avais pas l'intention de faire ça, mais j'ai tout de suite su que j'étais dans le pétrin.

« Je vais monter à l'arrière de votre voiture », ai-je proposé alors que l'on attirait l'attention.

« Oh, ne vous inquiétez pas pour lui », a dit l'autre officier. « Il est un peu mou. Trouvez-nous juste des billets pour le prochain match à domicile. » J'en riais encore lorsqu'ils sont partis.

En dehors du rugby, Matt Bridge me mettait quelques sous dans la poche en me proposant de travailler pour son

---

19 Avant 1986, les voitures fonctionnaient à l'essence au plomb. Ce carburant a été progressivement abandonné, avant d'être retiré du marché en 2000.

entreprise de construction. D'autres garçons travaillaient également sur les chantiers. J'avais l'impression qu'en tant qu'équipe, nous travaillions ensemble, nous mangions ensemble et nous nous entraînions ensemble. Il n'est pas étonnant que, chassé de mon foyer malheureux, ce chantier ait eu une telle importance pour moi. Je n'avais pas de but dans la vie et c'est là, avec ces camarades, que je l'ai vraiment trouvé. C'est ce que je veux dire quand j'explique aux gens que je n'ai jamais aimé le rugby en tant que sport. Ce que j'aimais, c'était la solidarité, la camaraderie, le sentiment d'appartenance. J'ai découvert encore plus de choses lorsque, alors que je commençais à progresser vers l'équipe première, le frère aîné de Hephs, Ali, le demi d'ouverture des Saints, a acheté une maison et que j'y ai loué une chambre avec Hephs et le demi de mêlée Dom Malone. Mettre une bande de jeunes rugbymen ensemble dans une maison peut sembler le meilleur moyen d'obtenir le chaos mais en fait nous étions propres, ordonnés et parfois même calmes. Tout était impeccable. La cuisine était nettoyée après chaque repas même si, la plupart du temps, nous nous affalions sur une chaise en regardant *Friends* en attendant une pizza.

À cette époque, je débordais d'énergie. J'étais le dernier à me coucher et le premier à me lever. Jour après jour, Hephs se réveillait pour me trouver assis dans son lit, le regardant en riant. Il a fini par m'interdire l'accès à sa chambre avant neuf heures du matin, puis il a emménagé dans un appartement avec sa compagne. Il a cependant commis une erreur suprême. Il a eu la folie de prendre un appartement au rez-de-chaussée. À sept heures et demie du matin, je frappais à sa fenêtre : « Hephs ! Hephs ! Tu sors jouer ? »

*

Quand j'ai commencé à être titularisé dans les matchs de milieu de semaine des Saints, où les jeunes joueurs étaient mis à l'épreuve, c'était énorme. Et pourtant, je ressentais toujours de la frustration. J'avais deux ou trois ans de moins que la plupart de mes pairs et je les regardais donc disputer les plus gros matchs. Je me sentais découragé, à tel point que mon attitude à l'entraînement en souffrait. Un jour, Tim Rodber, le genre de type qui sait vraiment si un joueur a ce qu'il faut pour survivre et réussir au plus haut niveau, m'a appelé sur le terrain d'entraînement de l'équipe première. Sans même me saluer, il m'a donné un coup de tête. Je me moquais de savoir qui il était, combien de sélections en équipe d'Angleterre il avait, quel était son statut au sein du club, je n'avais pas l'intention de me laisser faire. Je me suis rué sur lui. Il m'a attrapé avant que je ne puisse faire le moindre dégât.

Il a dit : « J'aime ça ! » Il me testait. Il avait entendu dire que j'étais un jeune homme prometteur, un peu nerveux, et il voulait voir ce que j'avais dans le ventre. À partir de là, il me faisait asseoir et comprendre ce qu'il fallait faire. Rodber savait comment mettre les gens en confiance. Lorsque j'ai intégré l'équipe première, je l'ai vu faire le tour des vestiaires en soulignant la force de notre équipe : « Federico Méndez, le meilleur première ligne du monde ! Garry Pagel, vainqueur de la Coupe du monde. » Et puis un jour, son regard s'est posé sur moi : « Steve Thompson, tu vas jouer pour l'Angleterre ! » Quand un homme comme Tim Rodber dit quelque chose comme ça, on s'assied et on écoute.

Si quelqu'un, cependant, m'avait dit que je jouerais pour l'Angleterre en tant que talonneur, je lui aurais répondu qu'il avait certainement besoin de se faire examiner la tête. C'est Ian McGeechan qui a suggéré que je passe de la troisième à la première ligne. Au début, j'ai joué au poste de pilier droit, mais j'ai eu de plus en plus le sentiment – comme les entraîneurs anglais – que quelqu'un avec ma forme physique, alliée à un bon toucher de balle et à une vitesse correcte, perdait son temps à un poste où la force seule était la clé. McGeechan en a conclu que le poste de talonneur était fait pour moi. À ce poste, je serais unique. La plupart des talonneurs de haut niveau pouvaient faire un travail correct avec le ballon mais étaient rarement comparés à des guépards en ce qui concerne la vitesse. Des yacks, oui ; des guépards, non. Ayant joué quelques fois au poste de talonneur pour East Midlands, je n'étais pas complètement novice, mais je ne m'attendais pas à progresser aussi vite que je l'ai fait. Le week-end après que McGeechan a eu son idée, j'ai joué talonneur dans l'équipe de développement. À peine m'étais-je remis la tête à l'endroit que j'étais sélectionné en équipe d'Angleterre des moins de 21 ans. Deux ans plus tard, je portais le numéro 2 en équipe d'Angleterre.

Si ma transition de l'académie des Saints à l'équipe d'Angleterre semble aussi rapide qu'un TGV, il est bon de se rappeler non seulement mon problème avec le lancer mais aussi que j'étais sans aucun doute le deuxième talonneur de Northampton, derrière le susmentionné international argentin Méndez. J'en suis arrivé au point où un jeune homme du Nord que je connaissais m'a fait tourner la tête en me disant que je serais parfait pour la ligue de rugby[20]. Je me suis trouvé un agent, choisi avec un grand professionnalisme parce qu'il avait une moustache en guidon de vélo, et le résultat a été une approche de la part de St Helens. J'y étais. J'étais prêt à mettre de côté mon angoisse du lancer et à conduire vers le nord. Mais ma voiture n'était pas d'accord. Elle a refusé catégoriquement de démarrer. Le rendez-vous avec St Helens a été repoussé de quelques jours et, dans l'intervalle, Méndez s'est blessé et j'ai été promu dans l'équipe pour le match des Saints contre les London Irish. Je me suis bien débrouillé, marquant deux essais et fait la preuve de ma vitesse en rattrapant l'arrière adverse. De plus, mes lancers en touche n'étaient pas si mauvais. Si les étoiles s'étaient alignées différemment – si Méndez n'avait pas été blessé ou si j'avais eu une voiture en état de marche –, l'histoire aurait pu être très différente. La Coupe du monde, les Lions, rien de tout cela ne serait arrivé.

Je ne regrette pas cette décision. Oui, j'aurais adoré la liberté qu'ils ont en championnat de courir avec le ballon, et qui sait où le jeu m'aurait mené ? Mais d'un autre côté, je sais que le résultat à long terme aurait été exactement le même – un homme d'une quarantaine d'années découvrant que, petit à petit, on lui vole son cerveau. Les sanctions infligées aux joueurs en championnat sont ridicules, les collisions étant un élément fondamental du jeu. Il y a de

20 Le championnat anglais de rugby à XIII.

fortes chances que j'aurais fini avec des lésions cérébrales encore plus importantes que celles que j'ai aujourd'hui. La ligue, c'est choc sur choc, y compris à l'entraînement, et, malheureusement, les joueurs qui ont été diagnostiqués avec des lésions cérébrales et qui présentent des symptômes de démence ne manquent pas.

J'imagine aussi que je me serais senti un peu étranger à St Helens. Toute ma vie se trouvait à Northampton, un endroit où j'étais passé de personne à quelqu'un. Parce que c'est une ville de rugby, les gens pensent beaucoup de bien du club et, par extension, des joueurs. Il en va de même pour St Helens, mais avec Northampton, il y avait une différence – j'étais un gars du coin. Et, quel que soit le sport, les supporters n'aiment rien de plus que de voir un enfant du pays réussir. Je n'aime rien tant que recevoir une tape dans le dos au bar et d'entendre : « Bien joué, mon gars. » Cela donne un sentiment d'appartenance.

*

Ce serait bien de vous parler en détail de mon passage chez les Saints, mais cela n'arrivera pas. Si je ne peux pas me souvenir d'une finale de Coupe du monde, il y a peu de chances que les moindres détails des matchs de Northampton me reviennent en mémoire. En fait, c'est justement cette inquiétude qui m'a rendu si anxieux à l'idée d'être intronisé au Premiership Rugby Hall of Fame, à l'été 2021.

Au début, j'ai été frappé par la paranoïa. *Peut-être que tout cela n'était que des conneries. Peut-être que je n'étais pas bon.*

Peut-être qu'on m'a posé la question parce que les gens ont un peu pitié de moi. C'était un bavardage totalement absurde – en fait, on m'a posé la question avant que je ne sois diagnostiqué. Puis, lorsque j'ai appris que la soirée comporterait un volet questions-réponses, la paranoïa a cédé la place à la crainte. Après tout, il s'agissait d'une occasion de célébrer les succès de mon club, et si ma réponse à chaque question était : « Je n'ai pas la moindre idée », cela n'allait pas vraiment ajouter à l'éclat de l'événement. Je me sentais de plus en plus mal à l'idée de me présenter devant des gens, à tel point que le jour J, j'avais l'impression de me rendre à un rendez-vous avec la guillotine. Bien sûr, tout s'est finalement bien passé. J'ai été intronisé aux côtés de deux autres joueurs des Saints, Grays et Christian Day, ce qui a facilité la conversation. J'ai pris l'habitude de m'appuyer sur les souvenirs des autres. Quelqu'un me dit : « Tu te souviens quand… ? » Je réponds : « Oui ! », en hochant la tête. Il vaut mieux faire semblant que de demander sans cesse : « Mais qu'est-ce que tu racontes ? », et qu'on me regarde comme si j'étais fou. Je sais aussi que ma difficulté à me souvenir crée une nervosité parmi les autres personnes, et je ne veux pas en être la cause. Ma mémoire défaillante n'est pas une chose dont je devrais avoir honte, mais dans certaines circonstances, si le fait de la cacher signifie moins de gêne pour moi et pour les autres, alors je le ferai.

Les souvenirs que j'ai gardés de mon passage chez les Saints sont presque tous liés à mes premiers jours au club. J'adore retrouver des gens comme Ali, Mattie, Dom et Hephs, parce que je me souviens de cette époque, même si c'est à travers une série d'images floues – comme si je regardais un album photo en portant les lunettes de quelqu'un d'autre. Je me souviens par exemple de mon premier match de championnat, contre West Hartlepool, et de la sensation que nous avons ressentie, Hephs, moi et les autres joueurs qui étaient arrivés en même temps que moi, lorsque nous avons reçu nos cravates de joueurs de l'équipe première. Je me souviens également de personnes telles que l'ancien entraîneur et directeur du rugby, John Steele. Ancien officier de l'armée, John ne faisait pas de prisonniers et nous nous sommes bien entendus. Il m'a parlé comme à un adulte, m'a guidé sur le terrain et en dehors, et a été une incroyable source de conseils et d'inspiration. De tels souvenirs me laissent un sentiment agréable – un sentiment qui me fait défaut lorsque j'essaie de me replonger dans d'autres périodes de ma carrière. Je n'ai alors pas de sentiment du tout. Sans mémoire, il n'y a pas de sentiment d'appartenance. Il n'y a pas de bornes kilométriques, pas de repères, rien de familier à quoi se raccrocher. Dans ces moments, je patauge et m'en remets à n'importe quoi. Je suis perdu et vide.

Parfois, j'ai l'impression que mes souvenirs les plus anciens, mon enfance à Northampton, par exemple, et mes premières années de rugby, sont en train d'être nettoyés et polis, tandis que les plus récents sont sortis de ma tête par une bande de déménageurs maladroits et jetés dans une camionnette. Avec les informations dont je dispose aujourd'hui sur les lésions cérébrales, il y a une raison évidente pour laquelle ma mémoire s'éteint si tôt. À partir d'un moment, ma tête, comme le reste de mon corps, a commencé à subir des coups incessants et quotidiens. Le puzzle a été bouleversé.

La moitié des pièces sont parties dans l'aspirateur et il ne restait plus rien.

Ma conversation avec Dawn Astle, fille du légendaire attaquant de West Brom Jeff Astle, qui a développé une démence à la suite de coups de tête répétés dans des ballons de football au cours de sa carrière et qui est décédé des suites de l'ETC à l'âge de 59 ans en 2002, a été d'une aide précieuse. Une étude commandée par la Football Association et l'Association des footballeurs professionnels a révélé que les anciens footballeurs ont trois fois et demie plus de risques de mourir de démence que le reste de la population. Dawn, dont la famille a créé la Jeff Astle Foundation pour sensibiliser aux lésions cérébrales dans toutes les formes de sport et offrir un soutien indispensable aux personnes touchées, m'a montré une image de ce que les experts appellent la « bibliothèque » de la démence. En bonne santé, le graphique montre que nous avons des étagères pleines de souvenirs, les plus anciens vers le bas, les plus récents vers le haut. À mesure que la démence vole notre mémoire à court terme, les étagères les plus hautes se réduisent à néant. Les étagères du dessous commencent également à se vider mais conservent quelques volumes, l'étagère du bas étant celle qui en conserve le plus. En tant que personne atteinte de démence précoce, j'aurais pu être effrayé par cette image – des pages et des pages d'histoires et d'informations dégringolant de ces étagères pour ne jamais être remplacées – mais en fait, j'ai remercié Dawn de me l'avoir montrée, car pour une fois, ma maladie prenait tout son sens. J'ai pensé à la difficulté que j'éprouve à me souvenir de quelque chose qui s'est passé il y a cinq minutes tout en étant capable de me rappeler comment je jouais dans la rue lorsque j'étais un enfant – ces premiers souvenirs me paraissent clairs et propres alors que d'autres moments de ma vie sont recouverts d'une épaisse couche de poussière. D'un point de vue pratique, cela m'a aidé à comprendre mon présent et mon avenir. Mon étagère du bas a encore fière allure, mais celles qui se trouvent au-dessus vont se vider inexorablement. Les livres qui quitteront ces étagères n'y seront jamais remis en place. À l'heure actuelle, le livre sur mes toutes premières années à Northampton a perdu quelques pages mais il est globalement intact.

Parfois, cependant, la perte d'un volume est particulièrement poignante. Il m'est arrivé, comme beaucoup de joueurs, de rendre visite à des enfants malades à l'hôpital. Au fil du temps, des relations avec les familles se sont développées et sont devenues importantes. J'ai emporté le jouet préféré d'un enfant, un phoque en peluche, je crois, lors de la tournée des Lions de 2005 pour sensibiliser le public à sa maladie. Une autre fois, j'ai aidé à créer une cagnotte chez les Saints pour un garçon qui, malheureusement, n'en avait plus pour longtemps à vivre. C'était au moins une chose qu'il pouvait attendre avec impatience. Je me sens terriblement mal à l'aise de ne pas pouvoir me souvenir davantage de ces personnes incroyables. Encore une fois, je me sens irrespectueux. Comment ai-je pu oublier ? Comment peut-on oublier ? Et c'est bien là le problème : oui, je ne me souviens pas des moments forts de ma carrière, mais, quand on y pense, ce n'est rien comparé aux choses qui comptent vraiment dans la vie.

Si je veux rester positif, je sais que je ne peux pas continuer à me morfondre sur mon incapacité à me souvenir d'éléments importants de ma vie. Pour me permettre d'aller de l'avant, je dois accepter qu'ils aient disparu de ma tête. La culpabilité, la lutte pour se souvenir et l'inévitable sentiment d'échec lorsque cela ne se produit pas sont des charges trop lourdes pour l'énergie en constante diminution qu'il me reste. C'est difficile et, pour moi du moins, c'est égoïste, mais parfois je dois laisser les souvenirs s'en aller pour de bon. Après tout, une fois qu'ils auront disparu, la culpabilité disparaîtra aussi – je ne saurai plus jamais qu'ils ont existé ni que cela a existé.

Chapitre 8

GRENADE

Il est difficile de vivre dans un demi-monde où les souvenirs bégaient ou se heurtent à un mur de briques, mais ce qui me préoccupe plus que tout à propos des Saints, c'est comment et pourquoi j'en suis parti, abandonnant un contrat de quatre ans pour signer à Brive. Je n'avais jamais eu l'intention d'aller vivre en France, je n'y connaissais personne, je ne parlais pas la langue et je n'aimais même pas particulièrement les Français. Et pourtant, j'ai volontairement quitté mon refuge, ma famille de substitution qu'étaient les Saints, et je me suis dirigé vers l'exact opposé, l'inconnu le plus complet. C'est comme si j'avais fait volte-face. Northampton était tout pour moi. S'ils m'avaient demandé de jouer sur une jambe, je l'aurais fait. Le club était ma vie, mon sauveur. C'était plus qu'un club ou un endroit où faire du sport : c'était un endroit qui me soutenait en tant que personne. Plus je repense à ces moments de ma vie, plus j'ai l'impression que nombre d'entre eux ont été provoqués par des grenades fabriquées dans l'usine de mon cerveau abîmé. Je suis convaincu que les lésions cérébrales que j'ai subies ont dû provoquer chez moi des comportements erratiques dès l'âge de vingt ans.

Les membres du staff et les joueurs avec qui j'ai discuté m'ont dit que mon état d'esprit à l'époque était que le club m'avait tourné le dos. Alors que je m'étais imaginé à Northampton pour toujours, j'avais fini par conclure que la relation comptait plus pour moi que pour eux, et j'étais contrarié par le fait que des joueurs n'ayant aucune attache avec le club étaient recrutés au détriment des talents locaux. Nous avions remporté la Coupe d'Europe en 2000 avec un contingent important de joueurs du cru. Pour moi, la chose à faire était de construire à partir de ce succès avec quelques nouveaux joueurs, mais le club est allé beaucoup trop loin dans cette voie, en renouvelant trop l'effectif. De plus, ces nouveaux venus bénéficiaient d'un traitement de faveur et se voyaient remettre leur casquette de joueur de club alors qu'ils n'avaient pas encore atteint le nombre d'apparitions requis. Dans le rugby, quel que soit le niveau, l'union fait la force. Des équipes comme Leicester, Northampton et Exeter ont toujours eu un noyau de joueurs locaux, complété par d'excellents renforts extérieurs. Et pourtant, certaines équipes s'engagent dans la mauvaise voie. Vous pouvez acheter une équipe capable de gagner un championnat mais vous ne construisez aucun héritage. Ce que vous obtenez, ce sont des robots, des impressions 3D de ce qui est nécessaire à chaque poste.

Le sport professionnel est empreint de mensonges. Dans le rugby, il y a cette idée qu'un groupe de joueurs est soudé ; que si un incident se produit sur le terrain ou en dehors, ils seront tous là les uns pour les autres. En vérité, j'ai vu cela se produire, mais seulement lorsque je jouais dans des équipes où nous étions tous issus du même milieu, où nous nous connaissions et où nous prenions soin les uns des autres. Cette unité nous aidait énormément. Elle nous donnait un avantage supplémentaire. Si un joueur n'était pas le meilleur, mais que nous avions confiance en lui, en sa capacité à tout donner, alors les autres joueurs élevaient leur niveau pour l'aider et s'assurer qu'il reste dans l'équipe. Dans un jeu physique, jouer les uns pour les autres apporte beaucoup. Mais à mesure que le jeu se professionnalisait, que les équipes étaient de moins en moins soudées, je voyais de plus en plus de joueurs dont la priorité était leur salaire.

C'est difficile de voir une équipe qui compte tant pour vous prendre une mauvaise direction. De l'extérieur, on peut avoir une vision plus mesurée, mais quand on y est, on ne peut s'empêcher de se sentir concerné. Je sais que ce genre de situation m'aurait bouleversé. J'ai toujours pensé que dans une équipe, tout le monde devait être traité de la même manière, sinon l'éthique entière était sapée. Dans le monde en noir et blanc de ma tête meurtrie, une violation de ces normes aurait été un véritable point d'indignation. J'ai peut-être été naïf en considérant que ma relation avec les Saints ne se limitait pas à une transaction commerciale, mais même dans ce cas, pourquoi bouleverser toute ma vie ? Pourquoi détacher ma ceinture de sécurité ? Grays, l'entraîneur de l'époque, m'a dit qu'il m'avait parlé de construire une équipe autour de moi et qu'il pensait m'avoir persuadé de rester. J'étais sur le point d'accepter lorsque le président du club, Keith Barwell, est entré dans la pièce et m'a dit sans détour que j'avais un contrat et que je devais l'honorer. Le climat positif soigneusement entretenu par Grays s'est aussitôt assombri. C'était fini, sans retour en arrière possible. Mais quand bien même j'avais décidé de quitter Northampton, les raisons qui m'ont fait choisir Brive demeurent énigmatiques. C'était en 2007, j'étais encore au sommet de ma forme. Je pense que beaucoup de clubs anglais auraient été heureux de m'accueillir. J'aurais même pu faciliter les choses. Au lieu de cela, je me suis isolé encore plus en partant à l'étranger.

Maintenant que je sais comment l'ETC peut provoquer des changements radicaux de personnalité, je comprends mieux cette décision. Je vois l'explosion de 2007 pour ce qu'elle était, en l'occurrence la première d'une série qui s'est produite soit au moment d'une commotion cérébrale importante, soit à la suite de l'aggravation de l'état de mon cerveau. En fait, lorsqu'il s'agit d'évaluer les signes d'ETC, ce sont précisément ces indices, ces grandes embardées comportementales, que les experts surveillent. Mes proches m'ont dit que ma personnalité avait changé au cours des dernières années à Northampton. Mais je ne m'en rendais pas compte. Je ne savais pas du tout que je me comportais de manière irrationnelle ou étrange. J'étais simplement moi-même. Dans ma tête, c'étaient les gens autour de moi, ou les situations, qui me causaient du tort. C'est pourquoi j'ai quitté Northampton, la ville qui avait été ma maison contre vents et marées, et que je suis devenu un nomade.

*

L'accord avec Brive a été scellé dans l'hôtel le plus incroyable de Paris. Tout était doré. Même les sièges des toilettes valaient plus que ma maison. Je suis venu accompagné d'un agent et de Hephs. La délégation de Brive était un peu plus raffinée, avec le président du club, Simon Gillham et divers officiels représentant le propriétaire milliardaire et entrepreneur français Daniel Derichebourg. Brive avait remporté la Heineken Cup[21] dans les années 1990 mais était désormais en difficulté, avec un risque réel d'être relégué de première division. Les dirigeants cherchaient à se reconstruire, à redevenir une équipe qui compte, et j'allais être leur première grande recrue à l'aube de cette nouvelle ère. Ils ont été impressionnés quand j'ai dit que je signerais même s'ils étaient relégués, à condition qu'ils restent ambitieux et continuent à investir. Ils ont apprécié cet engagement et nous nous sommes mis d'accord. J'ai terminé la saison à Northampton et suis parti en France.

Et puis, je me suis cassé le cou.

C'était un match de Heineken Cup contre Biarritz. J'ai été plaqué dans un mouvement étrange de type judo qui m'a fait pivoter et m'a projeté la tête la première sur le sol. Le résultat immédiat a été une perte de mobilité de mon bras droit. J'ai continué à jouer pendant un moment, mais il était évident que mon bras n'allait pas se réparer tout seul. Le kiné a vu que j'étais en difficulté et m'a fait sortir. Les examens ont révélé un prolapsus du disque cervical. En termes simples, la partie qui sépare les vertèbres et qui absorbe les chocs avait été poussée contre ma moelle

21 Coupe d'Europe de rugby. Le CA Brive remporte le titre en 1997, aux dépens des Leicester Tigers (28-9).

épinière. L'opération chirurgicale était la seule option possible.

Après l'opération, Hephs est passé me voir à l'hôpital et, me croyant gravement handicapé, il m'a rapidement servi de la soupe à la cuillère et fait tomber des raisins dans ma bouche. J'avais l'impression d'être un Romain de haut rang, avec Hephs dans le rôle de l'esclave. Pendant qu'il était là, deux joueurs de Bath que je connaissais sont entrés avec une pizza. Je me suis redressé d'un coup et j'ai attrapé une part. Témoin de cette guérison miraculeuse, Hephs, pour une raison ou pour une autre, n'était pas ravi.

J'avais d'abord espéré pouvoir jouer après quelques mois de repos. Mais on m'a dit que cette blessure était synonyme de fin de carrière. Continuer serait imprudent et m'exposerait à des lésions de la colonne vertébrale à long terme, voire permanentes. J'ai annoncé ma retraite et le sélectionneur de l'Angleterre, Brian Ashton, a été le premier à m'appeler. Il m'a présenté ses condoléances et m'a dit que je serais toujours le bienvenu. Lorsqu'il a dit cela, je ne pense pas qu'il s'attendait, pas plus que moi ou quiconque, à ce que je puisse rejouer un jour en équipe d'Angleterre.

Naturellement, j'ai pensé que c'était la fin de l'histoire entre Brive et moi. Ils investissaient dans un talonneur vainqueur de la Coupe du monde et non dans ce que j'étais devenu – un ex-professionnel au cou brisé. Je n'aurais pas pu me tromper davantage. Ils m'ont dit : « Tu nous as assuré de ta loyauté, nous t'assurons de la nôtre. » J'irais à Brive non pas en tant que joueur mais comme entraîneur.

En toute honnêteté, une grande partie de moi a été soulagée lorsqu'on m'a dit que c'était fini et que je ne rechausserais plus jamais les crampons. J'ai soufflé un bon coup. Il ne s'agissait pas seulement d'épuisement physique : le fait de jouer constamment usait aussi ma tête. Contrairement à moi, il semblait que tous les autres joueurs de l'équipe de la Coupe du monde 2003 avaient connu, à un moment ou à un autre, une période d'inactivité forcée pour cause de blessure. Personne n'a envie de se tourner les pouces pendant des mois, mais cette période permet à un joueur de se ressourcer mentalement, de se fixer de nouveaux objectifs et de retrouver l'envie. D'autres ont choisi de faire de ce tournoi leur chant du cygne. Partir en beauté, c'est le rêve de tout sportif, mais cela n'arrive que très rarement. Comme moi, ils continuent jusqu'à ce que ce qui était leur raison de vivre devienne d'abord le quotidien, puis, dans le pire des cas, le moment où l'on se rend compte qu'il n'y a plus de place pour le sport. L'épuisement professionnel nous rattrape. Les performances diminuent et vous descendez de plus en plus bas dans la hiérarchie. Cc n'est pas gai. Encore moins lorsque vous vous rendez compte que votre cerveau a été réduit en miettes en cours de route.

Au moment de ma blessure au cou, c'est certain, j'étais au bout du rouleau mentalement. Quelque part dans la boue de Franklin's Gardens, j'avais perdu mon amour du jeu. Appelez ça mon mojo, appelez ça comme vous voulez, mais ma passion pour le rugby avait disparu. Cela me rappelait un peu ce que j'avais ressenti après la Coupe du monde. J'avais travaillé si dur pour obtenir la plus grande récompense du sport, et tout à coup, je me suis dit : « Bon, c'est tout ? » Cela m'a ramené à l'enfance, lorsque je me réveillais le lendemain de Noël après l'excitation de la fête. Vous pensez que ce sentiment – la préparation et le jour même – va durer éternellement, mais il devient inévitablement familier, voire banal. Cette Coupe du monde a été déterminante dans la vie de certains garçons. Ils allaient continuer à jouer jusqu'à la prochaine Coupe du monde ou prendre leur retraite. Je n'avais jamais considéré le rugby comme un voyage, une route que j'étais destiné à emprunter. Je n'avais pas cherché le succès. Le rugby était entré dans ma vie. C'est quelque chose qui m'est arrivé comme ça.

Chez les Saints, j'avais été à deux doigts d'abandonner le jeu et de réaliser l'ambition de mon enfance, à savoir entrer dans la police. Mon vrai père étant flic, j'avais un lien avec la profession, mais l'idée reposait sur des bases plus solides que cela. À Northampton, beaucoup de mes amis étaient flics et ils s'arrangeaient pour m'emmener avec eux. Vêtu d'un gilet pare-balles et de tout l'attirail, j'adorais voir le côté ingrat du travail et j'avais un immense respect pour les officiers qui se trouvaient au cœur de l'action. Il m'est même arrivé de m'impliquer, en raisonnant avec un groupe de jeunes gens à l'allure patibulaire, potentiellement en train de faire des bêtises. En raison de mes antécédents, j'avais l'impression de pouvoir parler leur langage. Parlez aux gens dans leurs termes et ils vous répondent. Dès que vous êtes distant, la barrière se lève.

Cette idée de servir m'attirait tellement que ma carrière de rugbyman a failli ne pas avoir lieu du tout. À quelques reprises, lorsque j'étais adolescent, j'ai été tenté de m'aventurer dans le centre de recrutement de l'armée à Northampton. Il n'est donc pas surprenant que, lorsqu'on m'a demandé à l'époque où j'étais en Angleterre, de me rendre en Afghanistan pour l'inauguration d'une nouvelle aile d'un hôpital, j'aie sauté sur l'occasion. J'avais une admiration incroyable pour le travail accompli par les soldats là-bas et j'étais stupéfait de pouvoir le voir de mes propres yeux. Dès notre atterrissage, l'ampleur de l'opération m'a époustouflé. Un site opérationnel de la taille de Reading avait été créé au milieu du désert. Un jour, les soldats nous ont emmenés, moi et mon compagnon de voyage, mon ancien collègue Neil Back, hors de l'enceinte dans un véhicule blindé. Il y avait trois portes par lesquelles nous pouvions sortir. Au moment où nous avons franchi l'une d'elles, une bombe a explosé à une autre. Les soldats dans notre véhicule ont à peine réagi. J'ai été frappé de voir à quel point ce qu'ils considéraient comme une routine était si éloigné de tout ce que le reste d'entre nous pouvait vivre.

Nous avons rampé dans les rues d'une ville voisine et j'ai observé à travers une vitre épaisse des petits enfants qui souriaient et faisaient des signes de la main tandis que leurs parents crachaient par terre de dégoût. J'ai tourné la tête vers le pare-brise et j'ai vu, encore et encore, des voitures se diriger vers nous dans un vacarme. Allaient-elles attaquer ? Ou bien était-ce simplement que sur ces routes, il n'y avait pas de règle ? Je n'arrivais pas à comprendre que c'était le quotidien de ces soldats. Le danger et l'anxiété constants. À plusieurs reprises, ils ont fait une analogie avec le rugby – la stratégie, le travail en commun, le besoin d'unité. Je comprenais ce qu'ils disaient, mais en même temps, je les interrompais : « C'est bon, vous n'avez vraiment pas besoin d'essayer de faire coller ça à la réalité. La pire chose qui puisse nous arriver est de perdre un match. Vous pourriez y laisser un membre, ou pire. »

J'ai été stupéfait de voir à quel point tout le monde était humble, en parlant du travail incroyable qu'ils accomplissaient, du fait qu'ils risquaient leur vie. Nous avons rencontré à l'hôpital un jeune garçon qui avait été blessé dans une explosion qui avait tué un de ses camarades. Le personnel soignant nous a dit qu'il ne parlait presque plus depuis l'incident. Backy et moi nous sommes assis, sans nous attendre à autre chose qu'un hochement de tête et un bonjour. Nous n'en revenions pas lorsqu'il nous a tout de suite parlé de ce qui s'était passé et de son impatience de retrouver sa famille. Il a dû se sentir à l'aise avec nous ; c'était un moment incroyable qui nous a donné une sacrée leçon. Une leçon dont je me rappelle encore aujourd'hui. Mon problème a été provoqué par un jeu. Les problèmes des soldats viennent du fait qu'ils font la guerre.

Nous avons également été voir le travail de l'équipe chargée des chiens qui traquent les suspects et reniflent les explosifs. On nous a dit qu'ils avaient commencé à travailler avec une nouvelle race, à peine plus grande qu'un springer anglais, et on nous a demandé si l'un d'entre nous aimerait être équipé de protections rembourrées pendant que l'un de ces chiens se lancerait à notre poursuite. J'ai eu des chiens, de gros chiens, des dogues allemands et autres, et je sais à quel point ils sont puissants. Je n'avais vraiment pas envie d'être poursuivi et réduit en bouillie par l'un d'eux. Backy s'est lancé. J'ai ça mis sur le compte de son complexe de taille (il n'est pas le plus grand) pendant qu'il s'éclipsait pour enfiler sa combinaison de protection. Dix minutes plus tard, il est revenu avec l'allure d'un gardien de hockey sur glace.

« Quand je crie "Allez-y !" », a dit l'officier, « je veux que vous commenciez à courir. »

Deux soldats ont montré du doigt un haut mur. « Montez là-haut », m'ont-ils dit. « Vous ne voulez pas vous retrouver au milieu. »

Ils m'ont hissé juste au moment où la bête a été libérée. L'officier a beuglé « Allez-y ! », et, la bouche béante et avec l'accélération d'une Ferrari, ce qui semblait être un petit ours est passé en trombe. Je ne pouvais pas voir Backy derrière son masque, mais j'étais presque certain que son expression était celle d'une terreur aveugle lorsqu'il a regardé par-dessus son épaule et vu cette boule de fourrure se diriger droit sur lui. En termes d'équité, c'était comme opposer une tortue vieillissante à Usain Bolt. En l'espace de quelques secondes, le chien a percuté Backy avec une telle force qu'il m'a semblé que sa colonne vertébrale allait se briser. Le chien était sur lui, grognant, le traînant, mordant et perforant sa combinaison, déversant de la bave à travers le masque et sur son visage. Même le maître-chien a eu du mal à l'arrêter.

J'ai regardé les gars qui se tenaient à côté de moi sur le mur. « Un peu plus gros qu'un springer », ai-je remarqué. Backy s'est relevé en titubant, comme s'il avait fait cinq rounds avec Mike Tyson. J'étais heureux d'avoir pris la bonne décision.

Une fois que j'ai commencé à jouer au rugby, l'armée n'était plus une option, mais une grande partie de moi regrette de ne pas avoir arrêté le jeu quand j'en ai eu l'occasion. En arrêtant après ma blessure au cou, j'aurais épargné à mon cerveau des impacts et des commotions cérébrales supplémentaires. Bien sûr, je ne pouvais pas savoir à l'époque quelles seraient les conséquences et c'est ainsi que, de manière catastrophique, je me suis engagé sur une voie qui me ramènerait dans le même lit d'hôpital.

Chapitre 9

PERDU EN FRANCE

La plupart des joueurs se rendraient en France en avion. J'avais d'autres projets : y aller en moto. J'avais essayé de passer mon permis quand j'étais à Northampton, mais John Steele m'en a empêché.

« Vous ne pouvez pas me l'interdire », ai-je argumenté. « Il n'y a rien dans mon contrat. »

« Maintenant, si », a-t-il répondu en griffonnant quelques mots sous ma signature. Pour être honnête, John voulait seulement prendre soin de moi. Il m'a expliqué : « Tu n'auras pas de moto, car tu n'as pas peur. »

Mais lorsque Brive m'a engagé, j'ai saisi ma chance. J'ai acheté une Triumph Speed Triple 1100cc flambant neuve et, à l'aube, je me suis lancé sur la route pour 1 200 kilomètres. Dans le tunnel sous la Manche, je me suis retrouvé entouré de motards purs et durs qui se rendaient au Grand Prix d'Allemagne. Ils étaient pleins d'admiration pour ma machine.

« – Depuis combien de temps tu pilotes ?

– Eh bien, environ huit…

– Huit ans ! Tu n'as pas l'air assez vieux !

– Non, huit heures. Je me rends à Brive, au nord de Toulouse.

– Oh, d'accord. Combien de temps cela va-t-il prendre ? Deux ou trois jours – pour profiter des routes et des sites touristiques ?

– Non, j'y serai ce soir. »

Je les voyais rouler des yeux en s'éloignant. En l'espace de quelques secondes, je suis passé du gamin cool avec sa superbe moto à un idiot avec son nouveau jouet.

À mon arrivée, le club n'aurait pas pu être plus accueillant, en particulier Simon Gillham, qui a fait de son mieux pour me faire sentir comme un membre de son adorable famille. La Coupe du monde 2007 se déroulait principalement en France cet automne-là et, aux côtés de Simon, j'ai assisté à la demi-finale victorieuse de l'Angleterre contre le pays hôte depuis une loge du Stade de France. C'était génial, si ce n'est que la loge était remplie de supporters français extrêmement passionnés et chauvins. « N'applaudis pas ! », me répétait Simon alors que l'Angleterre se frayait un chemin vers la finale. J'ai fait de mon mieux, honnêtement.

Évidemment, avec une fracture du cou, je m'attendais à une Coupe du monde plus tranquille. Mais lors de la cérémonie d'ouverture, j'ai découvert que j'avais été choisi pour faire ce que j'aime le moins : lancer une touche. *Quoi ? Vraiment ? Je pensais qu'on m'avait invité pour profiter de la journée !* Il y a une autre chose dont je me souviens de ce jour-là : à quel point il semblait fou que l'on m'ait demandé de le faire. *Pourquoi moi ? Je ne le mérite pas.* Je savais que je faisais partie de l'équipe tenante du titre, d'où la demande, mais c'est ainsi que mon esprit a toujours fonctionné.

Une fois cette torture accomplie, je me suis installé pour suivre le tournoi dans le confort de divers bars – et loges d'entreprise – de Paris.

J'ai été incroyablement reconnaissant à Simon de m'avoir pris sous son aile. Prendre sa retraite est déjà assez difficile, mais ce l'est encore plus quand ça se produit du jour au lendemain alors que vous êtes encore au sommet de votre carrière. Je me suis retrouvé dans un pays étranger, seul, et la raison même de ma présence a été anéantie par des circonstances indépendantes de ma volonté. Sans la couverture réconfortante du jeu, je me sentais perdu, isolé et, la plupart du temps, confus. Plus tard, Simon m'a dit qu'il avait vu en moi une fragilité et une vulnérabilité à cette époque. Il se souvient de moments où il me regardait et me trouvait en train de fixer le vide. Il me demandait si j'allais bien et je lui répondais que oui, mais ce n'était pas le cas. Je vivais sous des nuages noirs, me demandant ce que j'avais fait. J'avais laissé tous mes repères derrière moi et j'étais littéralement parti dans un endroit où je ne connaissais personne et où je ne parlais pas un mot de la langue. J'étais passé d'une situation familière, d'une sécurité et d'une carrière réussie à une situation diamétralement opposée. Je me sentais désespérément perdu. Il s'était passé tellement de choses en si peu de temps que je n'arrivais tout simplement pas à y faire face. Mon cerveau – mon cerveau malade – n'arrivait pas à comprendre ce qui se passait. Les itinéraires qu'il avait l'habitude de prendre pour sortir des situations difficiles n'étaient plus accessibles. Le rugby avait toujours été ma planche de salut, et en une fraction de seconde, elle avait disparu.

La seule chose qui m'a permis d'échapper à la fatalité est ma passion naissante pour la chasse au sanglier. J'avais toujours aimé les sports de campagne et je m'y suis rapidement mis. Mais cela signifiait que je devais garder un fusil de chasse. Avec le recul, cela me fait peur. Je vivais seul et il m'est arrivé de me retrouver assis sur mon lit, la tête dans les mains, en train de pleurer, le fusil à quelques mètres de moi. Je le voyais du coin de l'œil. Il ne m'aurait fallu aucun effort pour tendre le bras et le prendre. Je me suis imaginé en train de le pointer sur ma tête et d'appuyer sur la gâchette. Une seule chose m'a empêché de le faire, c'est que je gardais les cartouches en bas. Si cela n'avait pas été le cas, cette histoire se serait sûrement arrêtée là. En l'occurrence, cette petite distance a suffi à provoquer la secousse physique qui m'a sauvé.

Je connaissais assez mes émotions pour me rendre compte que j'étais un retraité paumé. J'étais encore dans ma vingtaine. Si je peinais maintenant, à quoi allait ressembler le reste de ma vie ? Si je voulais survivre, je devais faire quelque chose de radical. C'est à ce moment-là que la graine a été semée : *je pourrais peut-être rejouer*.

Des spécialistes ont examiné mon cou et estimé qu'il était en assez bon état. Rien ne m'empêchait de revenir. En fait, mon cou était même plus fort qu'au moment de la blessure. Je pouvais le bouger à 90 %, contre moins de la moitié auparavant. J'avais le sentiment que, si tout allait bien, j'avais encore cinq années ou plus de rugby devant moi. Je me suis juré de ne pas viser trop bas. J'essaierais de récupérer ma place dans l'équipe d'Angleterre. Mais ce n'est pas l'idée d'une plus grande gloire qui a motivé mon combat ni la gratification financière. Je m'étais blessé au cou après quarante-sept sélections. Plus que tout, je voulais atteindre la cinquantième pour que Keith Picton puisse tenir sa promesse de venir enfin me voir jouer sous le maillot de l'équipe nationale. Keith m'a tant donné sans jamais rien demander en retour. Je voulais au moins lui offrir cela.

À l'époque, le fait de reprendre le sport m'a semblé être une planche de salut, mais je me demande parfois aujourd'hui si ce n'était pas une forme de suicide. Après tout, si je ne m'étais pas infligé quatre années supplémentaires de punition, mon diagnostic n'aurait peut-être pas été aussi mauvais. Encore une fois, j'avais déjà joué beaucoup en 2007, alors qui sait ? Ce que je crois fermement, c'est que le fait d'avoir arrêté pendant une année a permis à mon cerveau de se ressourcer, d'assimiler le monde qui l'entoure sans subir d'impacts violents en permanence. C'est pourquoi, comparé aux années précédentes à Northampton, je me souviens très bien de certains éléments de mon séjour à Brive. Je sais, par exemple, que jouer pour Brive n'a jamais signifié autant pour moi que jouer pour Northampton. Lorsque j'étais capitaine des Saints, il m'arrivait de m'emporter dans les vestiaires – en criant, en jurant – parce que j'avais le club dans la peau et que son succès était tout pour moi. À Brive, je n'ai jamais réussi à retrouver cette flamme, même si les trois années que j'ai passé là-bas comptent encore beaucoup pour moi.

Mes nouveaux employeurs ont été ravis de mon retour. Évidemment, le club savait que s'il se confirmait, il pourrait enfin compter sur les services du joueur qu'il avait recruté.

Mais il y avait un travail important à faire avant que cela arrive. En dehors du terrain, je devais rembourser l'indemnité d'assurance d'un demi-million de livres que j'avais reçue après m'être cassé le cou. Sur le terrain, je devrais être plus déterminé que jamais. Pour la première fois depuis longtemps, je n'avais pas été limité à un certain poids après ma blessure et j'avais donc mangé et bu à ma guise. Avec mon corps si fatigué, me détendre, faire ce que je voulais ne me semblait pas être une mauvaise chose. Résultat : j'ai accumulé de la graisse, atteignant à un moment donné 150 kilos, soit 30 kilos de plus que mon poids de forme. Fait remarquable, c'est à ce moment-là que j'ai fait une randonnée à vélo de 1 000 kilomètres, de Greenwich au Mont-Blanc dans les Alpes, afin de collecter des fonds pour le Bobby Moore Fund for Cancer Research. Cela m'a semblé être une bonne occasion de me débarrasser de quelques kilos tout en collectant un peu d'argent pour une bonne cause. Bien que je n'aie pas suivi d'entraînement, j'y suis parvenu, ce qui prouve que le moteur était toujours en état de marche. Pourtant, à part une montée le dernier jour, où les autres cyclistes m'ont décerné un prix pour avoir été le plus lent sur le vélo sans tomber, je ne me souviens pas d'un seul coup de pédale. La randonnée n'existe dans mon cerveau que sous la forme d'une lueur chaleureuse.

Cependant, la randonnée à vélo ne pouvait pas cacher la dure réalité de ma condition physique. Jouer avec 150 kilos était impossible et Brive a donc fait appel à Bernard, un préparateur physique tout droit sorti de l'enfer. Bernard m'a complètement anéanti. Lors de notre première séance, je me suis effondré au sol, à bout de souffle et en train de vomir.

Voyant cette masse vomissante à ses pieds, son point de vue était simple : il n'y avait aucune chance que je revienne en forme, que je redevienne un « rugbyman », comme disent les Français. Ses paroles étaient comme un chiffon rouge agité sous le nez d'un taureau. J'étais déterminé à lui prouver qu'il avait tort, à le faire changer d'avis complètement. À partir de ce moment-là, je me suis investi à fond et, ce faisant, j'ai gagné son respect. Pendant six semaines, je n'ai fait que m'entraîner. Les autres joueurs rentraient chez eux et moi je restais sur le terrain, à courir, à me remettre en forme, à retrouver mon rythme. Lorsque j'avais un objectif à atteindre, j'ai toujours été incroyablement concentré à l'entraînement ; je m'y consacrais totalement, de manière presque obsessionnelle. Un jour, Simon a reçu la visite d'un ami qui voulait investir dans le club, mais qui estimait que les sportifs professionnels étaient trop choyés et trop payés. Il est allé voir les installations et m'a vu si épuisé que je me vomissais littéralement dessus en courant. Je ne sais pas s'il a investi. Ce que je sais, c'est que j'ai perdu 25 kilos en six semaines. Grâce à Bernard, dix mois après avoir quitté le terrain contre Biarritz en clopinant, j'étais de retour en première ligne. J'ai cependant eu une sacrée frayeur. Lors d'un entraînement, ma tête a heurté la poitrine d'un joueur adverse. L'impact sur mon cou ressemblait terriblement à celui qui avait interrompu ma carrière. J'ai d'abord pensé que mon retour était compromis. Puis j'ai réalisé une grande différence par rapport à la blessure précédente : cette fois-ci, je pouvais sentir mon bras. J'allais m'en sortir. Le fait de savoir que je pouvais jouer à 100 % m'a beaucoup aidé. On ne peut pas jouer au poste de talonneur en étant sur la réserve. À ce poste, c'est tout ou rien. Je devais faire confiance à mon corps. J'avais besoin de retrouver le rugby de haut niveau. Lorsque j'y réfléchis, j'étais encore capable de me sentir très déprimé, mais les exigences du sport professionnel me donnaient un but. En réalité, bien sûr, je sais maintenant que je ne faisais que colmater de très grosses fissures.

*

J'ai adoré jouer en France, mais j'ai eu la sensation que les joueurs français ne m'aimaient pas vraiment en retour. Je ne sais pas exactement ce qui m'a donné cette impression, mais c'est peut-être lié au nombre de coups de poing que je recevais pendant les matchs – et au fait que les arbitres français ne faisaient absolument rien pour y remédier. J'ai fini par demander à un membre du contingent français de Brive ce qui se passait.

« Écoute », m'a-t-il dit, « ce ne sont pas que les joueurs, personne ne vous aime vraiment en France. »

« Oh, je vois », ai-je répondu, un peu décontenancé.

« C'est ta façon de chanter l'hymne national », a-t-il poursuivi. « Tu avais l'air si arrogant. »

Excusez-moi de respirer.

Pour être honnête avec les Français, ils ne sont pas les seuls à avoir vu comment j'étais sur le terrain et à avoir pensé que j'étais exactement le même en dehors. Le nombre de fois où l'on m'a dit : « Oh, en fait, tu es vraiment un bon gars, n'est-ce pas ? Calme et terre-à-terre. » Je ne sais pas à quoi ils s'attendaient – peut-être que j'étais censé leur courir après, les traîner par terre et m'asseoir sur eux. Cela dit, j'ai rencontré plus d'un joueur qui se comportait aussi mal sur le terrain et en dehors.

En France, le rugby était dur. Les actions sans ballon étaient particulièrement horribles et les joueurs français savaient exactement comment s'en tirer. Ils avaient compris que lors d'un match télévisé, les caméras restaient sur une mêlée pendant trois secondes. On les entendait compter – « Un, deux, trois » – et dès qu'ils arrivaient à « quatre » – *bang !* – ils vous donnaient un coup de poing au visage. Ils étaient aussi les pires pour vous attraper les couilles et enfoncer leurs doigts dans vos yeux. Après un match contre une équipe française, la peau autour de mes yeux était souvent rouge et à vif. En tant que joueur de rugby, on ne monte pas sur la tête de quelqu'un, on ne l'agresse pas et on ne lui attrape pas les couilles. Mais les Français n'ont jamais semblé intégrer tout cela. Ils adoraient vous saisir les couilles en particulier. Ils leur donnaient une bonne torsion. C'était une agonie absolue. À Brive, l'autre talonneur de l'équipe a révélé qu'il portait une coquille – « Tu sauras bientôt pourquoi ». En tant qu'observateur extérieur, j'ai eu l'impression que certains joueurs français se targuaient d'être durs alors qu'en réalité, ils faisaient preuve d'une grande lâcheté. Si une équipe française tentait ce genre de choses lorsque je jouais pour un club anglais, nous nous assurions de leur donner une bonne correction.

En général, je m'entendais bien avec les Français de Brive, même s'il y a eu parfois des hauts et des bas. À un moment donné, nous nous sommes mis d'accord entre joueurs pour nous débarrasser du staff. Lorsqu'il a eu vent de la mutinerie, l'entraîneur principal est arrivé en criant et en hurlant. Immédiatement, les Français se sont regroupés. « Ce n'est pas nous », lui ont-ils assuré en désignant le petit contingent anglais. « C'est eux qui veulent te virer. »

J'aime l'histoire – peut-être que cela compense l'oubli de la mienne – et j'ai essayé une fois ou deux de discuter de la guerre avec des coéquipiers français. J'étais sincèrement intéressé d'entendre ce que les Français pensaient de cette période de l'histoire de l'Europe. C'est comme si elle n'avait jamais eu lieu. Au lieu de cela, ils parlaient de batailles anciennes au cours desquelles ils avaient pris le dessus sur les Anglais. Le reste n'était tout simplement pas abordé. La France est un pays magnifique – je l'aime vraiment –, mais nous avions vraiment l'impression que nous, Anglais, étions l'ennemi public numéro un. Je me souviens d'une fois où j'étais assis à l'extérieur d'un café en train de discuter avec un ami et où un type qui traversait la route a trébuché sur le bord du trottoir.

Il a marmonné « Putain d'Anglais ! », et a continué son chemin.

Mis à part les abus (en fait, la plupart des gens n'auraient pas pu se montrer plus chaleureux), j'ai vraiment admiré la façon dont les Français vivaient leur vie. Ils ne se ruinaient pas en cartes de crédit et ne remplissaient pas leur maison d'objets de toutes sortes – grosses télévisions, etc. Ils vivaient selon leurs moyens et pouvaient donc utiliser leur argent pour quelque chose qui les rendait vraiment heureux, une maison de vacances par exemple, ou une réunion avec famille et amis. Si un Français vous invitait chez lui, ce n'était pas pour vous montrer sa nouvelle voiture flambant neuve – il y a de fortes chances que sa voiture soit toute cabossée dans l'allée –, mais pour vous témoigner d'une véritable amitié et d'une grande hospitalité. Ils avaient une attitude très pragmatique face à la vie, allant même jusqu'à laisser leur frein à main desserré lorsqu'ils se garaient pour qu'un autre conducteur puisse pousser leur voiture de quelques centimètres afin d'accéder à une place de stationnement. J'ai vraiment adoré leur décontraction. C'est une chose à laquelle je repense maintenant lorsque j'essaie de réduire le stress dans ma propre vie.

Comme mon retour se passait bien et qu'il n'y avait aucun signe de problème avec ma vieille blessure au cou, quelques mois plus tard, j'ai appelé Martin Johnson, alors manager de l'équipe d'Angleterre, pour lui dire que je cherchais à retrouver ma place. Sa réaction n'a pas été tout à fait celle que j'avais envisagée – il avait du mal à respirer tellement il riait –, mais c'était logique. J'ai repensé à la dernière fois que Johnno m'avait vu, lors de la cérémonie d'ouverture de la Coupe du monde en 2007, alors que j'étais dans un état lamentable.

Nous nous sommes retrouvés pour dîner, et c'est là qu'il a vu le poids que j'avais perdu et les efforts que j'avais faits pour redevenir un joueur d'élite et retrouver mon amour du jeu. D'autres, en revanche, pensaient que j'avais un objectif secret. Au début du processus, j'ai entendu un membre du staff de l'équipe d'Angleterre dire qu'il pensait que je le faisais uniquement pour l'argent. C'était inévitable, je suppose – certaines personnes pensent toujours à mal –, mais cela m'a sérieusement énervé et j'ai été heureux de l'obliger à ravaler ses paroles. Mes performances à Brive, la passion et la détermination dont j'ai fait preuve ont fait passer ses accusations pour de la mesquinerie et de la bêtise, ce qu'elles étaient précisément.

Dix-huit mois après mon retour sur les terrains de rugby, j'ai retrouvé ma place en équipe d'Angleterre. La victoire 16-9 contre l'Argentine en novembre 2009 a été ma cinquantième sélection et, avec Keith comme promis dans la tribune, la plus agréable de ma carrière. La rencontre du passé et du présent, du professionnel et du personnel. L'aboutissement de tant de choses.

Regardez attentivement les photos de cette cinquantième sélection et vous verrez que je porte des crampons maintenus par du ruban adhésif. Je donnais beaucoup de choses, mais je ne pouvais pas me séparer de ces chaussures. Une fois, j'ai vu Jason Robinson passer d'une paire de crampons neufs à une autre à la mi-temps, non pas parce qu'il y avait un problème avec celle qu'il portait, mais parce qu'il le pouvait. Je n'ai jamais pu faire cela. J'avais des boîtes de chaussures neuves prêtes à l'emploi, mais j'ai toujours porté celles auxquelles j'étais habitué. Je les portais jusqu'à ce qu'elles rendent l'âme. En changer avant n'avait pas de sens.

*

Après avoir travaillé si dur pour revenir dans l'équipe, la Coupe du monde en Nouvelle-Zélande en 2011 s'est avérée être un véritable désastre. En raison du récent mariage de notre trois-quarts centre Mike Tindall avec Zara Phillips, l'attention de la presse sur les coulisses a été plus féroce que tout ce que j'avais connu, avec comme point culminant une nuit infâme à l'Altitude, bar de Queenstown. Au milieu de la Coupe du monde, la tradition veut qu'on organise une petite fête. Cela permet d'évacuer la pression qui pèse sur l'équipe et d'appuyer sur le bouton reset. Cette fois-ci, la fête coïncidait avec ce que le bar annonçait comme un « Mad Midget Weekender ». Cela impliquait, comme l'ont dit certains journaux, que plusieurs nains soient lancés. Je vais lever la main tout de suite et admettre que j'ai participé à cette histoire impromptue et très regrettable. De retour à l'hôtel, j'ai envoyé des photos compromettantes à Hephs en Angleterre. Je me suis réveillé le lendemain matin et j'ai trouvé sa réponse. « Tu n'avais pas besoin d'envoyer des photos. L'affaire est dans tous les journaux. » Merde ! Même si nous n'aurions jamais dû nous comporter comme nous l'avons fait, nous avions un peu l'impression d'avoir été piégés. Les Irlandais avaient fait la même chose à l'Altitude la semaine précédente – l'un des nains avait encore des drapeaux irlandais dessinés sur le visage –, mais ils n'ont pas été autant critiqués que nous l'avons été.

À partir de ce moment, la chasse était ouverte. À un moment donné, j'ai fait un voyage à moto le long de la côte depuis Dunedin – un bon moyen de s'éloigner un moment. L'ancien talonneur anglais Brian Moore a loué une moto au même endroit, a entendu parler de moi et a écrit une chronique très critique dans le *Daily Telegraph*, qualifiant mon voyage de « folie ». Cela m'a agacé – il n'avait aucune idée de la raison pour laquelle j'avais fait ce voyage ou de ce que j'en avais retiré. Il s'est contenté d'apporter son point de vue aveugle et c'est tout. J'avais l'impression qu'il prenait le train en marche. Nous étions là pour être abattus et il était tout à fait heureux de saisir un marteau pour participer.

Sur le terrain, nous n'avons pas fait beaucoup mieux. Alors que cette année-là, nous avions réalisé une bonne série de matchs en Australie et remporté le Tournoi des Six Nations, nous n'avons pas réussi à exploiter notre potentiel lors de la Coupe du monde et nous avons perdu en quart de finale contre une équipe française moyenne. Nous avions l'occasion de faire quelque chose de spécial et, en tant que groupe, nous ne l'avons pas saisie.

Un voyage à oublier, dans tous les sens du terme. En fait, ce qui me choque le plus quand j'y repense aujourd'hui, c'est une interview que j'ai accordée à *The Observer* avant que nous ne nous envolions pour le tournoi. Comme on pouvait s'y attendre, le journaliste m'a demandé mes souvenirs de la finale de 2003. Compte tenu de ce que je sais aujourd'hui, ma réponse est choquante. « Je ne m'en souviens vraiment pas », lui ai-je assuré. « Les choses se sont passées si vite. Il y a des petites choses, comme marcher sur le terrain avant le match ou aller prendre un café avec les gars, mais le match lui-même, rien. » À l'époque, je mettais cette « amnésie », comme l'a écrit le journaliste, sur le compte d'un mode de vie à cent kilomètres à l'heure. Il ne m'est jamais venu à l'esprit que mon cerveau pouvait avoir été altéré par plus d'une décennie d'impacts et de blessures. Cette réponse était vraiment l'annonce du déclin à venir.

Chapitre 10

FERMETURE

Il n'y a eu qu'un seul moment fort lors de la Coupe du monde 2011 : Steph. Elle était chargée de la promotion chez Emirates, l'une des compagnies aériennes les plus importantes au monde et l'un des principaux sponsors du tournoi. Nous avions été éliminés par la France et, un peu abattu, j'avais pris un somnifère. J'avais envie de me reposer et, le lendemain, de me rendre sur l'île de Waiheke avec quelques gars pour une dégustation de vins, loin du rugby.

Il était presque minuit lorsque mon colocataire est revenu et m'a réveillé alors qu'il était en train de s'envoyer en l'air avec sa copine. Je ne pouvais pas rester là à écouter, je me suis donc levé et je suis descendu au bar.

« Nous sommes sur le point de fermer », m'a dit le serveur.

« Pas de problème, ai-je dit, donnez-moi cinq bouteilles de rouge. » Mes munitions en main, je me suis assis dans un coin pour boire tout seul jusqu'à ce que Graham Rowntree, l'entraîneur des avants, me repère et vienne me voir. Il y avait aussi quelques jolies filles dans le bar, que j'ai prises pour des prostituées russes. Cela peut sembler une généralisation totale, mais les Russes participaient à la

Coupe du monde et étaient arrivés en ville avec quelques femmes de la nuit.

Les filles se sont approchées et j'attendais qu'on me fasse des propositions quand l'une d'entre elles a ouvert la bouche. Elle avait l'accent écossais. Je m'en suis remis assez vite et nous nous sommes rapidement mis à rire. Elle nous a dit qu'elle était dans l'une des loges du stade et nous a demandé où nous étions placés.

« Sur la partie verte », a répondu Graham.

« Oh, où est-ce que c'est ? » a-t-elle demandé, un brin confuse.

Nous nous sommes donné rendez-vous au bar le lendemain soir, un rendez-vous que j'ai failli manquer parce que le voyage de retour de la dégustation de vin a failli se terminer en catastrophe. Nous avions passé un très bon après-midi et nous détendions sur le bateau lorsque nous avons commencé à avoir une de ces conversations stupides. Vous savez, quand vous êtes sur le balcon d'un gratte-ciel et qu'en regardant le balcon d'à côté, vous commencez à vous demander si quelqu'un pourrait sauter de l'autre côté ? Eh bien, c'était la version bateau de cette conversation. Celui sur lequel nous nous trouvions était énorme – il ressemblait plus à un ferry qu'à un bateau qui fait la navette d'une île à l'autre – et notre coéquipier Manu Tuilagi pensait qu'il pourrait sauter de là. Il y avait des Argentines à bord et j'ai cru comprendre qu'il essayait de les impressionner. Il s'est déshabillé jusqu'à la taille, a découvert ses tatouages, comme s'il allait sauter, mais je n'étais toujours pas convaincu.

« – Tu n'oseras jamais », lui ai-je lancé.

« – Pourquoi ?

– D'abord, tu sais à peine nager et ensuite, tu n'auras pas les couilles. »

J'ai rabattu mon chapeau sur mon visage et je me suis dit que c'était fini. La chose suivante que j'ai entendue, c'est une acclamation. Puis un silence. Puis un gros *plouf*. J'ai relevé mon chapeau. Louis Deacon était à côté de moi. Nous nous sommes regardés : « Putain de merde, il l'a fait ! »

Non seulement il l'a fait, mais il a choisi de sauter au moment précis où le bateau commençait à virer de bord. Il se trouvait alors juste à côté de la poupe, là où les hélices battaient l'eau. Une foule nombreuse s'était rassemblée sur le rivage pour voir ce qui se passait et je pouvais voir des policiers au milieu. Dieu merci, Manu a réussi à nager jusqu'à une jetée voisine, mais lorsqu'il a émergé, il a trouvé plusieurs flics pas très impressionnés qui l'attendaient pour l'emmener au poste. J'ai couru après eux, de plus en plus conscient du fait que j'avais rendez-vous avec Steph une heure plus tard, et j'ai fait irruption pour trouver une policière à l'air épuisé à la réception.

« Je suis là pour Manu », lui ai-je dit.

Elle m'a répondu qu'il en aurait pour un moment.

Deux vols étaient réservés pour l'équipe, l'un le soir même, l'autre le lendemain matin. J'ai menti et lui ai dit qu'il avait réservé le premier vol. Il devait repartir le soir même.

« Depuis combien de temps travaillez-vous ? », lui ai-je demandé. « Quatorze heures », a-t-elle répondu.

J'ai quitté le poste de police en courant et j'ai trouvé un petit café. Je suis revenu quelques minutes plus tard, chargé de café et de gâteaux. Cela a fait l'affaire et Manu a reçu un simple avertissement pour trouble à l'ordre public. Mon coéquipier libéré, j'ai regagné l'hôtel à grandes enjambées. Steph m'attendait, mais en me frayant un chemin vers elle, on n'arrêtait pas de me demander des autographes.

« Qu'est-ce qui se passe ? », a-t-elle demandé lorsque je l'ai enfin rejointe.

« Oh, apparemment, je ressemble à l'un des joueurs anglais. »

Nous étions assis là et des tas de gens venaient encore me demander de signer des choses. Steph ne me quittait pas des yeux. Jusqu'à ce qu'un type lui dise :

« – Tu sais qui c'est, n'est-ce pas ?

– Oui, Steve Thompson. »

Il acquiesce. « Steve Thompson, qui joue pour l'Angleterre. »

Un déclic s'est produit. Elle m'a regardé : « Tête de nœud. »

En mars de l'année suivante, nous étions mariés.

Cela peut sembler être la définition d'une romance éclair, et je suis sûr que nous aurions foncé tête baissée dans le mariage quoi qu'il arrive, mais à ce moment-là, je n'avais absolument aucun engagement sportif pour me mettre des bâtons dans les roues. Ma vie dans le rugby était terminée – disparue. J'avais quitté Brive pour Leeds Carnegie en 2010. J'aimais bien ce qui s'y passait sous la direction de Neil Back, qui était bien meilleur pour l'entraînement que pour semer des chiens, mais en fin de compte, mon bref séjour là-bas ne s'est pas déroulé comme je l'avais espéré. Leeds, qui avait besoin d'une refonte majeure, a galéré toute la saison et j'ai donc signé un contrat de trois ans avec les Wasps. Trois années qui se sont réduites à soixante minutes. À peine avais-je posé le stylo sur le papier que je subissais une nouvelle blessure au cou dévastatrice.

Pousser une machine à mêlée est l'entraînement de base d'un joueur de première ligne. Mais cette fois-ci, le pilier s'est retiré au dernier moment, me tirant sur le côté. J'ai senti mon cou exploser dès que j'ai touché le panneau, suivi d'un engourdissement et d'une nausée. Comme toujours, j'ai essayé de me convaincre que tout allait bien et, quelques jours plus tard, j'ai fait mes débuts avec les Wasps lors d'une victoire à Worcester. Mais la zone du cou et de l'épaule était horriblement inconfortable. J'ai consulté un spécialiste qui m'a dit catégoriquement qu'il n'y avait pas de retour possible. Je ne pouvais pas continuer à jouer en toute sécurité. C'était un coup très dur. Je prenais du plaisir et j'avais hâte d'écrire un nouveau chapitre de ma carrière dans un grand club comme les Wasps, de poursuivre éventuellement avec l'Angleterre tout en faisant la transition vers une nouvelle vie à Londres qui, je l'espérais, m'offrirait de nombreuses opportunités lorsque je prendrais ma retraite. Tout cela est parti en fumée et j'ai eu mal au cœur. En un instant, je suis passé de trois années de vie planifiées à un vide total.

Ayant besoin d'une intervention chirurgicale, je me suis retrouvé dans le même hôpital de Bristol, sous la direction du même médecin qui avait pratiqué la première opération quatre ans auparavant. J'espérais que notre union ne se répéterait pas tous les quatre ans, comme les Jeux olympiques. Je n'aime pas les hôpitaux et, après être passé au bloc opératoire, je ne voulais vraiment pas rester la nuit. « Pas de problème », a dit le médecin, mais alors que j'attendais l'autorisation de sortie, j'ai soudain commencé à sentir de la sueur couler dans mon dos. Steph a jeté un coup d'œil rapide. Son visage s'est vidé de toutes ses couleurs. Les points de suture avaient sauté et du sang suintait de la plaie. Le médecin avait fini sa journée mais il est revenu précipitamment. Il a proposé de me poser des agrafes.

J'ai dit : « D'accord. Faites-le. » Il est parti à la recherche de l'anesthésiste. « Non, faites-le maintenant ! » Je voulais absolument sortir de là au plus. Et c'est ce qu'il a fait. Le visage de Steph au moment où j'ai reçu les agrafes était un véritable tableau – la maladie et l'horreur combinées.

Avec ce dernier coup de pied dans les dents, ce qui était définitivement irréparable était mon amour du jeu. J'en avais assez du rugby. Alors qu'auparavant, ce jeu me stimulait, maintenant, il semblait toujours me laisser mentalement et physiquement sur le carreau. Je ne voulais plus jamais revoir un ballon de rugby. Je voulais juste sortir de cet hôpital, prendre un avion, dire au revoir au rugby et commencer une nouvelle vie ailleurs. Une porte se ferme et une autre s'ouvre – c'est ce qu'on dit, n'est-ce pas ? Et j'ai eu la chance qu'avec Steph, c'est exactement ce qui s'est passé. Le problème, c'est que cette porte m'a mené à deux destinations très différentes. L'une était un nouvel avenir fantastique. L'autre était la désintégration mentale.

*

Steph travaillant pour Emirates et ma vie de joueur de rugby en Angleterre étant terminée, il semblait tout à fait naturel que nous établissions notre vie commune à Dubaï. J'étais ouvert à l'idée de vivre à l'étranger. J'ai passé une grande partie de ma vie à l'étranger et j'ai toujours voulu vivre de nouvelles expériences, dont certaines se sont mieux déroulées que d'autres. Un an plus tôt, par exemple, j'avais parcouru la Route 66 de Chicago à Santa Monica sur une Triumph Rocket 3. Je voulais avoir le look parfait et je m'étais laissé pousser une moustache en guidon de vélo et taillé la barbe en pointe lors d'une tournée avec l'Angleterre en Australie.

J'ai également acheté une veste en cuir, un short en jean et un casque. Avec un bandana aux couleurs du drapeau américain pour la touche finale. Tout allait bien jusqu'à ce que, à court d'essence, la moto se mette à crachoter. En ralentissant, je me suis rendu compte qu'un énorme convoi de motos me suivait, chaque motard me jetant un regard peu amical en passant devant moi. À la station-service suivante, je me suis arrêté et j'ai vu les motos du gang alignées devant le café attenant. J'ai fait le plein, mais j'avais désespérément besoin d'une boisson et je me suis aventuré à l'intérieur, en me plaçant bien à l'écart dans un coin. Cela n'a pas fonctionné. L'un des motards, massif et couvert de tatouages, s'est approché. J'étais persuadé que j'allais me faire pulvériser, d'autant que j'avais en tête les images de *Sons of Anarchy*, la série sur les gangs de motards sanguinaires, que j'avais regardée récemment. Je vais être honnête, je me suis presque pissé dessus. Il n'y avait qu'une chose à faire : passer à mon anglais le plus *british*.

J'ai levé les yeux vers ce mammouth vêtu de cuir et j'ai dit : « Je suis terriblement désolé. Vous ai-je offensé ? »

Il m'a regardé droit dans les yeux. « Qu'est-ce que tu fais, mec ? » a-t-il demandé. « Pourquoi es-tu ici ? »

À ce moment-là, *Sons of Anarchy* a commencé à se mêler à *Délivrance*.

« Je fais la Route 66 », ai-je répondu dans mon meilleur anglais, digne de Son Altesse Royale. J'ai tendu mon petit doigt en buvant une gorgée de café. « J'en ai toujours rêvé, n'est-ce pas. »

Il s'est tourné vers ses amis. « Hey, ce type vient de Grande-Bretagne. » Et voilà, c'était fini. Soudain, j'étais le meilleur ami qu'ils aient jamais eu. « Hé, tu connais un certain Bob ? » (Les Américains font toujours cela – il y a soixante millions d'habitants en Grande-Bretagne, mais ils semblent penser que nous sommes tous les meilleurs amis du monde.)

« – Bob ?

– Oui, comment va-t-il ? Je ne l'ai pas vu depuis un moment.

– Oh, Bob va bien. Il se débrouille très bien.

– Où vas-tu ensuite ?

– Albuquerque, puis Flagstaff.

– Donne-moi ta carte routière. » Je la leur ai remise et, avant de prendre congé, ils ont appelé un certain nombre de restaurants sur la route. « Ne manquez pas de vous y rendre », m'ont-ils conseillé.

Chaque fois que j'entrais dans un restaurant, c'était le même accueil : « C'est l'Anglais ! » Aucun ne m'a laissé payer. Le gang s'était manifestement assuré que l'on s'occuperait de moi. Si jamais ces gars empruntent un jour l'A556 à travers le Cheshire, je m'assurerais de leur rendre la pareille.

Dubaï, donc. Pour moi, cela représentait un nouveau départ et je sentais que je pouvais réussir dans une ville en pleine expansion offrant une multitude d'options de carrière. C'est exactement ce qui s'est passé : j'ai obtenu un poste au développement commercial d'une grande entreprise qui aménageait des gratte-ciel, des hôtels, des immeubles et des bureaux. Parallèlement, j'ai commencé à aider d'autres entreprises à trouver de la main-d'œuvre. Je réseautais constamment – déjeuners, dîners, golf – pour tenter de décrocher des contrats. J'ai même créé une entreprise de vêtements de sport et je me suis rendu dans les écoles pour tenter de décrocher de nouveaux engagements. C'est ainsi que les gens fonctionnent là-bas. Ils ont un emploi principal et une douzaine d'autres activités à côté. Pour quelqu'un qui n'a jamais tenu en place, c'était parfait. J'étais dehors, je faisais des affaires, j'obtenais des résultats.

Un jour, j'ai été invité à un événement au cours duquel j'ai été présenté à Chris Eubank. Je pense que l'on peut dire sans risque de se tromper que tout le plaisir était pour lui. J'ai fait partie de l'équipe de *A Question of Sport*[22] à deux reprises. La première fois, Eubank était également invité, mais il s'est montré entêté et arrogant. Comme toujours, il voulait être au centre de l'attention et a gâché tout le plaisir de l'émission en créant une atmosphère vraiment gênante.

« Vous avez gâché ma participation à *A Question of Sport* », lui ai-je reproché. « Vous êtes un crétin. Allez vous faire foutre. » Je me suis éloigné et Steph s'est trouvée

22 Émission britannique de culture générale sur le sport diffusée entre 1968 et 2023.

désemparée. Elle ne savait plus où se mettre. C'est drôle, je me souviens très bien qu'Eubank a gâché ce moment – mais je ne sais pas du tout dans quelle équipe j'étais, si c'était avec Phil Tufnell ou avec mon coéquipier de la Coupe du monde, Matt Dawson.

À Dubaï, j'ai réussi à me réinventer totalement, même si certaines choses ne changent jamais. Mon ancien entraîneur, Matt Bridge, qui avait un pied-à-terre là-bas, se souvient que j'avais l'habitude de passer le voir, de poser mes pieds sur son bureau, de me curer les ongles des pieds, puis (les vieilles habitudes ont la vie dure) de sortir une carabine à air comprimé pour tirer sur les pigeons de l'autre côté de la route, sur le toit. Étant donné que, comme beaucoup de sportifs, je n'avais aucune qualification et que les compétences transposables du rugby à la vie réelle se comptent sur les doigts d'une main, j'estime que je m'étais plutôt bien débrouillé. L'enthousiasme et l'énergie, combinés à une toute nouvelle vie avec Steph, m'avaient totalement transformé. J'avais devant moi tout ce que j'avais toujours voulu – une famille et la sécurité. Et puis, j'ai simplement arrêté.

D'un coup, j'ai eu l'impression que la positivité et l'énergie s'étaient transformées en négativité et en léthargie. Alors qu'auparavant je réseautais et sortais cinq soirs par semaine, et que j'en profitais vraiment, j'évitais désormais les gens, je m'asseyais seul au restaurant ou au café. J'en avais marre et je n'avais envie de parler à personne. Les matinées commençaient bien, mais au fur et à mesure que la journée avançait, je devenais de plus en plus fatigué, jusqu'à ce que je désespère de rencontrer quelqu'un. C'est là que les murs de ma vie ont commencé à s'effondrer. Presque du jour au lendemain, je suis devenu paranoïaque au point d'en perdre la raison. Là où je voyais des amis, des gens avec qui j'avais travaillé en étroite collaboration et noué d'excellentes relations professionnelles et personnelles, je voyais maintenant des ennemis. *Ils essaient de me forcer à partir. Ils essaient de m'écraser. Ils essaient de se débarrasser de moi.* Je suis passé d'une situation où je me sentais plus heureux et mieux installé que je ne l'avais jamais été à une situation où j'étais convaincu que les gens voulaient ma peau. C'était tout ce qui comptait. Mon esprit était plein de toutes ces idées noires. Elles m'assaillaient jour et nuit. Mon attitude – hargneuse, imprévisible, conflictuelle – a fait fuir les gens. Mon carnet d'adresses est devenu inutile et ma vie à Dubaï s'est effondrée. J'ai provoqué ma propre chute. J'ai fabriqué la bombe, je l'ai allumée et je me suis retrouvé devant elle lorsqu'elle a explosé. Mais, bien sûr, rien de tout cela n'était de ma faute.

Autre chose a commencé à se produire à Dubaï. Et cela m'a fait peur. Je participais à des réunions, j'en sortais, je m'asseyais et je ne me souvenais de rien – ni de l'objet de la réunion, ni des personnes présentes, de ce qui avait été décidé ou de ce que je devais faire. Je faisais mon possible pour éviter ces réunions, mais si je devais vraiment y assister, je trouvais une excuse pour être accompagné. De cette façon, je pouvais compter sur une autre mémoire que la mienne. Je justifiais mon amnésie en m'assurant que c'était normal – tout le monde oublie des détails. Mais au fond de moi, je savais qu'il y avait autre chose. Non seulement j'oubliais ce que les gens me disaient, mais je radotais. De plus en plus souvent, on me faisait remarquer : « Tu m'as déjà dit ça. » J'ai fini par mettre au point un mécanisme pour y remédier, en émaillant mon discours de : « Je sais que je vous l'ai déjà dit, mais… »

Steph ne pouvait que me regarder et s'étonner de mon soudain changement de caractère. Il n'y avait aucune raison à cela. Je semblais avoir tout ce que je voulais. Nous nous étions mariés, nous vivions dans une belle maison, nous avions rapidement eu trois beaux enfants en bonne santé (Seren, Slone et Saskia) et je m'étais lancé dans une nouvelle carrière. Pourtant, le rêve de Dubaï avait clairement tourné au vinaigre. J'ai implosé. « Je ne peux pas rester ici. Nous partons. » Nous avons littéralement sorti une carte et Chypre a été le premier endroit que nous avons vu. Aucun de nous deux n'y était allé auparavant, mais à ce moment-là, nous avons décidé de nous y rendre et de voir ce qui se passerait. Nous aimions tous les deux le soleil et Chypre nous a semblé un bon endroit pour nous détendre et nous ressourcer. Nous avons loué une maison sans même la visiter et, au bout de quatre semaines, nous nous sommes installés à Peyia, une station balnéaire de la côte ouest.

Dans ma tête, c'était mieux. Je voulais être près de ma famille. J'avais travaillé si dur à Dubaï que j'avais à peine vu Steph et les enfants. Mais très vite, le ciel bleu est redevenu gris. Au lieu de saisir cette seconde chance, je n'ai rien fait d'autre que de rester assis dans le jardin. Je n'ai pratiquement pas eu de relations sociales et je n'ai presque rien fait avec les enfants. Steph l'a dit à plusieurs reprises : « Je ne savais pas quoi faire de toi. » J'étais suffisamment conscient pour savoir que mon comportement n'était pas ce qu'il devait être, mais à part cela, je n'avais aucune idée de ce qui se passait. Je ne pensais pas qu'il s'agissait d'une dépression, d'une baisse de moral ou de quoi que ce soit de ce genre, je pensais simplement que j'étais devenu un pauvre type. C'est ça le problème. On peut tout avoir, une belle vie, tout ce qui va avec, mais le soleil, une belle maison, un bel environnement, une famille fantastique ne protègent pas de ce qui se passe dans votre tête.

C'est bizarre, mais l'une des rares choses qui m'ont rendu heureux à Chypre, ce sont les voitures. Partout où je regardais, il y avait les vieux modèles de ma jeunesse. Je trouvais cela étrangement réconfortant. Sachant ce que je sais maintenant, je ne peux m'empêcher de penser que les personnes atteintes de démence trouvent un réconfort dans la nostalgie, au point que certains établissements de soins décorent les portes et les murs avec des images familières du passé.

À ce moment-là, l'argent commençait à manquer. Les gens pensent que le sport de haut niveau offre un filet de sécurité financier pour le reste de votre vie. Mais ce n'est pas toujours le cas. À un moment donné, à Chypre, j'ai vérifié nos finances et j'ai réalisé qu'il nous restait en tout et pour tout 3,86 livres. Pas vraiment un filet de sécurité, plutôt une corde raide au-dessus d'eaux infestées de requins. J'ai trouvé des petits boulots ici et là pour nous permettre de tenir le coup, mais la vie était passée de la facilité et de l'insouciance à la pénibilité et à la lutte.

Aujourd'hui encore, le fait que Keith Picton soit mort alors que j'étais là-bas me bouleverse profondément. Keith était un personnage central dans ma vie, quelqu'un que j'aimais et que je respectais profondément, et je n'avais même pas les moyens de rentrer en Angleterre pour ses funérailles. On dit que le retour à la vie civile nivelle la vie de nombreux sportifs. Cette prise de conscience m'a explosé au visage et plongé encore plus profondément dans une spirale infernale. J'ai pensé à Keith qui m'avait donné de l'argent pour acheter un *fish and chips* lorsque j'avais les poches vides dans le bus de l'équipe. Vingt ans plus tard, je n'ai même pas réussi à trouver l'argent nécessaire pour aller lui dire au revoir. Je donnerais n'importe quoi pour revenir en arrière et changer cela. La honte me ronge. J'espère, Keith, que tu pourras me pardonner.

En fin de compte, il était clair que Chypre ne serait jamais la réponse à la question de savoir où construire notre avenir à long terme. Les soucis d'argent mis à part, j'avais suffisamment conscience de moi-même pour savoir que, mentalement, je n'étais pas dans une bonne situation : ça n'allait pas bien à Chypre et je n'allais pas bien non plus. En comparaison, le Royaume-Uni m'offrait du confort, une chance de repartir du bon pied dans un environnement familier. Le retour à la maison ne devait pas être ressenti comme la fin d'une aventure, alors qu'il offrait clairement la possibilité d'un nouveau départ pour nous et nos quatre enfants – Saxon avait rejoint la bande à Chypre.

*

En repensant à cette période, bien que je ne cherche pas d'excuses à un comportement qui a provoqué des bouleversements familiaux et la perte d'amitiés et de relations de travail précieuses, j'ai aujourd'hui une connaissance de ma situation que je n'avais pas à l'époque – que les traumatismes crâniens déclenchent des décisions qui, à bien d'autres égards, n'auraient absolument aucun sens. Les personnes que j'ai connues à Dubaï ne cessent de répéter que je me suis transformé en quelqu'un d'autre. J'ai lu que d'autres personnes souffrant de lésions cérébrales avaient radicalement changé. Cela explique certainement certaines situations dans lesquelles je me suis retrouvé, et pourquoi, alors que je ne prêtais aucune attention à une personne si elle m'embêtait auparavant, j'ai récemment commencé à me demander si je ne devais pas m'excuser auprès de certaines d'entre elles. En même temps, celles en qui j'ai confiance me disent implicitement qu'en passant directement du sport à l'environnement commercial particulièrement concurrentiel de Dubaï, je me suis jeté dans une « fosse aux serpents » les yeux bandés. Il y avait beaucoup de gens prêts à mordre, à profiter de quelqu'un qui n'avait pas le même sens des affaires.

Je dois vivre avec l'absence d'une véritable compréhension du comment et du pourquoi ces relations ont périclité. Ces démons resteront toujours assis sur mon épaule. Seule la certitude pourrait les faire disparaître. Malheureusement, si je n'ai plus de certitudes aujourd'hui, il est peu probable que j'en aie plus tard.

Ne pas connaître l'avenir est une chose. Ne pas connaître le passé, c'est ne jamais l'avoir derrière soi. Tout ce que je peux faire, c'est vivre le présent et espérer en être pleinement conscient.

Chapitre 11

EST-CE QUE JE L'AI ?

C'est Alix Popham, l'ancien troisième ligne du pays de Galles et un de mes anciens coéquipiers à Brive, qui m'a amené à me poser des questions sur l'état de mon cerveau. Alix avait commencé à jouer en professionnel à peu près en même temps que moi. Joueur sans états d'âme, connu pour ses plaquages brutaux et son engagement à cent pour cent, il était le genre de gars que tous les entraîneurs voudraient avoir dans leur équipe. À la retraite, Alix est, comme moi, un père de famille dévoué. Je l'ai toujours connu comme un homme très décontracté. Mais un jour, alors que nous discutions au téléphone, il s'est mis à parler avec gravité. Il m'a confié qu'il ne se souvenait plus de sa carrière. Il a décrit la façon dont sa personnalité avait changé, comment il oubliait les noms, les mots, les choses les plus simples. Il avait du mal à se concentrer et était sujet à des sautes d'humeur inexplicables et à des épisodes d'anxiété. Parfois, il se devenait agressif et se mettait en colère sans raison. Je n'arrivais pas à croire ce que j'entendais. C'était comme s'il parlait de moi.

Après s'être perdu au cours d'une promenade à vélo qu'il avait faite des dizaines de fois auparavant, Alix a fini par demander une aide médicale. Il a passé des scanners qui ont permis de diagnostiquer une démence précoce due à des lésions cérébrales. Toujours dans le feu de l'action, Alix estime avoir reçu plus de 100 000 coups au cours de sa carrière. Pas étonnant qu'il ait du mal à s'en sortir.

« Tu étais un joueur physique », a-t-il dit. « Tu devrais aller te faire examiner aussi. » Étant donné les symptômes qu'il évoquait, j'ai tout de suite eu l'intention de le faire. Si les pertes de mémoire, la confusion, l'irritabilité, la colère, la dépression et l'incapacité à se concentrer étaient des signes de démence précoce, alors j'étais certainement concerné. Mais dès qu'il a raccroché, je suis revenu à mon état d'esprit antérieur, à savoir qu'il n'y avait pas lieu de s'inquiéter. *Je vais bien. Tout va bien.*

Cependant, Alix a demandé à un spécialiste de m'appeler. Pendant quatre-vingt-dix minutes, je me suis assis dans le camion de consultation pendant qu'il me posait différentes questions sur mes expériences et testait mes réponses à des questions précises qui devaient révéler des signes du fonctionnement de mon cerveau. Il m'a rappelé plus tard après avoir vérifié ses notes. Il m'a dit : « Il y a peut-être un problème. »

J'ai été présenté à Richard Boardman, un juriste qui montait un dossier de négligence contre les autorités du rugby, et des scanners ont été prévus afin d'analyser une fois pour toutes l'état de mon cerveau. Je n'ai subi aucune pression pour me joindre à cette affaire. Cela dépendait entièrement de moi. Richard avait pris contact avec moi parce qu'Alix lui avait parlé de ma situation. Je peux sincèrement dire que tout ce que l'on voulait faire à ce stade, c'était de vérifier que j'allais bien. Lorsque j'en ai appris davantage sur ce que Richard essayait de faire et sur les ramifications du dossier – à savoir que les responsables du rugby n'avaient pas pris en considération les risques de blessures à la tête –, j'ai pris la décision de me joindre à l'affaire.

Une spécialiste est venue à la maison pour effectuer des tests cognitifs. Elle m'a donné des puzzles où je devais assembler différentes formes. Puis elle m'a montré une image, l'a retournée et m'a demandé de dessiner ce que j'avais vu. Je pensais que j'avais réussi, mais quand elle retournait l'image originale, j'étais loin du compte. Je n'arrêtais pas de m'excuser – « Je suis vraiment désolé » –, en partie en raison de la gêne que j'éprouvais et en partie par incrédulité face à ma mauvaise performance. Un test de mots a suivi. Elle disait vingt mots et je devais essayer de m'en souvenir et de les répéter. C'était la sensation la plus horrible qui soit. Elle disait les deux premiers mots et je m'en souvenais, puis elle prononçait le troisième et les deux premiers disparaissaient. Nous faisions d'autres puzzles tout en revenant de temps en temps au jeu de mots. C'étaient toujours les mêmes vingt mots, mais je n'en retenais jamais plus de cinq. Mon esprit de compétition s'est mis en marche. *Ressaisis-toi. Reste calme. Fais-le correctement. Obtiens le meilleur score possible.* Mais vous ne pouvez pas rivaliser avec des lésions cérébrales.

Je me sentais bouleversé. Je savais que ma mémoire s'en allait. Je l'avais constaté au travail. Je retournais au camion et le temps d'ouvrir la porte, j'avais oublié ce que j'étais venu chercher. Prendre conscience du problème de cette manière était horrible. Cela m'a vraiment fait comprendre à quel point j'étais mal en point. Je me suis senti si paniqué – *c'est vraiment ce qui est en train de m'arriver* – que la spécialiste a dû me calmer. J'ai vraiment pleuré et j'ai dû monter à l'étage pour prendre le temps de me ressaisir.

Plus tard, je me suis rendu au King's College de Londres pour passer un examen d'imagerie en tenseur de diffusion (DTI), qui détecte les lésions cérébrales progressives d'une manière qui n'est pas visible sur un examen d'imagerie par résonance magnétique (IRM) classique, et qui permet plus généralement de cartographier l'état du cerveau. J'ai toujours aimé me déplacer dans Londres mais cette fois-ci dans le métro, j'ai eu l'impression d'être un rat dans un labyrinthe. Je me suis assis et j'ai commencé à paniquer. Je n'arrêtais pas de penser que j'allais dans la mauvaise direction ou, pire encore, j'étais si confus que je n'avais aucune idée de l'endroit où je me trouvais. Je voyais des gens me regarder. *Cette personne bizarre est-elle en train de perdre les pédales ?* Avant, j'aimais prendre le métro pour observer les gens. À présent, j'avais l'impression que tous les regards étaient braqués sur moi. À plusieurs reprises, je suis sorti d'une rame pour regarder un plan sur un mur et m'assurer que j'allais dans la bonne direction. J'avais l'impression que le monde était différent de tout ce que j'avais connu auparavant, alors qu'en fait, j'avais fait cela tant de fois sans y penser. Aujourd'hui, si je viens à Londres, je marche. J'arrive tôt à Euston, je m'assure d'avoir assez de temps devant moi et je me promène doucement. Même si ma destination est à une heure de marche. Je ne me soumets pas à un stress ou à une pression inutile.

Comme la plupart des sportifs, j'avais déjà passé des IRM, mais la DTI était différente. Il fallait toujours me glisser dans la machine, mais maintenant ma tête était comme vissée dans une pince. Cela ne m'a pas dérangé longtemps. Je suis un phénomène pour les médecins, car dès que l'on me place dans un scanner, le vrombissement m'endort. J'ai toujours considéré un scanner comme le sommeil le plus profond que je puisse avoir. Je l'ai dit aux membres du personnel mais ils ne m'ont pas cru – jusqu'à ce que, quelques secondes plus tard, mes ronflements confirment que je n'étais plus parmi eux. Ce n'était pas l'idéal, car le scanner durait une heure et que je devais être éveillé pour certaines parties de l'examen. De temps en temps, j'étais réveillé par une voix : « Steve ! Steve ! Réveillez-vous ! Vous devez rester éveillé pendant quelques minutes. »

« OK, pas de problème ! » Mais aussitôt, je me remettais à ronfler.

« Steve ! » Je m'endors de la même façon en avion ou dans le siège passager d'une voiture – dans la minute.

Les résultats semblaient prendre des semaines et la pandémie de Covid n'a rien arrangé. Pendant tout ce temps, mon esprit passait d'un état de panique – *ils vont trouver quelque chose* – à des pensées plus optimistes – *tout va bien se passer*. J'ai traversé des phases où j'étais convaincu d'aller bien – *mon cerveau n'a aucun problème, je suis juste stupide !* Et puis je me disais : *mais si je n'ai rien, comment se fait-il que j'aie échoué à ce test ?* D'autres fois, je mettais cela sur le compte de l'âge. On commence tous à oublier des choses, n'est-ce pas ? Mais cela ne pouvait pas être vrai non plus. J'avais seulement quarante-deux ans. Si j'avais eu soixante-douze ou quatre-vingt-deux ans, à la rigueur. J'ai finalement reçu un message de Richard Boardman.

« – Nous avons reçu vos résultats.

– D'accord. Qu'est-ce qu'ils disent ? »

Il ne pensait pas que c'était à lui de me le dire.

« – Le spécialiste vous appellera demain.

– Quoi ? Demain ? »

Mais je ne voulais pas attendre jusqu'au lendemain. Qui pourrait attendre de savoir s'il est atteint de démence ? Ce n'est pas comme attendre une livraison d'Amazon. Je ne pouvais pas passer toute une nuit sans savoir. Comment Steph et moi pourrions-nous dormir ?

J'ai insisté. « Dites-moi les choses simplement. Suis-je atteint de démence ou non ? »

Quelques secondes plus tard, j'ai entendu la sonnerie d'une notification. J'ai regardé mon téléphone. Il n'y avait qu'un mot sur l'écran. « Oui. »

J'ai raconté cet échange à quelques personnes et la plupart se sont étonnées qu'on me l'ait dit de manière aussi directe. Mais ensuite, elles se souviennent : *Oh attendez, c'est Steve. C'est exactement ce qu'il voulait.* Je ne suis pas du genre à avoir besoin de m'asseoir dans un fauteuil avec une tasse de thé et un mouchoir.

« Je suis désolé », a ajouté Richard, « le médecin vous expliquera ce que cela signifie. »

Le spécialiste a téléphoné le lendemain. « Vous devriez vous asseoir. »

Malgré moi, j'ai pris une chaise. « C'est bon, je suis assis. »

« Votre cerveau est très endommagé. »

On m'avait diagnostiqué une démence précoce et une suspicion d'ETC – suspicion parce qu'elle ne pouvait être confirmée qu'en plantant un couteau dans mon cerveau inanimé. Ce n'est pas le genre de nouvelles que l'on annonce généralement au téléphone, mais le Covid a bouleversé le protocole. L'expert n'a donc pas pu me parler les yeux dans les yeux. Au lieu de cela, le scanner de mon cerveau est arrivé en pièce jointe d'un courriel. Les parties saines de mon cerveau y apparaîtraient en gris, les parties mortes en jaune. J'ai ouvert la pièce jointe. Il y avait beaucoup de jaune. Je ne m'attendais pas à cela mais, bien que l'image soit indéniablement choquante, ni Steph ni moi ne savions vraiment ce qu'elle signifiait.

« Est-ce que quelqu'un a déjà eu quelque chose comme ça à la suite d'un incident unique ? » a demandé Steph, espérant que cela ne soit pas lié à une succession interminable de lésions cérébrales au fil du temps ; que ce ne soit pas trop grave, qu'il soit possible de s'en remettre.

« Oui », a répondu l'expert. « J'ai déjà vu cela lors d'un incident ponctuel. »

« D'accord », a-t-elle dit, un peu soulagée. « C'est bien. »

« Non, non, a précisé le docteur, c'était dans un accident de voiture. La personne était morte. Quelqu'un qui a subi autant de dommages à la suite d'un événement unique ne survit pas. »

On m'a expliqué que l'ETC était provoquée par des coups répétés à la tête. La nature répétitive de la blessure signifiait que mon corps s'était adapté pour survivre. Si j'avais subi autant de dommages en une seule fois, je n'aurais jamais eu cette conversation. La bonne nouvelle – le fait que je n'étais pas mort – s'arrêtait là. Mes lésions avaient été progressives, mais la démence, les sautes d'humeur et les pertes de mémoire en seront toujours le résultat.

À la fin de l'appel, nous avions du mal à croire ce que l'on venait de nous annoncer. En fait, nous avons continué comme si de rien n'était, nous avons fait chauffer la bouilloire et bu une tasse de thé. Je sais que cela peut paraître ridicule, mais j'étais surtout très soulagé – *Je ne suis pas devenu stupide, il y a bien quelque chose qui cloche.* J'étais littéralement sous l'emprise de l'adrénaline – *Oui, j'ai compris ! Je l'ai !* C'était le soulagement de savoir ce qui n'allait pas chez moi. Je n'étais ni un type bizarre ni un trou du cul – il s'agissait d'une véritable maladie avec des symptômes et un nom. De plus, alors que le spécialiste avait utilisé les mots « démence précoce et probable ETC », mon cerveau avait occulté l'élément démence. Parce que la maladie était qualifiée de « précoce », je pensais que je n'étais que légèrement atteint ou que je risquais de l'être dans le futur.

Je pense que ma réaction follement euphorique était en partie due à un choc à retardement. L'étrange euphorie qui accompagnait le fait d'être enfin informé a rapidement disparu. Quelques heures plus tard, nous pensions tous les deux à la même chose : *oh merde !* Je me suis renseigné sur la démence précoce et j'ai découvert que cela signifiait que j'avais été atteint jeune, bien avant que l'on puisse raisonnablement s'attendre à ce que mon esprit soit touché. Nous avons commencé à nous demander : « Comment remédier à cette situation ? » Nous n'avons pas trouvé de réponse. On ne peut pas réparer des cellules cérébrales mortes.

En l'espace de quelques jours, j'ai sombré dans un profond marasme à mesure que les vraies implications du diagnostic s'imposaient à moi. *Dans quoi ai-je entraîné les enfants et Steph ? Elle m'a rencontré alors que je venais de terminer ma carrière et maintenant elle paie le prix de toutes ces années dont elle n'a même pas fait partie. Et ça ne peut qu'empirer.*

Le problème, c'est que si le fait de savoir ce qui ne va pas vous donne de l'énergie et une raison de vous mobiliser, ce n'est pas une barrière contre la maladie elle-même. Rien n'arrête la progression de la démence. Il m'est arrivé plusieurs fois de m'arrêter pendant que je conduisais, de regarder autour de moi et de n'avoir aucune idée d'où j'étais ni d'où j'allais. Dans une telle situation, il est difficile de ne pas paniquer. *Que se passe-t-il ? Où suis-je ?* Je défie quiconque a la malchance de se trouver dans cette situation de ne pas faire de même. Je veux dire, comment peut-on perdre littéralement toute conscience de son environnement ? C'est terrifiant d'être ainsi totalement perdu. C'est comme si tous les points de repère que vous aviez vous avaient été enlevés. Vous voyez tous les autres vaquer à leurs occupations alors que vous êtes en proie à une panique intérieure absolue. C'est un terrible sentiment de solitude. Comme si vous dériviez en haute mer. Il existe un jeu en ligne où vous êtes placé au hasard n'importe où dans le monde sur Google Maps et où vous devez trouver où vous êtes[23]. C'est amusant pour un jeu. Dans le monde réel, c'est un cauchemar, et

23 Il s'agit de GeoGuessr.

comme tout cauchemar, votre seul espoir de vous en sortir est que votre cerveau se mette en action et vous réveille.

Je comprends que je dois savoir ce qui ne va pas si je veux me donner les meilleures chances, mais il y a aussi une grande partie de moi qui souhaite ne jamais avoir su, n'avoir jamais entendu parler de l'ETC, de procès, d'esprit qui s'étiole. Ainsi, j'aurais pu continuer à vivre dans l'ignorance, en pensant simplement que je devenais un peu distrait, que j'étais de temps en temps de mauvaise humeur à cause du stress. *J'aurais pu vivre heureux, inconscient*, me dis-je. *J'aurais pu garder toutes ces contrariétés pour le moment où j'aurais été vraiment mal.*

De qui me serais-je moqué ?

Chapitre 12

ENFOIRÉ LUNATIQUE

J'aime aller pêcher sur le canal maritime de Manchester. C'est un bol d'air, une occasion de fuir ce qui m'arrive ou de m'asseoir tranquillement pour réfléchir du mieux que je peux.

Mais aujourd'hui, alors que je me rends à mon endroit habituel, en cette froide matinée d'avril, avec de la pluie dans l'air et une couche nuageuse grise, je suis soudain submergé par la fatigue.

« J'en ai assez », me dis-je. « Je suis épuisé. Je ne peux pas en supporter davantage. »

L'eau du canal m'attire.

« Saute et tout sera terminé », me dis-je. « L'eau va m'engloutir et, lentement, je partirai à la dérive. »

*

J'avais un surnom chez les Saints : Wal le Bipolaire. Je n'ai jamais été diagnostiqué bipolaire, peut-être parce que je n'ai jamais consulté pour parler de mes hauts et de mes bas, donc ceux qui m'appelaient ainsi se foutaient juste de ma gueule. Mais peut-être qu'ils étaient plus proches de la réalité qu'ils ne le pensaient. Comment expliquer autrement qu'une personne passe en un clin d'œil de l'euphorie au désespoir ? Un véritable enfoiré lunatique. J'ai plus que jamais des sautes d'humeur. Une minute, je suis heureux, positif, amoureux de la vie, et la suivante, je suis assis au bord du lit, la tête dans les mains. Cela semble fou, je sais, mais dans ces moments-là, je ne vois aucune raison réelle à ce revirement complet. En fait, lorsque je suis à genoux, la pire chose qu'on peut me dire, c'est : « Pourquoi es-tu de mauvaise humeur ? » En soi, cela m'irrite. Je n'ai pas besoin d'un déclencheur. Je n'ai pas besoin qu'il se soit passé quelque chose au travail ou qu'il y ait eu une dispute. Je suis juste de mauvaise humeur. *Alors, pourquoi tu me demandes ça ?*

J'en suis venu à me considérer comme vivant sur un escalier en colimaçon. En haut, il y a un endroit où je peux ressentir le bonheur, où je peux me délecter de la vie de famille que j'ai la chance d'avoir. En bas, c'est là que résident mes pensées les plus sombres. *Je pourrais mettre fin à tout cela tout de suite, et les enfants n'auraient plus à vivre avec un père qui ressemble à Dr Jekyll et Mr Hyde.* Cela aiderait si ces sombres pensées étaient un peu éloignées de la réalité de la vie. Malheureusement, elles sont logiques. Aucun enfant ne devrait se réveiller en se disant : « Je me demande de quelle humeur sera mon père aujourd'hui. »

Je ne veux pas que ce soit leur vie, mais je n'arrive pas à maintenir mon état mental stable. Je n'ai aucun moyen de me protéger de la dépression qui m'envahit. Tout ce que je peux faire quand des idées noires m'accablent, c'est essayer de mettre un peu de distance entre les enfants et moi. Je ne veux pas qu'ils me voient au fond du trou, alors je sors faire de l'exercice, ou je prends ma canne pour aller pêcher, une activité sans laquelle je ne pourrais pas vivre. J'aime la liberté qu'elle me procure, ou du moins je l'aime la plupart du temps.

Lorsque j'ai le temps de gamberger, je commence à trop réfléchir à ma situation et à me demander où cela mène. Une grande partie de ma vie a été un combat. Je crains que le prochain coup soit le dernier que je pourrai supporter. J'ai toujours été déterminé et j'ai toujours fait ce qu'il fallait, alors je sais qu'il m'appartient de prendre une décision. Un seul pas et tout peut disparaître. Ce n'est pas une pensée géniale quand on se trouve devant la grande étendue qu'est le canal maritime de Manchester. Mais très vite, Steph et les enfants me manquent. En franchissant la porte de la maison, j'aperçois Saxon faire l'une de ses grimaces et je suis immédiatement sorti de ma torpeur.

Quand on est plus jeune, la vie est faite de hauts et de bas. C'est inévitable. On fait plus de choses. On vit des premières fois. On se retrouve dans des situations imprévisibles. Certaines seront des succès, d'autres des échecs. En vieillissant, on a envie d'une vie plus douce. Et c'est ainsi que je veux vivre ma vie avec Steph et les enfants. La route sera semée d'embûches et nous devons tous profiter d'une vie stable tant que nous le pouvons. Ce qui nous empêche parfois d'y parvenir, c'est l'épuisement – dans les hauts comme dans les bas. Dans les meilleurs moments, je me sens capable d'affronter le monde. Je me sens tellement bien. Je veux tout faire. Et puis soudain, c'est l'effondrement, je me retrouve à nouveau déprimé. Dans les bons moments où je déborde d'énergie, j'organise des choses – des sorties, des rencontres avec des amis, des voyages pour des événements – « Faisons-le, ce sera génial ! » –, et puis, le jour venu, je retombe dans mes travers.

Même les choses les plus simples peuvent déclencher en moi un niveau d'anxiété inimaginable. Avant l'arrivée du Covid, par exemple, nous avions envisagé d'aller à une fête de Noël – des lumières, de la nourriture, de la musique, tout le monde passant un bon moment. Personne n'aimait plus que moi sortir faire des choses, et lorsque nous avons parlé pour la première fois de cette fête, je me suis senti impatient. Cela avait l'air génial et je savais que les enfants allaient adorer. Mais plus l'événement approchait, plus j'étais rongé par la peur. Et je dis bien « peur ». Le simple fait d'y penser faisait grimper ma nervosité en flèche. J'aurais préféré me couper une main plutôt que de m'approcher de la fête. Steph savait alors que si elle m'en parlait, je deviendrais encore plus belliqueux et me replierais sur moi-même. Je commencerais alors à chercher des excuses pour me disputer. Je ferais en sorte qu'elle soit la raison pour laquelle je n'y aille pas – « Très bien. Je ne suis plus intéressé, vas-y seule » – alors qu'en réalité, c'était moi le connard. La réticence à faire des choses est un symptôme de la démence, mais j'ai quand même l'impression d'être un trou du cul. Non pas que je veuille utiliser la démence comme une excuse pour mon comportement. Je suis parfaitement capable d'être un connard sans que ce soit le résultat d'une maladie. La démence n'est pas une carte maîtresse à jouer lorsque les choses deviennent difficiles.

Ma peur implique que Steph et les enfants finissent par faire des tas d'activités sans moi. Je reste seul à la maison. Mais je ne trouve pas de répit à mon angoisse. Dès que la porte d'entrée se referme, je suis submergé par la culpabilité. La honte est ma seule compagne. Quel genre de mari et de père suis-je pour leur avoir fait ça ? Je regarde une photo de nous tous sur le mur et je me dis : *comment avez-vous pu finir avec moi ?* Tout comme je suis sûr qu'il y a eu des moments où Steph se réveille à trois heures du matin en se demandant dans quoi elle s'est embarquée. Elle et les enfants doivent constamment s'adapter à moi. Dans une maison normale, cela ne devrait jamais être le cas. Un père s'adapte à sa famille, et non l'inverse.

Le problème, c'est que la perspective d'être entouré de gens me perturbe. Je n'aime pas les files d'attente, les bars bondés, ce genre de choses. Immédiatement, j'ai mal à la tête. *Pourquoi suis-je ici ? Je veux juste sortir. Je veux juste m'en aller.* Si je dois me rendre dans un endroit très fréquenté, je trouve le coin le plus éloigné et le plus calme. Je m'y assieds et me demande pourquoi je me suis mis dans cette situation. Et ce sera probablement parce que je l'ai organisé moi-même ou alors accepté de venir dans un moment où j'étais en forme.

Ceux qui me connaissent savent que c'est l'un des changements les plus notables dans mon comportement. Avant, j'étais très sociable, alors que maintenant, dès qu'une sortie approche, je commence à chercher des moyens et des raisons de l'éviter, en espérant que quelqu'un m'appellera pour me dire que c'est annulé. *S'il vous plaît, envoyez un message. S'il vous plaît, dites que vous ne pouvez pas venir.*

Que vous avez un autre engagement. Qu'il y a un problème avec votre voiture. Ce sentiment d'angoisse peut m'envahir à tout moment. Récemment, j'ai fait une balade à vélo avec Hephs. J'étais tout à fait partant lorsque nous en avons parlé mais au fur et à mesure qu'elle approchait, je me suis senti mal à l'aise. L'idée de la circulation, des camions passant devant moi, me faisait peur. *Qu'est-ce qui t'arrive ?* me suis-je demandé. *Avant, tu n'avais peur de rien. Tu étais à fond. Tu te foutais de tout, et maintenant, tu as peur de pédaler sur une route ?*

Aussi étrange que cela puisse paraître, j'étais comme un cochon dans la fange pendant le Covid parce que je n'avais rien à faire. J'avais une excuse qui marchait pour tout. Une fois le confinement terminé, j'avais prévu une soirée à Londres et je la redoutais absolument. J'ai dû me forcer à y aller et j'ai passé un moment fantastique. Mais c'est le problème quand on se sent mal, notre cerveau nous fait croire que les choses qui sont bonnes pour nous sont en fait mauvaises. Heureusement, Steph et moi parvenons à reconnaître ce scénario. Elle me laisse alors un peu d'espace pour me calmer et m'aide à me ressaisir pour que je me sente plus à l'aise à l'idée d'aller quelque part. C'est le premier pas, comme lorsqu'on se jette à l'eau. Elle sait qu'une fois sur place, tant que l'environnement me convient, je passerai le plus souvent un très bon moment. Steph et moi sommes allés à un mariage récemment et avons passé le meilleur week-end possible. L'autre jour, nous sommes sortis manger un curry et nous avons tellement aimé que nous sommes restés à table pendant trois heures et demie, à jouer aux espions et à faire les idiots avec les enfants.

Nous étions tous ensemble et je voulais que ce moment dure éternellement. Je sais que les gens disent que la vie n'est pas comme ça, mais pour nous, il est très important qu'elle le soit. Car pour nous, l'éternité ne sera peut-être pas très longue.

*

Tout le monde change avec l'âge, je le comprends. Mais je ne suis pas sûr que l'âge, du moins à partir de la quarantaine, détruise la confiance en soi et génère de l'anxiété aux niveaux que j'expérimente. Avant, je faisais mes courses un peu comme si j'avais gagné *Supermarket Sweep*[24], pas tout à fait un bras en l'air à jeter dans mon chariot tout ce qui passait à ma portée mais certainement avec insouciance. Aujourd'hui, j'y vais et je passe dix minutes à regarder quel pain a la date de péremption la plus lointaine. Cela peut être considéré comme raisonnable, mais c'est plus que cela – je ne peux pas m'en aller tant que je ne sais pas. J'avais l'habitude de me moquer des gens obsédés par ce genre de choses et maintenant je suis l'un d'entre eux. Mais si certains le font par nécessité, pour économiser le moindre centime, moi je le fais parce que j'ai sombré dans la psychose. Je m'inquiète pour des choses futiles. Je sais parfaitement que cela n'a pas d'importance, mais je ne peux pas m'en empêcher. J'en suis arrivé au point où je fais rarement les courses. Je crains de ne pas pouvoir me contrôler. Et c'est sans compter la gêne occasionnée par la présence de tous

24 Jeu télévisé américain où les candidats doivent répondre à des questions avant de participer à une course dans les allées d'un supermarché.

ces autres clients autour de moi. Pour moi, ces jours-ci, quelques personnes dans l'allée d'un Tesco, c'est comme 82 000 spectateurs entassés à Twickenham.

Je ne dois plus être que l'ombre de moi-même. Lewis avait l'habitude de me décrire comme étant toujours le dernier à rentrer de soirée, le radar toujours affûté pour trouver le dernier bar ouvert. Je me souviens qu'après la rencontre entre l'Angleterre et l'Italie à Rome en 2010, je me suis rendu à l'hôtel de l'équipe italienne pour voir mon coéquipier de Brive, Valerio Bernabò. Je n'ai pas pu m'empêcher d'admirer les motos de police alignées à l'extérieur. Quand j'ai vu que les clés avaient été laissées sur l'une d'entre elles, ça y est, j'étais parti. J'avais le permis moto, alors pourquoi pas ? J'ai parcouru la route au guidon de cette grosse moto de police. Absolument génial, et tout compte fait, la police italienne a été très sympa.

Je sais que j'étais cette personne, mais si je repense à cette époque, elle me semble irréelle, comme un rêve. Ou un cauchemar, s'il s'agissait d'une soirée avec Lewis ! Je me vois, mais je ne suis pas vraiment là. L'ancien Steve, qui voulait tout essayer, a disparu, remplacé par un autre Steve, indécis et craintif. J'avais l'habitude de voyager dans le monde entier, de partir sur un coup de tête. J'enfourchais ma moto et partais au milieu de nulle part, je me rendais à des rendez-vous d'affaires aux quatre coins du monde. Et maintenant, je panique à l'idée de me retrouver sur un vélo si une voiture à hayon s'approche un peu trop près de moi. Steph me dit : « C'est comme si une lumière s'était éteinte. » Je comprends parfaitement ce qu'elle veut dire. Au lieu de prendre la vie comme elle vient, je dois tout organiser. Quelle que soit mon activité, petite ou grande, l'inconnu n'est plus une option. J'ai besoin d'être en terrain connu, d'un itinéraire. Au moindre doute, ce n'est pas possible – pas avec moi en tout cas. Je ne veux pas me faire surprendre, car cela peut trop facilement me faire dégringoler. Je ne veux pas me sentir au plus bas, pas plus que je ne veux me sentir au plus haut – parce que je sais maintenant qu'à chaque grande montée correspond généralement une chute vertigineuse. Et le fait de savoir que cela va arriver est presque aussi grave que la chute elle-même. Tout ce que je veux aujourd'hui, c'est de la normalité. Si le fait d'avoir de l'ordre dans ma vie – une vie plus calme – me permet d'y parvenir, cela me convient parfaitement. Je n'aspire plus à vivre des hauts et des bas. Ma vie, c'est Steph et les enfants, c'est m'assurer qu'ils aillent bien. C'est pourquoi il est si important pour moi d'être calme, d'être une ampoule de 40 watts plutôt qu'un projecteur éblouissant. Je peux vivre de manière linéaire. Les hauts et les bas sont dangereux pour moi. Au mauvais endroit, au mauvais moment, un bas risquerait d'être très néfaste.

D'une certaine manière, cette nouvelle version de moi a été bénéfique. J'avais l'habitude d'être nerveux au volant, mais ces deux dernières années, tout a changé et je suis aujourd'hui complètement à l'opposé. Alors que je suis anxieux avant un voyage, dès que je monte dans la voiture, cette anxiété disparaît complètement. C'est devenu un espace de détente. Littéralement, je passe mon temps sur la voie réservée aux véhicules lents. Sur l'autoroute, je suis très heureux de rouler à gauche, avec les caravanes et les camions, en écoutant mes podcasts préférés sur la criminalité. Dans mon état, je peux les écouter encore et encore, car je ne sais jamais comment un fait-divers va se terminer. J'aime aussi ma moto, mais d'une manière un peu moins intense qu'auparavant. Pour moi, la moto, c'est la liberté, c'est prendre son temps. Quand je mets le moteur en marche, je souris instantanément. J'ai appris à reconnaître ce qui me convient, ce qui me met dans un état d'esprit paisible. Deux choses qui me procurent un peu de répit.

Il existe d'autres moyens d'équilibrer l'humeur, mais je n'aime pas l'idée que les antidépresseurs me contrôlent, moi et mes émotions. Les « pilules du bonheur » me font peur. Je ne veux pas être assommé, passer à côté de la vie réelle, être zombifié. On dit qu'il ne faut pas voir les antidépresseurs comme une mauvaise chose, qu'ils aident des millions de personnes, mais tant que je n'aurai pas compris exactement ce qui m'arrive et ce qui arrive à mon cerveau, je ne me sens vraiment pas à l'aise à l'idée d'ajouter des antidépresseurs dans le mélange. Je préférerais trouver de la stabilité d'une autre façon.

Le simple fait de parler de ma santé mentale est une étape que je n'aurais jamais cru pouvoir atteindre. Jamais, en fait, je n'ai voulu l'atteindre. J'ai toujours fait partie de ces gens qui rejetaient totalement les discussions sur les problèmes de santé mentale. Je pensais que c'était un tas de conneries. *Pourquoi les gens ne se taisent-ils pas et ne font-ils pas ce qu'ils ont à faire ?* J'étais le cliché de l'homme qui agit sans réfléchir. Je n'arrivais pas à comprendre comment quelqu'un d'assez chanceux pour gagner sa vie grâce au sport, avec une bonne situation, pouvait se dire déprimé ou dépressif. Je pensais que les personnes dans cette disposition d'esprit étaient trop tendres ou exagéraient.

Soyons honnêtes, il n'y a pas de sport plus macho que le rugby. À mon époque, il était impossible qu'un joueur s'asseye dans un vestiaire et commence à partager ses sentiments profonds. Cela ne se faisait pas. J'ai vu des gars qui venaient de divorcer se faire tancer sans pitié. « Qu'est-ce qui s'est passé, mon pote ? Un autre mec a une plus grosse bite que toi ? » Celui à qui cela arrivait savait que ses copains étaient là pour lui mais c'est tout de même une sacrée culture à combattre. Le sport masculin n'était tout simplement pas un environnement empreint de sensibilité. Même si vous étiez assez conscient de vos problèmes de santé mentale, il était hors de question de le crier sur les toits. Au quotidien, si vous montriez la moindre « faiblesse », vous risquiez de perdre votre place dans l'équipe. La seule solution était de serrer les dents et de s'enfoncer de plus en plus dans une détresse secrète. Ce qui m'est arrivé m'a appris qu'il s'agissait-là d'un environnement toxique. N'importe qui, n'importe où, peut être rongé par la dépression et comparer cela à une simple « mauvaise journée » revient à comparer un orteil contusionné à un dos cassé. Se sentir mentalement détruit, c'est comme se noyer au fond d'un puits sombre. Vous n'imaginez pas pouvoir respirer à nouveau librement, et encore moins apercevoir la lumière.

Je vais être honnête : il m'arrive de me sentir complètement incapable de faire quoi que ce soit. Je n'ai pas de moments d'auto-apitoiement. J'ai des moments où je me dis : *j'ai dû faire quelque chose pour mériter ça.* Je crois que l'on récolte ce que l'on sème. Ce doit être le karma. *J'ai dû être un vrai connard quand j'étais plus jeune.* D'une manière ou d'une autre, si je veux continuer à avancer, je dois résister à ce genre de pensées. Ce sont elles qui pourraient me faire sombrer. Heureusement, jusqu'à présent, au milieu des décombres de mon cerveau, l'état d'esprit qui m'a aidé à traverser mes premières années a survécu pour me maintenir à flot. Mon premier instinct, pour l'instant du moins, est de regarder la démence dans les yeux – et de me battre.

Chapitre 13

RÉSISTANCE

Seren était à une fête chez une amie l'autre jour. Lorsque nous sommes allés la chercher, la maman de la petite fille nous a dit qu'elle avait été très calme – jusqu'à ce que la Wii soit sortie. C'était fini, elle était partie. Personne n'allait pouvoir la battre.

Je lui ai dit « ça c'est ma fille » lorsqu'elle est montée dans la voiture. Plus tard, au dîner, j'ai voulu cogner légèrement mon poing contre le sien. Steph m'a regardé fixement. « Ne t'avise pas de le faire ! »

Je ne suis pas fier de cet épisode (en fait, ce n'est pas vrai – je suis fier de cet épisode), mais il montre à quel point Seren est une petite briscarde. Comme la plupart des gens qui atteignent le sommet dans le sport, j'adore la compétition. Et je n'ai jamais eu autant besoin de cette motivation qu'aujourd'hui. La démence est l'adversaire le plus coriace et le plus impitoyable que j'affronterai jamais. Elle est aussi, en fin de compte, imbattable. En tête de la ligue, championne en titre. Le vainqueur, encore et encore.

J'ai la chance de n'avoir jamais connu de personne atteinte de démence. C'est quelque chose que l'on peut rencontrer chez un membre âgé de la famille, mais bien sûr, n'ayant jamais vu aucun de mes proches, âgé ou non, cela ne s'applique pas à moi. Mais je sais que la démence est une maladie de personnes âgées, n'est-ce pas ? C'est une maladie qui affecte les personnes assises dans des maisons de soins et qui regardent dans le vide des jeux télévisés tandis que des étrangers – autrefois des êtres chers – cherchent une lueur de reconnaissance. C'est une personne qui erre dans la rue en pyjama. C'est un vieil homme incontinent qui ne sait même pas qu'il s'est mouillé. Je ne voudrais pas que cela m'arrive, pas plus que je suis sûr qu'ils ne voulaient que cela leur arrive. Peut-être qu'eux aussi connaissaient leur destin dès le début du drame. Peut-être ont-ils eux aussi espéré, contre toute attente, qu'ils pourraient battre la maladie. Peut-être se sont-ils aussi demandé : « Comment puis-je lutter contre la démence ? » C'est une question à laquelle nous serons de plus en plus nombreux à être confrontés. Mais je ne m'attendais pas à me la poser si tôt dans ma vie.

Au rugby, je me suis vite rendu compte que pour être compétitif, il faut plus que des compétences, il faut un état d'esprit. Il faut aussi, à un moment donné, de l'agressivité. Dire le contraire n'a pas de sens. Le rugby oppose deux équipes composées de personnes profondément engagées – des personnes qui se considèrent comme des gagnants – les unes contre les autres. Dans ce contexte, il existe une loyauté intense envers ses coéquipiers, motivée par le jeu lui-même, qui exige que les joueurs se protègent les uns les autres pour réussir. Les équipes considèrent souvent que l'agressivité est un raccourci vers l'engagement total qu'exige le sport, et je mettrais la haine dans la même catégorie. Au début de ma carrière, j'ai joué pour l'équipe d'Angleterre des moins de 19 ans à Cardiff. Je n'arrivais pas à croire ce que je voyais. Des hommes adultes se penchaient par-dessus les panneaux publicitaires et nous crachaient dessus, nous traitant de tous les noms. Pour quelqu'un qui avait vécu à Northampton avec des œillères et qui n'avait pas vu grand-chose de la vie dans le reste du monde, ce match a été la plus grande révélation que j'aie jamais eue. J'ai vraiment vu la haine qu'ils avaient pour nous. Je ne sais pas ce que les autres pensaient, mais moi, je n'avais qu'une idée en tête : *pourquoi ne pouvons-nous pas les détester autant qu'ils nous détestent ?* Et à partir de là, c'est exactement ce que j'ai fait. Je me suis forgé une haine absolue de l'adversaire, et les autres joueurs ont fait exactement la même chose. Même si les autres équipes développaient leur propre haine à l'égard de l'Angleterre, nous les haïssions toujours davantage en retour. Cela nous donnait un avantage supplémentaire. Les Français étaient toujours forts mentalement et physiquement, mais avec la haine, nous savions que nous pouvions les dominer. Quelle que soit l'adversaire, l'équipe d'Angleterre du début des années 2000 était particulièrement douée pour susciter la haine.

Avant un match, si nous jouions contre l'Écosse, par exemple, nous nous concentrions sur leurs grands joueurs et nous déversions notre fiel sur eux. Il le fallait, car nous savions qu'ils feraient exactement la même chose. Trop souvent, les Anglais sont freinés par la réserve. Dans certains milieux, le mot « haine » est un gros mot. Un joueur écossais dit qu'il déteste les Anglais et cela est perçu comme de la fierté, de la passion. Un Anglais dit la même chose à propos des Écossais et quelqu'un se retournera inévitablement et dira : « Vous ne pouvez pas dire ça, c'est dégoûtant. » C'est ce qui s'est passé lors du Tournoi des Six Nations en 2020. Le centre écossais Sam Johnson s'est défoulé sur les Anglais, mais lorsque l'Anglais Lewis Ludlam a commencé à utiliser le « mot en H », les gens ont réagi en disant que c'était inapproprié. Vous ne pouvez pas permettre à vos adversaires de gagner ces 10 % supplémentaires pendant que vous êtes à la traîne. Ils pourraient entrer sur le terrain avec cette haine, mais dès qu'ils voient que vous l'avez aussi, leur arme est neutralisée. Vous les avez déjà marqués. Ils peuvent voir exactement à quel point vous le voulez, jusqu'où vous êtes prêt à aller pour atteindre votre objectif. Ces dernières années, j'ai vu des équipes anglaises jouer avec l'attitude « nous méritons de gagner ». Si vous vous lancez dans une compétition en pensant que quelque chose vous est dû, vous perdrez. Il faut vouloir gagner, vraiment vouloir gagner. Même si des équipes comme l'Écosse et le pays de Galles ont parfois de bons effectifs, elles ne devraient jamais battre l'Angleterre, qui les surpasse largement en termes de sélection de joueurs et de ressources. Mais la vérité, c'est qu'ils prennent l'avantage sur nous parce qu'ils veulent gagner plus que nous.

Le simple fait d'être un sportif ne rend pas spécial. Certaines personnes sont tellement imbues d'elles-mêmes parce qu'elles font du sport, alors qu'il y en a beaucoup d'autres qui sont aussi bonnes, voire meilleures, mais qui n'ont pas eu la chance d'en faire. Tout le monde n'est pas conscient de ce genre de choses. Certaines personnes s'attendent à ce que les choses se mettent en place, à ce que tout se passe comme elles le souhaitent. Et ce sont elles qui, au moment où elles ne s'y attendent pas, ont tendance à recevoir un coup de pied au cul.

Ma propre volonté d'être le meilleur m'a parfois conduit à des activités un peu sournoises. Ne pas se faire prendre a toujours fait partie de la vie en première ligne. Lorsqu'il était directeur du rugby chez les Saints, John Steele m'a dit un jour que l'officiel indépendant chargé d'identifier les joueurs qui commettent des fautes, savait que je faisais des choses, mais ne pouvait pas m'attraper. Les bagarres font partie du jeu, et ce qui est bien avec le rugby, c'est qu'il y a des moyens légaux de s'en prendre aux autres. Un ami m'a récemment fait remarquer que lors de la demi-finale de la Coupe du monde 2003, j'avais cassé les côtes d'un des piliers français avec mon épaule lors d'un maul – ce qui n'avait rien d'anormal à l'époque. Encore une fois, cela semble horrible sur le papier mais sur le terrain, si vous ne leur faites pas ça, c'est certainement eux qui vous le feront.

Si je pensais que cela améliorerait mon jeu, je cherchais une source de haine n'importe où. Je regardais les All Blacks exécuter le Haka et je me disais : *tu vas l'avoir !* Les cris, les postures – cela ne m'intimidait pas ; au contraire, cela me renforçait. Mais je n'en avais pas besoin pour faire circuler mon sang. Je pouvais haïr n'importe qui. Imaginez ce scénario. Je suis assis avec vous en train de prendre un café tranquillement. Vous allez aux toilettes et pendant ce temps, quelqu'un me dit que vous êtes dans l'équipe adverse pour le week-end. À partir de ce moment-là, je vous mépriserai absolument. Je vais concevoir tant de haine que lorsque le match débutera, j'aurai envie de vous écraser, de vous réduire en miettes. Dit comme ça, c'est terrible, mais en tant que professionnel, on fait tout ce qu'on peut pour être le meilleur.

Le rugby, pour moi, c'est fini depuis longtemps. À part garder un œil sur les progrès de l'équipe d'Angleterre, il ne fait plus vraiment partie de ma vie. Mais la démence, elle, est bien là, et c'est maintenant mon combat, un combat qui, une fois de plus, nécessitera beaucoup de force intérieure, surtout en sachant qu'en fin de compte, je n'en sortirai pas vainqueur. La plupart du temps, vous soumettez un problème à un médecin dans l'espoir qu'il trouve un remède. Dans le cas de l'ETC, il n'y en a pas. Il est trop tard. Le déclin du cerveau est irréversible. Tout ce que l'on peut faire, c'est accepter sa présence et, du mieux que l'on peut, tant que l'on peut, essayer d'endiguer la marée.

Dès que j'ai entendu les lettres ETC, j'ai voulu en savoir plus. J'ai voulu connaître mon adversaire. Au départ, cela m'a conduit au film *Seul contre tous*, dans lequel Will Smith incarne Bennet Omalu, un médecin légiste américain qui, au terme d'un travail minutieux, a découvert un lien entre l'ETC et le football américain. Omalu a examiné le cerveau d'anciens joueurs dont le comportement était devenu de plus en plus erratique au cours des années précédant leur mort, notamment Mike Webster, légende des Pittsburgh Steelers et quadruple vainqueur du Super Bowl. À la retraite, celui que tout le monde appelait « Iron Mike » a semblé perdre tout contrôle. Il pouvait se montrer imprévisible et agressif et a fini par vivre à la dure dans les rues de la ville qui l'avait autrefois adoré. Incapable de s'arrêter, il était connu pour s'infliger des coups de Taser jusqu'à perdre connaissance, afin de pouvoir trouver le sommeil. Mike Webster est mort à l'âge de cinquante ans. Omalu a analysé son cerveau au microscope. Il ressemblait à celui d'un homme ayant subi de multiples accidents de voiture. Il a été le premier joueur de la NFL à être diagnostiqué d'un ETC.

Je ne veux pas finir comme Mike Webster, mais c'est déjà en train d'arriver. J'ai consulté mon dossier médical et j'y ai trouvé beaucoup de gros traumatismes crâniens. Et c'est sans compter tout le reste, les sous-catastrophes, qui viennent s'ajouter. Le comportement de Webster était préoccupant. Il était peut-être dans la partie la plus extrême des répercussions de l'ETC, mais il y avait quand même suffisamment de similitudes, des changements d'humeur en particulier, pour que je me demande – et que je craigne – comment ma personnalité risquait d'évoluer au cours des années à venir. Les enfants disent déjà que lorsque je crie, ils préfèrent s'éloigner. Je déteste l'idée que je puisse leur faire peur mais je sais aussi que, parfois, je ne peux pas m'empêcher de réagir d'une certaine façon. Souvent, je me sens complètement perdu et je ne sais pas pourquoi je me comporte de manière aussi stupide. Je n'en sais pas plus que les autres. Ce qui, pour quelqu'un d'autre, pourrait être une légère frustration – un verre renversé ou un lacet cassé – risque de me faire exploser comme un volcan. Je ne peux pas m'en empêcher physiquement, de la même manière que votre jambe se redresse lorsqu'un médecin tape sur votre genou avec un marteau. Ce genre de choses m'effraie. Je ne veux pas être comme ça, et je ne veux surtout pas que mon état empire.

C'est un aspect de la démence que beaucoup de gens ignorent ou ne prennent pas en compte, mais il n'est pas nécessaire de chercher bien loin pour trouver des histoires où les individus les plus calmes basculent dans un comportement qui ne leur ressemble pas du tout. Malheureusement, l'ETC a plongé de nombreuses personnes, sportives ou non, dans l'obscurité. J'ai vu et lu comment elle a poussé certains footballeurs de NFL à être violents avec leur entourage. J'ai parlé à des joueurs de rugby – les personnes les plus décontractées que l'on puisse rencontrer – qui ont fait des trous en tapant dans des murs. Cela m'effraie énormément. Je ne serai sûrement plus jamais le même.

Le plus célèbre sportif atteint d'ETC, l'ancien joueur des New England Patriots Aaron Hernandez, s'est tué alors qu'il purgeait une peine de prison à perpétuité pour meurtre. Naturellement, la découverte d'un ETC dans le cerveau de Hernandez a donné lieu à des spéculations sur la façon dont son comportement avait pu être affecté par cette maladie. Toutes les personnes atteintes d'ETC ne commettent pas de meurtres, mais si la maladie est suffisante pour pousser une seule personne à agir d'une manière aussi violente, il est tout à fait naturel que, si l'on soupçonne fortement que l'on est atteint de la même maladie, on se sente un peu déstabilisé. Des millions de personnes termineront le documentaire *Killer Inside : The Mind of Aaron Hernandez*, se feront une tasse de thé, s'assiéront et chercheront calmement leur prochain programme. Lorsque je regarde ce genre de film, je ne peux pas me reposer. J'ai un nœud à l'estomac.

La liste des joueurs de la NFL qui ont mis fin à leurs jours après des lésions cérébrales répétées est longue. Dave

Duerson et Junior Seau se sont tiré une balle dans la poitrine pour que leur cerveau puisse être étudié par les chercheurs sur les lésions cérébrales. Les sceptiques ont prétendu que Duerson s'était tiré une balle parce qu'il était atteint de dépression. Ils ne pouvaient pas accepter que c'était le traumatisme crânien qu'il avait subi qui avait provoqué la dégradation de sa santé mentale. Je lis des articles sur des sportifs qui se suicident et cela me donne l'impression d'être normal, parce que, comme sur le bord du canal et sur le quai de gare, j'ai eu des pensées identiques. Pensez-y : j'ai atteint un stade où les morts me font sentir moins seul.

Des changements de comportement se produiront et mes capacités cognitives vont se dégrader. Naturellement, je veux retarder les deux le plus longtemps possible. Il n'existe pas de feuille de route individuelle. C'est l'inconnu. Je ne peux donc pas savoir comment je vais évoluer, pas plus que je ne peux dire si j'aurai besoin de soins dans cinq, dix ou quinze ans. Pour l'instant, je peux penser assez clairement pour me donner autant de chances que possible de repousser le jour où je n'aurai plus aucun contrôle sur mon comportement.

Physiquement, bizarrement, je ne me suis jamais senti aussi bien qu'aujourd'hui. Certes, je traîne des séquelles des combats passés, mais je ne suis pas constamment blessé et rafistolé dans la vie de tous les jours. Je fais des centaines de kilomètres sur mon vélo d'appartement Peloton, j'ai un travail en plein air et je suis tout le temps à l'air frais pour jouer avec les enfants et promener le chien. Faire de l'exercice n'a pas que des avantages sur le plan physique, cela m'aide aussi mentalement. Lorsque je commence à me sentir anxieux et stressé, je peux monter sur le vélo et je sais que cela me permettra de m'évader. Je ne m'épuise pas, comme je le faisais avec Bernard à Brive, je ne me tue pas à moitié pour trouver cette libération. Je vois d'anciens sportifs qui conservent ce besoin de soumettre leur corps à une activité intense à l'heure de la retraite, en s'acharnant à la salle de sport, et je n'ai aucune envie de revenir à ce genre de régime meurtrier. Je préfère mon approche : se dépasser mais apprécier et savourer en même temps. Ainsi, au lieu de me sentir comme une épave, j'en ressors mentalement revigoré.

Il y a une autre raison pour laquelle je me pousse rarement à bout : cela pourrait provoquer un déclic dans ma tête. J'ai l'impression que mon crâne est rempli de coton. Je ne peux pas risquer de placer mon cerveau dans une situation inconfortable. Je dois le garder clair pour qu'il fonctionne bien. De ce point de vue, j'ai eu de la chance qu'après avoir pris connaissance de mes problèmes, l'ancien joueur de rugby des London Welsh et de Rosslyn Park, James Strong, m'ait contacté. James, qui a reçu son lot de coups, est un pionnier de la thérapie par la lumière rouge. La longueur d'onde de la lumière rouge pénètre plus profondément dans le corps que celle des autres couleurs et il a été démontré qu'elle réduit le temps de récupération après une blessure, diminue l'inflammation et encourage la réparation de l'organisme. L'inflammation cérébrale est une caractéristique essentielle de la démence et c'est pourquoi je suis assis chaque jour entre deux écrans de lumière rouge. C'est comme un lavage de cerveau qui procure une forme de clarté et améliore la capacité à réfléchir et à penser positivement. Le simple fait de m'asseoir dans l'obscurité avec les lumières à côté m'apaise. Une autre séquelle du traumatisme cérébral est que je ne supporte pas d'être sous une lumière très vive. Elle envahit mes yeux et m'étouffe. Sans lunettes de soleil, ce serait totalement ingérable. C'est ridicule quand je pense que je vivais sous un soleil éclatant à Dubaï et à Chypre. Aujourd'hui, je suis plus heureux dans l'ombre.

Les visiteurs qui entrent chez les Thompson sont souvent choqués de découvrir la pièce principale, qui ressemble au donjon d'une dominatrice. Ils franchissent la porte et me voient baigné dans une lumière rouge, avec des fils partout et un grand masque attaché sur la tête. Honnêtement, ce n'est pas ce que l'on croit. Je ne porte pas un collier clouté au bout d'une laisse de chien. Le fait est que, pendant que je suis entre les écrans de lumière rouge, j'utilise également une thérapie à l'air libre, qui m'oblige à porter un appareil respiratoire semblable à un masque à gaz datant de la Seconde Guerre mondiale. L'idée est que respirer de l'air à teneur réduite en oxygène favorise le développement de nouveaux vaisseaux sanguins. Une technique largement utilisée dans le sport en reproduisant les conditions d'entraînement en haute altitude. Des tests ont montré que cette technique pouvait augmenter l'énergie et améliorer l'humeur, la mémoire, la capacité à se concentrer et à accomplir les tâches quotidiennes.

Il se pourrait que j'ajoute bientôt un drôle de maillot de bain à ma garde-robe d'accoutrements inhabituels. Des scientifiques ont montré que l'eau froide peut produire une protéine qui ralentit l'apparition de la démence. Comme tous ceux qui se trouvent dans une situation où les enjeux sont si importants, je suis prêt à essayer tout ce qui offre une chance, même si le fait de ramper dans un lac glacial en slip de bain me fait craindre quelque peu pour l'avenir de mes testicules.

Mon utilisation de gels de CBD est un peu moins susceptible d'entraîner une inculpation pour outrage public à la pudeur. Le CBD se trouve dans les plantes de cannabis, mais n'a rien à voir avec la partie qui produit l'effet euphorisant. Il peut potentiellement soulager des troubles tels que le stress, l'inflammation, la dépression et l'anxiété – il n'est donc pas étonnant qu'il m'ait été si incroyablement utile. Les recherches se poursuivent pour déterminer si le CBD peut aider spécifiquement les patients atteints de démence en renforçant les connexions entre les cellules du cerveau, en aidant la mémoire et d'autres fonctions clés. Je ne suis pas un scientifique mais je peux dire que je connais plus d'une personne qui ne jure que par ses capacités de guérison, des amis qui ont été immobilisés à cause de problèmes de hanche et qui sont maintenant de retour sur le terrain pour jouer au golf, par exemple. Je suis attristé de voir souvent des parents de jeunes enfants souffrant de toutes sortes de maladies, y compris des crises d'épilepsie, se battre pour obtenir du CBD par l'intermédiaire du système national de santé. Cet enfant pourrait boire cinq canettes de boissons sucrées pétillantes par jour sans que personne ne bronche, mais le CBD étant souvent associé aux drogues, il est presque impossible de s'en procurer alors que cela aiderait énormément.

Toute personne vivant avec un parent atteint de démence le sait : il y a tellement d'informations sur les remèdes miracles qu'il est difficile de trier le vrai du faux, faire la part de ce qui offre un véritable espoir et de ce qui a simplement été lancé pour faire rapidement les gros titres. Lorsque j'entre dans un supermarché et que je vois un journal annonçant que des experts ont trouvé un remède contre la démence, je le prends avec des pincettes plutôt que de me laisser gagner par l'espoir. J'ai vu la même chose se produire avec le cancer – des histoires sur les scientifiques qui sont sur le point de faire une grande percée, mais qui n'aboutissent jamais. Toutefois, lorsqu'il existera des preuves de l'efficacité d'un traitement, je vais, si possible, l'essayer. Pourquoi ne le ferais-je pas ? Je n'ai rien à perdre et tout à gagner, tout comme mon entourage. La remise en forme, le traitement, tout ce que je fais, c'est pour que Steph et les enfants puissent avoir un mari et un père en meilleure santé à leurs côtés.

Pour cela, une bonne nuit de sommeil est inestimable. C'est le moment où le cerveau fait le ménage, élimine le désordre, les toxines, l'accumulation de protéines dangereuses qui bloquent la circulation sanguine et les canaux de communication et qui sèment les graines de la démence dans un cerveau probablement atteint d'ETC. En d'autres termes, c'est ce dont mon cerveau a besoin pour se reposer et se réinitialiser. Malheureusement, certaines choses sont contre moi. Bien que je m'attribue un score de sommeil, mesurant la qualité de ma nuit par rapport au nombre d'oublis que j'ai le lendemain, le fait que je travaille de nuit peut clairement affecter mes capacités cognitives, en particulier en été. Travailler de nuit en hiver n'est pas si grave, car je rentre à la maison dans l'obscurité. En été, la chaleur et la lumière m'empêchent pratiquement de dormir.

Je suis très vite fatigué. Même couper la haie devant la maison m'épuise. Nous sommes allés prendre un verre chez un voisin et, une minute après avoir bavardé, je m'endormais sur l'épaule de Steph. Littéralement au milieu d'une phrase.

Je peux être mon pire ennemi. Quand c'est un jour d'école et que tout le monde se lève et se prépare, je ne peux pas résister à l'envie de sortir du lit et de participer. Je ne dors parfois qu'une heure. Ces matins-là sont un cauchemar tellement je suis fatigué. Mais, même si je ne travaille pas, il y a de fortes chances que je sois réveillé à quatre heures du matin, paniqué : *que va-t-il m'arriver ? Que va-t-on devenir ? Que vais-je faire ?* Parfois, je fixe le plafond en me demandant combien de temps il me reste à vivre, puis je sens les mouvements d'un enfant. Souvent, ils veulent dormir avec moi. J'adore ça, mais parfois je suis épuisé et ce n'est pas le bon moment. Alors je les regarde et je me dis que je ne peux pas leur dire non, qu'il faut que je profite de chaque minute tant que je le peux.

*

Lorsque j'ai commencé à réfléchir à la manière dont je pouvais réagir au diagnostic, je me suis senti frustré par mon manque de compréhension du fonctionnement de mon cerveau. Avoir une idée de ce à quoi l'avenir allait ressembler m'aurait aidé. Au lieu de cela, j'étais confus. J'avais des images de mon cerveau sur mon téléphone, mais à quoi cela servait-il si je ne comprenais pas ce qu'elles me disaient ? Je ne savais pas si mon cerveau allait fonctionner pendant encore quatre ans ou vingt-quatre ans. Quand cesserais-je de reconnaître les membres de ma famille ? Est-ce que je leur parlerais encore en 2025 ? Ou seront-ils devenus des étrangers ? L'incertitude me rongeait de l'intérieur. À une époque où j'avais besoin d'autant de vérités que possible, la personne qui m'a tendu la main a été le neuropsychiatre John Ashcroft. Originaire de St Helens, John connaissait bien les exigences physiques du rugby et savait comment elles pouvaient affecter le cerveau. Auparavant, j'avais l'impression d'être laissé de côté pendant que juristes et assureurs travaillaient sur l'affaire. Mais mes lésions cérébrales ne sont pas quelque chose que moi ou Steph pouvons simplement ranger et mettre de côté jusqu'à une audience au tribunal. Il s'agit de notre vie quotidienne, et le fait de parler à John et d'entendre son point de vue sur la signification exacte des lésions a été aussi profondément rassurant qu'utile. La mauvaise nouvelle, c'est que, comme toujours, à la minute où nous nous sommes dit au revoir, je ne me souvenais plus de rien. La bonne nouvelle, c'est que nous pouvons enregistrer nos réunions et que je peux compter sur la mémoire de Steph. C'est une épreuve que nous traversons ensemble, il est donc normal qu'elle soit là.

Lors de la première conversation téléphonique avec John, je n'ai pas cessé d'intervenir. Steph m'a réprimandé pour cela et elle avait raison ; dans des circonstances normales, ce serait vraiment impoli, mais parfois je me sens obligé de parler parce qu'au moment où il y aura une pause dans la conversation, j'aurai oublié ce que j'avais à dire. John comprenait parfaitement. C'était comme s'il avait un sixième sens qui l'aidait à me comprendre. Il connaissait instinctivement les inquiétudes qui me rongeaient. Je pouvais parler des fluctuations de mon état mental et il était capable de m'expliquer exactement ce qui se passait à l'intérieur de ma tête. Dès le début, cela a fait une grande différence de travailler avec quelqu'un qui pouvait non seulement m'aider à comprendre mon état, mais aussi me proposer des solutions concrètes pour y remédier. John m'a rassuré sur le fait que, bien qu'il n'y ait jamais de réponse définitive quant à l'évolution de la maladie, il y a des raisons mentales, psychologiques et médicales, pour lesquelles je devrais essayer de garder une attitude positive. Il m'a conforté dans l'idée que chaque personne est différente. Si deux personnes se cassent la jambe, il est peu probable qu'elles guérissent exactement de la même manière. Lorsque l'on voit et entend la démence mentionnée en termes généraux dans les médias, il est facile d'oublier qu'elle peut se manifester d'un million de façons différentes. J'avais besoin d'envisager mon cas sous l'angle individuel plutôt que général.

John m'a expliqué que maintenant que j'avais été diagnostiqué et évalué, j'avais une base à partir de laquelle travailler. Auparavant, j'avançais les yeux bandés. Mon état s'aggravait-il rapidement ou lentement ? Parfois, j'avais l'impression que c'était les deux en même temps. Un jour, je me sentais en pleine possession de mes moyens, j'oubliais à peine quelques détails, je me disais que tout cela n'était que de l'agitation pour rien, et le lendemain, je promenais mon chien, quelqu'un me demandait sa race et je n'en avais pas la moindre idée. C'est une chose horrible que d'être constamment en train de s'auto-analyser, de réfléchir à tout et n'importe quoi, de croire que même les événements les plus insignifiants sont le début d'une chute abrupte vers l'oubli mental. Comme mes proches n'avaient pas non plus une vision claire de la situation, je savais qu'ils se livraient eux aussi à toutes sortes de petites évaluations. C'est compréhensible : quand on tient à quelqu'un, on veille sur lui, on veut savoir s'il va bien, s'assurer qu'il n'est pas en difficulté, mesurer son déclin. En tant que « patient », selon votre état d'esprit, c'est soit rassurant, soit déprimant. Il est certain que vous pouvez vous sentir très gêné de savoir que vos moindres paroles et actions sont analysées et évaluées. Dans le pire des cas, cela peut vous rendre paranoïaque : à la minute où vous quittez une pièce, tout le monde parle de vous. Vous passez d'un individu à part entière à une « personne atteinte de démence », entièrement définie par la maladie qui vous envahit.

John, comme tous les excellents médecins et psychiatres que j'ai rencontrés, savait que j'avais évidemment besoin d'espoir, mais je ne voulais en aucun cas que l'on minimise ma situation. Il ne s'agit pas d'une série télévisée dont un épisode se termine par la chute d'un véhicule au bord d'une falaise et dont le suivant s'ouvre sur le conducteur sur la terre ferme. Je peux affronter la vérité. Ce que je ne peux pas supporter, c'est le doute permanent. Bien que je ne pourrais pas apprécier davantage l'amour et la sollicitude des autres, c'est moi qui vis dans ma tête. Savoir ce qui m'arrive et comment mon état peut évoluer est la seule chose qui met fin à la torture mentale ; c'est tout ce qui permet d'apporter un peu de lumière naturelle dans la cellule dans laquelle je me trouve enfermé. Un diagnostic de démence est une cicatrice. Si vous n'avez aucune idée de ce qu'il signifie, cette cicatrice commencera bientôt à s'infecter de peur, d'anxiété et d'une culpabilité profonde et écrasante. L'absence de compréhension est extrêmement préjudiciable sur le plan psychologique et provoque une grande détresse. C'est pourquoi il ne suffit pas de diagnostiquer une démence et de s'en tenir là. Le patient a besoin d'informations et de soutien. On ne peut pas lui dire que son esprit se désintègre et attendre de lui qu'il reprenne sa vie comme si de rien n'était.

On ne peut jamais être la même personne avant et après, et ceux qui partagent notre vie non plus. C'est pourquoi je m'attends à ce qu'à un moment donné, les conseils deviennent une autre source d'aide pour moi et pour Steph. Nous ne nous en rendons peut-être pas vraiment compte, mais je suis sûre que nous avons tous les deux des séquelles psychologiques de cette bombe qui nous est tombée dessus. Je regarde Steph et je me dis que, du jour au lendemain, l'avenir qu'elle pensait avoir lui a été enlevé. Je me sens beaucoup plus désespéré pour elle que pour moi-même. Elle a vu le pire de la démence comme je ne l'ai jamais vu. Elle a perdu sa grand-mère Kathy à cause de la maladie. Il s'agissait d'une femme à l'esprit brillant, professeur dans une grande école, qui était tout à fait dans son élément. C'est une chose terrible à voir pour n'importe qui, et maintenant Steph doit faire face au fait que cela se reproduise, cette fois pour l'homme qu'elle aime, le père de ses enfants. Qu'est-ce que cela fait ? À l'extérieur, elle est aussi forte qu'un roc, mais cela ne veut pas dire qu'elle ne vacille pas à l'intérieur. Comment ne pas l'être quand son monde a été si violemment bouleversé ? Je sais moi-même, grâce à des épisodes antérieurs de ce qui ressemble maintenant beaucoup à une dépression, à quel point il est facile de glisser, sans s'en rendre compte, dans un espace mental différent. Son quotidien est tellement chargé, avec tout le travail incroyable qu'elle accomplit pour la famille, qu'il serait si facile que cela se produise. J'ai également entendu dire que le diagnostic de démence d'un partenaire peut être le début d'un processus de deuil. D'une manière ou d'une autre, les proches commencent à ce moment-là à dire au revoir à la personne qu'ils connaissent. Cela me rend malade de penser à ce que cet adieu prolongé fera ressentir à Steph. Si parler à quelqu'un aide à détourner l'angoisse, à naviguer et à donner un sens à la voie dans laquelle elle a été entraînée, alors j'espère qu'elle sera soutenue et y trouvera du réconfort.

Le fait d'avoir autour de nous des personnes qui comprennent exactement ce qui se passe a été déterminant. L'avis d'experts tels que John nous a permis de mieux comprendre les mécanismes de ce qui se passe dans ma tête, comment, au fil du temps, la commotion cérébrale a compromis et cisaillé les connexions. Je sais maintenant que la plasticité du cerveau lui permet de s'adapter à son nouvel état. Entre chaque blessure, il peut y avoir un certain degré de réparation. De même, la fréquence de ces blessures aura compromis la capacité du cerveau à limiter les dommages, comme un camion-benne déversant des gravats dans votre jardin tous les quelques jours alors que vous essayez de les déblayer avec un seau et une bêche.

John m'a suggéré que si je voulais donner à mon cerveau les meilleures chances de longévité, je devais renoncer aux horaires de nuit. Mais comment faire ? Je ne peux pas tourner le dos à l'une des rares possibilités de gagner de l'argent qui me restent. Je sais que ce n'est pas sain et que j'ai besoin de dormir. Mais qui d'autre va payer les factures ? Pour moi, les opportunités professionnelles sont de plus en plus limitées. J'aime mon travail, mais j'espère qu'un jour je pourrai gagner ma vie et subvenir aux besoins de ma famille pendant la journée. Je sais aussi qu'il existe des drogues, pas en tant que remède mais comme frein à la maladie. John a parlé des médicaments parfois conçus pour d'autres pathologies qui se sont avérés bénéfiques pour les lésions cérébrales. Des médicaments qui peuvent me remonter le moral, me calmer ou me stabiliser comme je l'espère tant. Conseillé, je suis plus enclin à accepter une telle approche.

Il a également souligné qu'au fil du temps, à mesure que ma conscience et ma compréhension de moi-même diminuent, les observations de mon entourage deviendront de plus en plus importantes. Apparemment, à mesure que la maladie progresse, le fossé entre la façon dont le patient perçoit la situation et la réalité de ce que voit sa famille s'élargit de plus en plus. Le patient peut penser que tout va bien alors que son entourage vit une expérience tout à fait différente.

Plus que tout, le fait de parler à des personnes qui comprennent ma maladie m'a confirmé que mon avenir dépend en grande partie de tout ce que je peux faire pour ralentir la démence dès maintenant.

Les choix que je fais aujourd'hui en matière de mode de vie risquent plus que tout de définir mon avenir. Je sais que je commencerai à me comporter différemment et je me sens mal à l'aise à l'idée que je ne serai pas conscient de ce changement. L'espoir est que je puisse identifier les tendances de mon comportement et que j'aie la capacité de les combattre. J'espère aussi que lorsque les gens me disent que j'agis d'une certaine manière, ma maladie ne m'incite pas immédiatement à ne pas les croire. C'est cette disparition de la conscience qui m'effraie ; que je devienne une présence têtue et intolérante dans la maison. Qu'à cause de ma démence, les gens disent : « Ce n'est pas lui, il ne peut pas s'en empêcher », tout en souhaitant qu'ils aient un peu de répit pour ne pas avoir à s'occuper de moi. Permettez-moi de dire tout de suite que je suis vraiment désolé si cela finit par se produire. Je ne veux pas que quelqu'un se sente obligé d'être avec moi. Si je suis insupportable, mettez-moi à l'écart quelque part. Laissez-moi être comme je suis mais sans être vu ni entendu.

En attendant, je vais m'efforcer de garder mon esprit de compétition. Si Seren et moi faisons une course de natation, je serai là à lui saisir une jambe, à la pousser sous l'eau – et elle fera exactement la même chose avec moi.

Seren, je continuerai à cogner mon poing légèrement contre le tien. Mais ne le dis pas à maman.

Chapitre 14

MON STEVE

par Steph

Lorsque j'ai appris que Steve était atteint de démence, ma première pensée a été claire : *oh mon Dieu ! Il n'en a plus pour longtemps. Il ne va pas voir les enfants grandir. Nous allons le perdre.*

Lorsqu'on entend parler d'une maladie, la réaction automatique est de penser au pire. À cause de ma grand-mère, j'avais de bonnes raisons. Le traumatisme était encore frais dans mon esprit. Au début, nous avions mis les changements qui s'opéraient en elle sur le compte de la confusion qui accompagne la vieillesse. Elle vivait seule et demandait par exemple à ma mère de lui apporter une pinte de lait. Ma mère achetait une bouteille, ouvrait la porte du réfrigérateur et y trouvait déjà dix bouteilles. Cela peut paraître idiot, mais même à cette époque, nous ne nous en sommes pas rendu compte. Nous pensions simplement qu'elle était un peu distraite, ou qu'elle utilisait le lait comme excuse pour que nous passions la voir. Lorsqu'on lui a diagnostiqué une démence, nous nous sommes dit : *bien sûr, comment avons-nous fait pour ne pas nous en apercevoir ?*

Et c'était la même chose avec Steve. Lorsque j'ai enfin compris que son comportement était un symptôme et pas seulement une bizarrerie, tout a pris sens. Avant cela, même s'il rencontrait des difficultés depuis longtemps, j'avais toujours mis cela sur le compte d'autre chose – le stress, la fatigue, le vieillissement en général. C'est pourquoi, lorsque nous avons commencé à parler à un spécialiste des changements survenus chez Steve, je n'ai mentionné le mot « démence » qu'en passant. « De temps en temps, il me rappelle ma grand-mère », lui ai-je dit. « Je sais que ce n'est pas la démence. Ce n'est pas possible. Mais cela y ressemble. » J'étais loin de me douter.

Je ne devais pas participer au voyage en Nouvelle-Zélande où j'ai rencontré Steve parce que mon père et ma mère étaient en vacances à Dubaï, mais ils ont insisté : « Vas-y, ce sera amusant. » Ils avaient raison. Je l'ai vu pour la première fois assis à une table au bar de l'hôtel. Nous avons discuté et j'ai tout de suite remarqué qu'il avait l'habitude de parler avec ses mains – et que ces mains étaient adorables. De son côté, il a remarqué mon accent liverpuldien – qui ne m'a jamais quitté. Je n'avais aucune idée de qui il était et, pour être honnête, j'ai été anéantie lorsque j'ai appris qu'il s'agissait d'un sportif. Qu'ils soient bénis, mais ils n'ont pas vraiment la meilleure réputation, n'est-ce pas ? Mais Steve était tellement bavard et amical que lorsqu'il m'a demandé si je voulais faire quelque chose le lendemain, il ne m'a pas fallu longtemps pour dire oui. Depuis, nous nous sommes à peine quittés.

Trois mois après cette première rencontre, il a fait sa demande en mariage. En fait, c'est la petite fille d'un ami qui l'a fait. J'étais assise à côté d'elle et j'ai remarqué qu'elle dessinait des robes de mariée – « Je veux que tu en portes une comme ça le jour de ton mariage », m'a-t-elle dit. Puis elle m'a demandé : « Veux-tu épouser Steve ? » J'ai été un peu déconcertée – « Eh bien, peut-être un jour. » Et elle l'a répété. Mais cette fois, quand j'ai regardé, elle tenait une bague. J'ai regardé Steve et il s'est agenouillé.

Encore trois mois plus tard, nous nous sommes mariés à Las Vegas. Au départ, nous avions envisagé de faire la cérémonie en costume d'apparat. Je voulais qu'il se déguise en ours. Il ne me remerciera pas de vous le révéler, mais je l'ai surnommé « l'ours en peluche » – j'ai toujours vu que, malgré son caractère bien trempé, il y avait une certaine vulnérabilité en lui. J'avais un autre souhait : que nous soyons mariés par un sosie d'Elvis. Ma grand-mère adorait Elvis.

Le jour J, nous avons sauté dans un taxi pour nous rendre à l'un des nombreux lieux de mariage de Vegas où il suffit de se présenter. Nous avions finalement renoncé aux costumes, mais il se trouve que le chauffeur était le portrait craché d'Elvis – les cheveux, le visage, tout sauf le costume en strass. Il nous a demandé ce que nous faisions et quand nous lui avons dit que nous allions nous marier, il n'aurait pas pu être plus enthousiaste. Il adorait les mariages. Il a téléphoné à sa famille – « J'ai ces Anglais dans le taxi, et vous n'allez jamais le croire... ». Il a éteint le compteur et nous a conduits à ce lieu extraordinaire où nous nous sommes mariés devant une chute d'eau. Pendant notre lune de miel, nous avons conçu notre premier bébé. Tout cela peut sembler un peu fou, mais dès le départ, nous nous sommes entendus. Nous voulions tous les deux la même chose et nous nous sommes dit que si nous fondions une famille très tôt, nous aurions encore beaucoup d'années devant nous pour profiter de notre vie ensemble lorsqu'ils grandiraient. C'était le plan.

Je m'appelle Steph et il s'appelle Steve. Quand je suis tombée enceinte, il m'a dit qu'il se fichait de savoir comment s'appellerait le bébé, du moment que son nom commençait par un S. « D'accord, d'accord », ai-je dit. « Cela ne me gêne pas du tout ! »

J'ai pensé à Seren, qui signifie « étoile » en gallois – j'ai toujours eu un faible pour les étoiles –, et je me suis sentie assez satisfaite d'avoir trouvé quelque chose d'aussi joli. Je ne m'attendais pas à devoir trouver trois autres prénoms, mais après m'être creusé les méninges, j'ai déniché Slone, Saskia et Saxon. Mais il n'y en aura pas d'autres. Le seul S dont Steve devait se préoccuper à présent était celui du mot « symptôme ».

Huit ans après l'arrivée de Seren et deux ans après celle de Saxon, Steve a commencé à avoir du mal à se souvenir des prénoms de ses enfants. Même le fait de savoir qu'ils commencent tous par la lettre S ne suffisait pas toujours. Il ne se souvenait pas non plus de leurs dates de naissance, même s'il était présent à chacune des naissances, faisant tourner les infirmières en bourrique. Avec Seren, le travail a duré près de vingt heures. J'étais à l'agonie et il était là, à faire rebondir des balles contre les murs. C'était un vrai casse-pieds. Avec Saskia, il s'est senti mal et a passé pratiquement tout le temps au lit – mon lit. Il n'arrêtait pas de demander à la sage-femme : « Puis-je avoir du gaz et de l'air ? » Elle s'est contentée de lui rire au nez. Elle avait été là pour Seren, Slone et maintenant Saskia. Elle le connaissait assez bien. Avec Saxon, il n'a pas eu l'occasion de s'allonger. J'ai eu l'impression d'entrer et de sortir de l'hôpital en vingt minutes. Cette fois-là, il est apparu dans une blouse trop petite de trois tailles, déchirée à plusieurs endroits. J'avais l'impression d'être poussée par l'Incroyable Hulk. À chaque fois, cependant, lorsque le moment est venu, Steve a été le meilleur, me parlant, me caressant le visage et me calmant.

Lorsqu'il a cessé de jouer au rugby, Steve a eu du mal. Les sportifs vivent selon une routine. Ils n'ont pas à vivre dans le monde réel. Mais le fait d'avoir des enfants très tôt l'a aidé à s'habituer à une vie nouvelle, différente. Dubaï était un endroit idéal pour les tout-petits, Steve avait beaucoup de succès dans son travail et nous nous sommes fait beaucoup d'amis. Il était difficile d'imaginer que les choses puissent tourner mal, mais au fil du temps, j'ai commencé à remarquer des changements chez lui, d'abord subtils, puis de plus en plus évidents. Il se mettait à exploser de colère pour de tous petits détails. Après coup, il s'excusait : « Je n'ai aucune idée de ce qui s'est passé. » Moi non plus, si ce n'est que j'avais épousé un salaud, comme disent les Liverpuldiens, ou alors il était stressé par son travail, ou fatigué d'avoir des enfants en bas âge. D'une manière ou d'une autre, je trouvais toujours une excuse à son comportement. J'y voyais une façon pour lui de se défouler. Je savais qu'il n'était pas du genre à relâcher la pression en parlant. Au lieu de cela, il la gardait pour lui. C'est ce que je voyais dans les premiers temps : il laissait les choses s'accumuler et exploser. Il s'en sortait pendant un moment, puis je voyais les tensions remonter en flèche jusqu'à l'inévitable éruption.

J'ai pu mettre en évidence un élément comme point de bascule. Il s'emportait toujours lorsqu'un événement social se profilait à l'horizon. Au début de son séjour à Dubaï, Steve avait une vie sociale bien remplie et sortait souvent boire un verre avec le cercle d'amis qu'il s'était rapidement constitué. Mais au bout d'un certain temps, j'ai commencé à remarquer une tendance. S'il avait prévu de voir des amis pour un barbecue, une célébration ou une fête, la semaine précédente était une véritable torture. Chaque fois, la même chose se produisait. « Si tu n'as pas envie d'y aller, arrête d'organiser ces rencontres », lui disais-je. « Quel est l'intérêt si tu n'en profites pas ? »

« Mais j'aime ça », répondait-il. « Une fois qu'on y est, j'apprécie. » Nous avons encore ces conversations aujourd'hui.

J'ai toujours eu l'impression qu'il oubliait de plus en plus de choses. Mais très tôt, il m'a convaincu que c'était moi qui avais un problème. Il était tellement convaincu que c'était moi qui me trompais que je remettais en question mes propres actions. Comme j'étais enceinte la plupart du temps à Dubaï, j'ai mis cela sur le compte de la grossesse, la confusion et le manque de concentration qui peuvent survenir chez les femmes enceintes. Ce n'est que lorsque les enfants ont grandi que j'ai réalisé que j'avais raison depuis le début. « Papa », disaicnt-ils, « c'cst toi qui as oublié, tu ne l'as pas dit à maman. » Il n'essayait pas de me tromper. Pendant tout ce temps, son cerveau lui disait qu'il avait raison.

En plus de ses absences, il est devenu convaincu que les gens, ses amis et collègues de confiance, étaient contre lui ou n'étaient pas d'accord avec sa façon de travailler. J'insistais sur le fait que tout allait bien, qu'il ne se passait rien, mais il ne le voyait pas.

« – Je crois que personne ne m'aime.

– Bien sûr qu'ils t'aiment, ce sont tes copains. »

Je lui disais constamment de se calmer, d'arrêter de faire l'idiot, que tout cela était dans sa tête – mais ça ne marchait pas. Si je lui demandais quel était le problème, au lieu de me dire exactement ce qu'il pensait, il prétendait simplement qu'il y avait quelque chose au travail. « Je ne leur parle plus », disait-il. « Je ne veux pas être près d'eux. » Son état d'esprit n'était plus le même et il a commencé à parler de repartir. Dubaï étant ma maison, je ne me sentais pas prête à tout quitter. Mais je voyais le potentiel d'un autre pays pour les enfants. Il fait tellement chaud à Dubaï que l'on reste enfermé la plupart du temps, ce qui n'est pas idéal sur la durée.

Au début, lorsque nous avons déménagé à Chypre, Steve s'est assagi. Mais il y a eu une phase où il ne voulait plus rentrer à l'intérieur de la maison. Il restait assis dehors toute la journée. Les enfants devaient sortir pour le voir. Avec le recul, nous voyons bien qu'il s'agissait d'une période de dépression, mais là encore, nous n'en avions aucune idée sur le moment.

Pendant que nous étions à Chypre, ma grand-mère est décédée. J'étais enceinte de Saxon, trop loin pour pouvoir prendre l'avion pour l'enterrement. Je me sentais très mal. Ma grand-mère comptait tellement pour moi et ne pas être là était épouvantable. C'est à ce moment-là que j'ai compris que je devais rentrer au Royaume-Uni. Ma famille me manquait trop. J'ai toujours été très proche de ma famille. Au début, Steve a eu du mal à s'y habituer – c'était totalement étranger à sa propre expérience. Aujourd'hui, il adore ça, et mon père et ma mère l'adorent. Ils le traitent comme un fils, même s'il n'en revient toujours pas que nous nous parlions tous les soirs au téléphone. « De quoi parlez-vous tous les jours ? » Il n'a pas été élevé comme ça, alors je comprends que cela soit étrange pour lui.

Nous avons emménagé dans le Nord-Ouest. Avec quatre enfants en bas âge, on a besoin de toute l'aide de la famille et c'était logique. J'ai eu l'impression que nous nous trouvions enfin notre rythme, mais il se passait encore des choses bizarres avec Steve. Lorsqu'il a commencé à oublier les prénoms des enfants, cela me semblait être une chose qui pourrait arriver à des grands-parents. Ils vous appellent par tous les noms qui leur viennent à l'esprit avant que le vôtre n'apparaisse enfin. Et puis il a commencé à oublier mon prénom aussi. Il disait « Bébé », et je savais qu'il l'avait oublié.

« Bébé ? », je répondais. « Comment je m'appelle ? »

« Je connais ton prénom », me disait-il, mais il s'en tenait là.

Ce n'est que lorsqu'Alix Popham a téléphoné que le puzzle a commencé à s'assembler. Steve m'a dit qu'il allait passer des tests pour voir s'il avait subi des blessures à long terme en jouant au rugby. Je l'ai regardé. « Bien sûr que oui, espèce de gros bêta. Tu ne peux pas bouger ton bras. Ta cheville est abîmée. »

Il n'a pas précisé qu'il parlait de lésions cérébrales. Il espérait que ce n'était rien et ne voulait pas m'inquiéter. Ce n'est que plus tard, lorsque les examens ont commencé, qu'il m'a dit ce qui se passait vraiment.

« Je suis sûre que tout ira bien », lui ai-je dit. Mais j'avais peur, et encore plus lorsque les résultats sont arrivés et qu'il y a eu ce mot : démence. Aucun de nous ne s'attendait à entendre ce mot. Démence ? C'est quelque chose que l'on associe aux personnes âgées. Steve était si jeune. C'était comme si notre monde avait été bouleversé.

Au début, nous ne pensions pas le dire aux enfants. C'est une chose tellement grave. Comment faire passer le message sans les effrayer ? Mais lorsque Steve a révélé publiquement son problème, il devenait difficile de le leur cacher. Lorsque l'histoire a été publiée dans la presse, de nombreux parents présents devant l'école m'ont dit à quel point ils étaient désolés d'apprendre la nouvelle. Ils étaient gentils, mais Seren a entendu certaines choses. Elle m'a demandé : « Qu'est-ce qui ne va pas avec papa ? »

J'ai essayé de l'ignorer – « Oh rien » – mais elle ne m'a pas cru.

« Non, quelque chose ne va pas avec papa. »

De retour à la maison, j'ai dit à Steve : « Il va falloir leur dire. Sinon, ils n'entendront que des choses venues d'ailleurs. »

Nous les avons fait asseoir et leur avons dit : « Papa va mal dans sa tête. »

« Comme dans son corps ? » a demandé l'un d'eux.

« Non, sa tête est un peu plus malade que cela. Mais ne vous inquiétez pas », les avons-nous rassurés. « Les gens en parlent juste parce que c'est dans les journaux. »

Les enfants ne comprennent pas le comportement de Steve comme nous le comprenons. Pour eux, c'est souvent drôle. Ils rient quand il oublie le nom du chien, un nom qu'il a pourtant choisi – Stan (un autre « S » bien sûr). « Papa, enfin ! C'est Stan ! » Nous aimons le fait qu'une source de douleur puisse aussi être une source d'amusement. Nous sommes comme ça les uns avec les autres. Nous essayons d'en rire.

Mais il y a des moments où ce n'est pas si facile. Pour être honnête, chaque fois qu'il sort, je suis terrifiée. Il lui arrive de tout oublier. Au fond de ma tête, je me dis : *que se passera-t-il s'il oublie complètement où il est, ou s'il se perd ?* Cela arrive. Récemment, alors qu'il se rendait en voiture chez un ami, il a complètement oublié où il allait. Il m'a appelé.

« – Qu'est-ce que je fais ?

– Tu es dans la voiture.

– Oui, mais qu'est-ce que je fais ?

– Tu vas chez un ami.

– Oh. Où ?

– Chez Costa.

– D'accord, lequel ?

– Celui du centre-ville.

– Je ne sais pas comment m'y rendre.

Bien sûr que tu sais. Tu y es allé des tas de fois.

– Il suffit de rentrer l'adresse dans le GPS et de suivre les indications.

– Oui, c'est vrai. D'accord. »

Il a raccroché le téléphone et, pendant le reste de la matinée, je n'ai pensé qu'à une chose : *est-ce qu'il va bien ? Est-il arrivé à bon port ? A-t-il encore perdu le fil de ses pensées ? A-t-il conduit jusqu'au milieu de nulle part ?* Ce genre de petites choses me trotte dans la tête en permanence. S'il emmène les enfants à l'école, je me dis que j'espère qu'il ne va pas se déconnecter et les emmener au parc à la place. Je ne veux pas qu'il m'appelle deux heures plus tard depuis le bord de mer à Blackpool !

Il sait que je m'inquiète et donc il m'appelle et m'envoie des messages en permanence. S'il est juste au bout de la rue, je sais aussi que s'il a une crise de panique, je peux le joindre rapidement. C'est lorsqu'il est loin que je commence vraiment à m'inquiéter. Que se passera-t-il s'il lui arrive quelque chose ? Récemment, il a fait une longue randonnée à vélo avec des amis et j'ai été terrifiée tout du long. Évidemment, il ne pouvait pas envoyer de message pour dire qu'il allait bien pendant qu'il pédalait.

Si je ne peux pas être avec lui, cela me stresse. Mais en même temps je veux qu'il vive sa vie. C'est ce que je lui dis : « Tu dois trouver de la joie dans la vie. Tu dois faire ces choses. » Parce qu'en fin de compte, c'est son bonheur qui compte. S'il reste chez lui à penser à ce qui va se passer, la situation va l'engloutir. Il est important qu'il ait des amis, non seulement pour se détendre, mais aussi pour se décharger des choses qu'il ne peut ou ne veut pas me dire. La dernière chose que je veux, c'est qu'il garde tout cela pour lui, que la pression monte et finisse par le submerger.

En même temps, je trouve formidable que nous fassions face à cette situation ensemble, même si c'est parfois loin d'être facile. Steve m'a demandé de regarder le film *Seul contre tous* avec Will Smith sur les nombreuses lésions cérébrales en NFL. En toute honnêteté, je ne voulais pas. Je pensais que quelque chose comme ça – la réalité brutale du traumatisme crânien dans le sport et ses conséquences potentielles – serait trop dur à regarder. Il m'a dit : « Je pense que tu devrais le faire, juste au cas où. » J'ai donc regardé le film et j'ai été effrayée. Il évoquait largement le suicide et j'ai trouvé ces parties difficiles à regarder parce que Steve lui-même m'a dit à quel point c'était éprouvant. Il lui arrive d'être sévèrement déprimé. Il y a quelques semaines, il s'est trouvé plus bas que terre, complètement effondré, en larmes, la tête dans les mains. Dans ces moments-là, il me dit à quel point il est épuisé, que ce serait mieux pour tout le monde s'il n'était pas là, qu'il a envie de céder à ses pensées les plus sombres. Je sais qu'il ne le fera pas – je le battrais s'il le faisait ! – mais j'ai le cœur serré à chaque fois qu'il part pêcher. Quand Steve est au fond du trou, je lui dis : « Regarde tes enfants. C'est pour eux que tu dois vivre. Regarde-les. »

Je sais qu'il essaie de contenir ses émotions parce qu'il ne veut pas me faire de peine. Je ne veux pas non plus lui en faire et je pleure avec mes copains. C'est comme si un tuyau avait éclaté. J'essaie de rester forte mais c'est difficile. Je suis tellement triste pour lui. Tout cela pour un sport – pour un putain de match de rugby.

Oui, je suis en colère. Lorsque le diagnostic est tombé, ma première réaction a été l'incrédulité – *ce n'est pas possible, ça ne peut pas être ça.* Puis j'ai ressenti de la peine et de la contrariété. Et puis de la colère contre ce qui lui est arrivé – pour gagner un match de plus au prix d'oublier qui sont ses enfants. Je peux accepter les blessures physiques. Nous savions tous les deux qu'il avait reçu des coups et subi des chocs. Son corps est tellement abîmé par le rugby que l'année dernière, il ne pouvait plus bouger un de ses bras. Parfois, il ne pouvait pas se lever du canapé et je devais l'aider. Il avait du mal à monter les escaliers et je marchais derrière lui pour m'assurer qu'il ne tombe pas. Je plaisantais avec lui : « Dans la prochaine maison, nous aurons certainement besoin d'une chambre et d'une salle de bains en bas – ou d'un monte-escalier Stannah. »

« Je ne pousserai pas un landau et un fauteuil roulant en même temps », lui disais-je. « Je n'ai pas assez de bras ! » Tout cela ne me fait plus du tout rire aujourd'hui. C'est comme si ses blessures physiques me donnaient un aperçu de la démence. Il était si mal en point, comme si son corps avait abandonné. C'était déchirant de voir quelqu'un de son âge dans un tel état.

Lorsque nous avons eu Saxon, les gens nous demandaient parfois s'il allait jouer au rugby. Je leur répondais : « Vous plaisantez ? Avez-vous vu l'état de Steve ? Jamais. » Et c'était avant même que nous sachions ce qui était arrivé à son cerveau.

Heureusement, nous sommes tous les deux très proactifs pour repousser les effets de la démence. La maladie de Steve ne s'améliorera jamais, mais si tout se passe comme prévu, les enfants et moi pourrons le garder avec nous plus longtemps que je ne l'avais imaginé au départ. Je lui ai dit :

« Nous ferons tout ce que nous pourrons pour t'aider. » Et c'est ce que nous faisons. Il est en bien meilleure santé aujourd'hui. Il se maintient en forme, mange bien, suit tous les traitements recommandés. Les enfants l'aident aussi à remplir son seau pour les compresses de glace qu'il utilise matin et soir pour soulager la douleur et le gonflement de ses chevilles, de ses pieds, de ses genoux, de ses coudes et de ses mains.

J'espère également qu'il recevra de l'aide pour faire face à ses idées noires. Dans l'état actuel des choses, il a reçu le diagnostic et c'est tout. Je lui ai parlé de voir quelqu'un et il m'a dit : « Ne t'inquiète pas, on va régler ça ensemble. Nous allons nous en sortir. » Mais cela ne me suffisait pas.

« Nous n'allons pas nous en sortir seuls. C'est un état permanent. Nous avons besoin d'aide. »

C'est la démence au quotidien que les gens de l'extérieur ne voient pas : la façon dont elle envahit chaque aspect de votre vie, la façon dont elle tord et déforme les émotions. Steve se sent coupable. En tant que père, il est censé s'occuper de ses enfants – et maintenant il voit que c'est potentiellement l'inverse. C'est un homme fier, imaginez ce qu'il ressent.

Il dit autre chose – que je n'ai jamais signé pour cela. Mais il a tort. C'est exactement ce pour quoi j'ai signé. Je l'aime sans réserve. Je ferais n'importe quoi pour lui et le moment venu, je ferai tout ce que je pourrai pour prendre soin de lui. Il ne doit pas se sentir coupable de quelque chose qui est complètement hors de son contrôle. Tout peut arriver dans la vie, et quand on est marié, on s'occupe de son partenaire autant qu'on le peut et aussi longtemps qu'on le peut.

Ma principale préoccupation est de m'assurer que Steve est en bonne santé et heureux, car si c'est le cas, un sentiment de normalité en découle. Nous avons la chance, en tant que famille, d'être heureux lorsque nous sommes ensemble. Steve aime être avec les enfants et nous aimons tous être avec lui. Oubliez l'homme que les gens avaient l'habitude de voir sur le terrain de rugby ; c'est vraiment un grand tendre. Il n'est pas aussi difficile à vivre que les gens pourraient le penser. Sa journée de rêve consiste à faire des crêpes le matin, puis à s'asseoir sur le canapé pour regarder des films avec les enfants. Tout cela semble tellement normal qu'il est difficile d'imaginer qu'il y ait quelque chose de sous-jacent.

La tentation est grande de se couper du monde extérieur et d'essayer de préserver à jamais ces journées familiales normales, mais en même temps, Steve est déterminé à se battre pour notre avenir – et celui des autres – et c'est pourquoi il a rendu public son diagnostic. Malheureusement, les trolls et les guerriers du clavier sont omniprésents et les gens n'ont pas pu s'empêcher d'intervenir lorsque le lien a été établi entre le rugby et sa démence. « Il ne cherche qu'à gagner de l'argent. » « Je ne l'ai pas entendu se plaindre à l'époque. » « Il essaie de détruire le rugby. » Mon mari est un être humain. Je ne comprends pas comment on peut écrire des choses pareilles. J'essaie de fermer les yeux, mais Steve est là, devant moi. Je vois ce que ce sport lui a fait. Tous ceux qui pensent qu'il s'agit d'une question d'argent devraient se mettre à sa place pendant quelques instants.

Nous vivons au jour le jour. Je ne veux pas anticiper le pire – la situation est déjà suffisamment effrayante –, mais affronter les problèmes au fur et à mesure, en essayant de faire en sorte que tout aille bien pour tout le monde. J'aime à penser que, pendant un bon moment encore, nous pourrons continuer à faire ce que nous avons toujours aimé, qu'il s'agisse de vacances, de sorties, etc. En même temps, il est impossible de ne pas remarquer les changements dans le caractère de Steve. Récemment, j'ai eu l'impression qu'il était devenu amnésique. Les conversations ou les histoires lui reviennent par bribes. Il oublie, puis se souvient, puis oublie à nouveau. Il oublie parfois des choses si récentes que c'est choquant. Nous regardions une série télévisée et il n'arrivait pas à comprendre une scène :

« – Attends, qu'est-ce qui lui est arrivé ?

– Il est mort. Nous venons de le voir. »

Nous avons dû revenir en arrière pour que Steve revoie la scène. « Je ne me souviens pas avoir vu ça. » J'étais assise là et je me demandais comment il pouvait oublier aussi vite.

La même chose s'est produite avec le chien. Il me dit : « Stan a fait ceci, Stan a fait cela », et une seconde plus tard, le nom du chien s'est effacé.

D'autres choses, en revanche, relèvent de la démence. Steve se souvient de choses qui remontent à son enfance, mais lorsque je le vois parler de souvenirs de rugby avec un ami, je sais exactement ce qui se passe : il se convainc qu'il se souvient de l'anecdote qui vient d'être mentionnée. Plus tard, je lui dis alors : « Je vois bien que tu ne te souviens pas. » Et il admet : « Je n'avais pas la moindre idée de ce dont on parlait. »

Ce qui lui fait vraiment comprendre l'état de son cerveau, c'est lorsqu'il regarde des extraits de sa carrière de rugbyman et qu'il ne se souvient même pas d'avoir été sur le terrain. Les premières fois que j'ai vu cela se produire, je me suis dit : *comment peux-tu ne pas te souvenir alors que tu peux te voir en train de courir sur l'écran ?* Cela doit être tellement bizarre de se voir comme un étranger. Nous sommes tombés sur une vidéo promotionnelle qu'il a réalisée à Dubaï pour HSBC.

« Tu t'en souviens ? », lui ai-je demandé.

« Non, pas du tout. » Et je me dis : *mais c'était il n'y a pas si longtemps !*

Lorsqu'il a commencé à oublier les prénoms des enfants, cela m'a particulièrement bouleversée. Je ne me préoccupais pas tellement de moi. Vous ne pensez plus autant à vous une fois que vous avez eu des enfants. J'accepterais n'importe quoi – une autre femme, n'importe quoi ! Mais avec les enfants, j'ai commencé à penser au long terme – comment ma grand-mère est partie et comment elle ne s'est pas souvenue de ma mère ni d'aucun d'entre nous. Quand j'y pense, il est difficile de ne pas s'énerver. Nous savons ce qui nous attend, n'est-ce pas ?

Nous avons récemment acheté notre maison pour toujours, l'un de ces endroits où l'on se voit vieillir avec la personne que l'on aime. Immédiatement, j'ai eu des visions de nous deux ouvrant la porte d'entrée aux petits-enfants, les voyant courir partout. Et puis j'ai été prise de court. *Peut-être que nous ne serons plus tous les deux.* Il est difficile d'écrire ces mots à travers les larmes. Je peux seulement me consoler en me disant que, si le pire se produit, Steve regardera tout ce qui se passe sous ses yeux, sachant qu'il sera toujours une partie importante de notre vie.

Tout ce que nous pouvons faire, c'est continuer à avancer – continuer à espérer que ce jour n'arrivera jamais. Comme Steve le dit toujours, il a moi et les enfants et c'est ce qui lui permet de continuer. Ensemble, nous faisons et ferons face à tout ce qui se mettra en travers de notre route. Nous avons surmonté tant de choses jusque-là, que nous savons que nous avons cette force intérieure. Nous voulons simplement profiter de notre vie ensemble le plus longtemps possible. De notre petite meute.

Nous savons aussi que, pour certaines familles, c'est malheureusement impossible. On ne récupère jamais le temps passé ensemble.

Chapitre 15

L'ENFANT PERDU

Ben Robinson avait quatorze ans. Le 29 janvier 2011, alors que j'attendais avec impatience le premier match des Six Nations de l'Angleterre contre le pays de Galles, ce jeune garçon « vibrant, génial et aimant » selon les mots de son père Peter, jouait un match de rugby pour son école. Alors que la seconde mi-temps touchait à sa fin, il s'est effondré au sol. Sa mère, Karen, s'est précipitée sur le terrain. Elle lui a tenu le bras et l'a mis en position latérale de sécurité. Mais il était trop tard. Elle n'a pu que le regarder partir.

Ben avait été victime d'une commotion cérébrale plus tôt dans le match. Karen voyait bien qu'il était mal en point. Elle a passé la majeure partie du match à s'interroger sur son état, déconcertée et désespérée par le fait que personne n'ait pris de mesures, à part la vieille méthode consistant à agiter quelques doigts devant son visage et à lui demander de les compter, alors que son fils titubait et montrait des signes évidents de confusion. Ben n'est pas mort à cause d'un accident tragique ou d'une maladie incurable ; il est mort parce qu'il jouait au rugby. Je ressens tellement d'émotions lorsque je lis ce qui est arrivé à Ben, et la colère en fait partie. Le rugby aurait pu empêcher la mort de Ben. Il aurait pu accepter les risques évidents que présentait le jeu – une connaissance bien établie à l'époque – et agir. S'il l'avait fait, Ben serait encore en vie. Je déteste dire cela, car pour la famille de Ben, ce n'est qu'un nouveau rappel de l'inutilité de sa mort. Mais la vérité, c'est que les informations sur les effets potentiellement dévastateurs des commotions cérébrales étaient largement disponibles. Des protocoles auraient pu et dû être mis en place pour s'assurer qu'un enfant présentant des signes évidents de commotion soit immédiatement sorti du terrain et examiné. Au lieu de cela, la réglementation sur les commotions cérébrales était lâche et confuse, mal présentée et sujette à interprétation. La conclusion est que les mesures nécessaires qui auraient été nécessaires pour sauver Ben n'ont pas été prises.

Let fait que dans les dix années qui ont suivi la mort de Ben, si peu de mesures aient été prises, alors que dès que d'anciens joueurs professionnels comme moi ont commencé à parler des lésions cérébrales et de la nécessité d'un changement, tout à coup – *boom !* – le monde du rugby a commencé à s'intéresser à la question me reste en travers de la gorge. Mais qu'en est-il de tous ceux qui nous ont précédés ? N'ont-ils pas compté ? N'étaient-ils pas importants ? C'est ce genre de choses qui est à la base de ma volonté d'agir, parce que je ne peux pas supporter cette injustice ; je ne peux pas supporter de voir des victimes mises de côté et oubliées ; je ne peux pas supporter de voir à quel point les familles ont été maltraitées.

Je me sens coupable que Ben ne soit plus avec nous. Je ne devrais pas, parce qu'à l'époque, je ne savais rien. Je ne savais pas que le rugby pouvait être mortel. Mais je me demande parfois si j'aurais pu identifier mes propres problèmes plus tôt. Qui sait ? Si je l'avais fait, Ben serait peut-être encore en vie. Au lieu de le faire maintenant, j'aurais pu faire pression sur la Rugby Football Union (RFU), l'instance dirigeante du rugby en Angleterre, pour qu'elle rende les protocoles plus stricts il y a dix ans. En l'état actuel des choses, j'espère que l'évocation du nom de Ben sera un rappel déterminant pour faire en sorte que le jeu soit aussi sûr que possible pour les générations à venir. Malheureusement, je ne suis pas confiant. Après tout, plusieurs milliers de jours se sont écoulés depuis la mort de Ben. Comment, après tout ce temps, la discussion sur les commotions cérébrales peut-elle encore en être à ce point ?

Je suis incrédule quand je vois à quel point le jeu est lent à tirer les leçons et à mettre en œuvre des solutions. Il y a des gens dans le rugby, du haut en bas de l'échelle, qui restent inconscients des risques et considèrent les protocoles comme des inconvénients ou qui ne prennent tout simplement pas les commotions cérébrales au sérieux. Au moment même où j'écris ces lignes, je regarde un clip montrant le talonneur de l'équipe d'Angleterre et des Exeter Chiefs, Luke Cowan-Dickie, allongé sur le ventre après avoir reçu un énorme coup à la tête lors d'un plaquage pendant la grande finale de la Premiership à Twickenham. Le lendemain, Luke était dans l'avion pour la tournée des Lions en Afrique du Sud. Le jeudi, il s'entraînait avec contact. Une semaine après ce terrible choc, il sortait du banc et reprenait le jeu.

Les dirigeants ont déclaré que les protocoles avaient été respectés. D'accord, mais tout protocole stipulant qu'un joueur souffrant d'une commotion cérébrale peut revenir sur le terrain en une semaine est erroné. Tout simplement faux. Il va à l'encontre des connaissances largement répandues et acceptées selon lesquelles la période de repos appropriée doit être d'au moins trente jours. Même dans les années 1980, elle était de trois semaines. Mais au lieu de rendre les protocoles plus stricts, en 2011, l'instance dirigeante mondiale, World Rugby (International Rugby Board à l'époque) a réduit la durée minimale d'indisponibilité d'un joueur professionnel de trois semaines à six jours seulement. Alors que les joueurs, désormais professionnels, sont plus massifs et plus rapides que jamais. En termes de logique, c'est comme être pris sous une averse et refermer son parapluie. Si un joueur revient trop tôt, son cerveau risque de ne pas fonctionner de manière optimale, ce qui compromet sa prise de décision et augmente le risque d'une nouvelle commotion cérébrale. Si un joueur souffre d'une blessure musculaire ou d'une rupture des ligaments croisés, il ne doit pas revenir trop vite. Ce n'est pas parce qu'une blessure n'est pas visible qu'elle est moins grave.

Le problème est que les personnes qui prennent les décisions en matière de sécurité dans le sport ont leur mot à dire. Le sport professionnel est financé par les revenus, et l'opinion dominante est qu'agir de manière radicale pourrait menacer ces revenus et mettre la structure en danger. La façon dont le sport est organisé n'incite guère à faire ce qui est bon pour les joueurs. C'est du business, l'argent d'abord. Il n'est peut-être pas trop cynique de se demander si la réduction de la période de repos à une semaine n'a pas plus à voir avec la présence requise des joueurs vedettes lors des retransmissions télévisées, qui génèrent tant de revenus pour le sport, qu'avec des protocoles qui s'assurent de la santé des joueurs victimes de commotions cérébrales. Les diffuseurs continueront-ils à injecter de l'argent si les meilleurs joueurs ne sont pas sur le terrain pour attirer les téléspectateurs qui, à leur tour, satisfont les annonceurs ?

Quelque part dans la roue des affaires, des gros sous, des livres sterling, il semble que le bien-être des joueurs – l'élément de loin le plus important – ait été perdu de vue. Certains considèrent que le rugby doit choisir entre un changement radical et la recherche du profit. En réalité, il ne s'agit pas d'un choix, mais d'une question de morale élémentaire. Et pourtant, trop souvent, les sports ont tendance à retarder les choses et à ne pas faire ce qu'il faut. Le leadership doit venir d'en haut. Les échelons les plus élevés du jeu devraient donner l'exemple. Faites ce qu'il faut et les autres suivront. Ainsi, la prochaine fois qu'une situation comme celle de Ben se produira, il n'y aura pas de questions, pas de tergiversations, pas de doigts agités devant les yeux du joueur blessé. Le joueur sera directement sorti du terrain.

Je ne vois pas comment on peut s'opposer à la mise à jour des protocoles du rugby à XV. Et pourtant, c'est ce qui arrive. Lorsqu'il a été révélé que je me battais pour des changements, j'ai reçu des tonnes de messages : « Vous ruinez la vie de mon fils », « J'ai perdu tout respect pour vous. » Je ne sais pas combien de fois je devrai le répéter : moi-même et d'autres qui ont suivi cette voie ne cherchons pas à détruire le rugby. Nous voulons que les gens jouent au rugby. Mais nous voulons aussi prémunir les joueurs d'un risque connu et qui doit être éradiqué. Ce n'est pas comme si le rugby ne s'était jamais adapté auparavant. Autrefois, lorsque quelqu'un était au sol, il était possible de l'extraire sans ménagement. Cette pratique a été abandonnée parce qu'elle était dangereuse : les joueurs pouvaient se faire piétiner. La plupart des gens ont trouvé cette décision raisonnable. Mais d'autres, comme toujours, se sont insurgés : « Ils ramollissent le jeu. » Non, ils le rendent plus sûr !

Les sports s'adaptent – ils l'ont toujours fait et le feront toujours –, et souvent pour le meilleur. Certains entraîneurs de football se plaignent du fait que les enfants ne sont plus autorisés à frapper le ballon de la tête à l'entraînement. Mais jetez un coup d'œil au football à cinq. Le ballon ne peut pas dépasser la hauteur des épaules et les gens adorent ça. La ligue de rugby s'est débarrassée des charges à l'épaule et des plaquages hauts. Les stades sont toujours pleins.

Si un sport est suffisamment bon au départ, il s'adaptera et survivra. Lorsque les joueurs australiens de cricket ont été frappés à plusieurs reprises à la tête et sur le haut du corps lors de la tristement célèbre série Bodyline Ashes de 1932-1933, les règles ont été modifiées. Après la mort d'Ayrton Senna en 1994, la Formule 1 a réaménagé les pistes, renforcé l'encadrement médical le jour de la course et retravaillé les cockpits pour éviter que les pilotes ne se retrouvent coincés. Après la mort d'un coureur lors de la course par étapes Paris-Nice en 2003[25], le cyclisme professionnel a rendu le port du casque obligatoire. En d'autres termes, le sport s'adapte depuis des décennies. Les temps changent, tout comme la morphologie, les capacités athlétiques et la technologie. On ne peut pas se contenter de dire : « Ça fait partie du sport », et en rester là. Ce n'est pas suffisant. Pire, c'est carrément irresponsable.

Je n'ai pas de temps à perdre avec ceux qui disent : « De mon temps, nous jouions dur et cela ne m'a jamais fait de mal. » Comment le savez-vous ? Ce sont souvent les mêmes qui affirment que le rugby est fait pour endurcir les enfants. J'avais l'habitude de jouer dans des bâtiments abandonnés – cela ne veut pas dire que je veux que mes enfants fassent la même chose. Le point de vue selon lequel il faut « endurcir les enfants » est tout à fait déplacé. Tout d'abord, ce n'est pas du tout l'objectif du rugby – c'est un jeu. Deuxièmement, lorsqu'il existe des preuves médicales que certaines composantes d'un sport comportent des risques importants pour le cerveau, comment l'idée d'« endurcir les enfants » pourrait-elle être recevable ? Vous souvenez-vous de l'époque où les publicités disaient que fumer était bon pour la santé ? Et qu'ensuite tout le monde a eu un cancer du poumon ? Aurait-il été préférable de faire comme si ce lien n'existait pas ? Se cacher derrière des attitudes machistes stupides ne fait pas disparaître les problèmes – cela tue des personnes.

Ces personnes, comme elles l'affirment sur Twitter, pensent sincèrement que ce que je fais est mal ; que les

25 Andreï Kivilev décède à la suite d'une chute survenue au cours de la deuxième étape de Paris-Nice en 2003.

coups, les chocs, les impacts et les os brisés font partie de ce qui rend le jeu si formateur. Le fait que certaines de ces personnes entraînent des juniors me dérange énormément. Heureusement, ils sont en minorité et il y a beaucoup plus d'entraîneurs qui considèrent le bien-être des jeunes dont ils ont la charge comme leur principale préoccupation. Ils savent que le jeu n'est pas en train de se ramollir mais de devenir plus sûr ; que si quelque chose est dangereux, il faut s'en préoccuper. Un parent ne s'attend pas à ce que son enfant soit mis en danger dans un environnement de rugby, pas plus qu'il ne s'attend à ce qu'un chef scout l'emmène jouer sur une voie ferrée.

Oubliez l'affirmation : « Si vous vous débarrassez de tel aspect du jeu, ce ne sera plus la même chose. » Qu'est-ce qui compte le plus ? La sécurité ? Les joueurs ? Un parent dévasté ? Ou qu'un spectateur se sente un peu déçu en sirotant son Bovril[26] sur la touche ? Tous ceux qui aiment le rugby ou qui le pratiquent devraient militer en faveur du changement, car le changement n'est pas ce qui détruira le sport : c'est ce qui le sauvera. J'ai vu des articles dans les journaux où d'anciens joueurs, dont certains sont d'anciens collègues de l'équipe d'Angleterre, disent : « Ce sport m'a tellement apporté. Je n'ai pas l'intention de m'en prendre à lui. » Ils sont simplement heureux, disent-ils, d'avoir eu la carrière qu'ils ont eue. J'aimerais leur poser une question. Si quelqu'un venait vous voir et vous disait : « Tu vas jouer au rugby pour l'Angleterre et tu vas gagner la Coupe du monde, mais tu ne pourras pas t'en souvenir, tu ne pourras pas travailler

26 Extrait de bœuf épais et salé, que l'on peut boire, tartiner ou cuisiner.

et tu ne pourras pas subvenir aux besoins de tes enfants », l'accepteriez-vous ?

J'ai une autre question à poser. Si le prix à payer pour que votre fils ou votre fille joue au rugby était la perte de ses facultés mentales, continueriez-vous à parler d'une manière aussi blasée ? C'est bien, le rugby a marché pour vous. Mais c'est une attitude très simpliste et potentiellement lâche que de se détourner, de retourner à sa cave à vin et à ses discours d'après-dîner. Qu'en est-il de ceux qui ont été laissés sur le carreau ? Qu'en est-il de ceux qui viendront après vous ? Ne voyez-vous pas qu'en sortant du bois, les anciens joueurs comme moi essaient de rendre le jeu plus sûr pour les générations futures ? Le rugby sera toujours, d'une manière ou d'une autre, un sport de contact, mais nous devons à ceux qui suivront nos traces de le rendre plus sûr. Des mesures doivent être prises dès maintenant. Sinon, des milliers d'autres personnes finiront comme moi. Je ne peux pas continuer comme si de rien n'était, car le rugby est en train de me dépouiller de ma dignité et de me transformer en une coquille vide. Et même si ce n'était pas le cas et que cela arrivait à quelqu'un d'autre, j'aime à penser que j'aurais encore la capacité de voir que le jeu est en cause, que des gens tombent malades et meurent, et qu'il y a un besoin critique de changement. J'aime à penser que je ferais preuve d'un peu d'empathie. J'aime à penser que je lèverais mon cul et que je ferais quelque chose.

Dans toute situation difficile, il faut que quelqu'un se lève et impulse le changement, sinon rien ne se passe jamais. En ce qui concerne les lésions cérébrales, je suis heureux de ne pas être allongé sur une plage à attendre que quelqu'un d'autre s'empare de la question. On ne peut pas faire cela quand il est si évident qu'un changement de cap est désespérément nécessaire. Mais ce qu'il faut avant tout, c'est que le rugby saisisse sa propre chance d'être proactif. Pour son propre avenir, il doit agir. S'il ne le fait pas, de plus en plus de personnes de tous âges et de tous sexes se détourneront du jeu. Nous voyons déjà des joueurs réagir à la crise de la démence en abandonnant le jeu dès la vingtaine. Qui peut les en blâmer ? Ils ont pesé le pour et le contre et ont conclu qu'il ne servait à rien de pratiquer un sport qui risquait de les conduire dans une maison médicalisée. La plupart des gens font du sport pour rester en bonne santé, pas pour voir leur avenir s'envoler.

Les faits montrent que tant que les instances du rugby ne modifieront pas radicalement la réglementation, ceux qui renoncent à jouer font un choix judicieux. Lorsque des chercheurs danois et américains ont analysé les dossiers médicaux de près de trois millions de personnes, les résultats ont été choquants : une commotion cérébrale grave survenue dans la vingtaine augmente de deux tiers le risque d'être atteint de démence au cours des trente années suivantes. Ailleurs, les parents font le choix de leurs enfants. Lorsqu'ils allument la radio et entendent que plus une personne est jeune lorsqu'elle subit un traumatisme crânien, plus le risque de développer une démence est élevé, ils ont tout à fait le droit de sortir directement du parking du club de rugby et de ne plus jamais y retourner. Aucun sport ne veut perdre un grand nombre d'enfants – c'est-à-dire son avenir – parce que les parents sont effrayés. Mais quel parent pourrait être blâmé de tenir son enfant à l'écart du rugby alors qu'il existe un risque évitable de commotion cérébrale ?

Des chiffres de participation en chute libre et des parents inquiets impliquent que la hiérarchie du rugby ne peut plus ignorer les conséquences potentiellement dévastatrices pour son sport. Il suffit de lire le rapport de la Drake Foundation, une organisation à but non lucratif qui se consacre à la recherche sur les commotions cérébrales dans le sport, pour comprendre que le rugby est à la croisée des chemins. S'il prend un mauvais virage, il risque de sombrer dans l'oubli. L'enquête de la fondation a révélé que 66 % des sportifs de haut niveau ont été victimes de commotions cérébrales. Les parents dont les enfants jouent au rugby souhaitent que les mêlées soient interdites dans les équipes de jeunes et 69 % veulent que les contacts physiques à l'entraînement soient limités. Quelque 65 % souhaitent que le plaquage soit interdit chez les moins de 14 ans et plus d'un sur deux chez les moins de 16 ans et les moins de 18 ans. Le nombre de parents craignant que la pratique du rugby ait un effet à long terme sur la santé de leur enfant s'élève à 58 %. Au niveau amateur, l'enquête indique que 64 % de ceux qui jouent régulièrement dans une équipe organisée sont « très » ou « assez » préoccupés par le fait que la pratique du rugby pourrait avoir un effet négatif sur leur santé à long terme, tandis que 63 % ont décidé de limiter leur temps de jeu ou d'arrêter complètement de jouer. Au niveau de l'élite, la Drake Foundation a analysé 44 joueurs. Les résultats ont été surprenants : 23 % d'entre eux présentaient des anomalies de la structure cérébrale, notamment au niveau des vaisseaux sanguins et de la substance blanche qui, avec les voies neuronales, joue un rôle crucial dans nos capacités cognitives. À une époque où les gens disposent d'innombrables options pour s'amuser, ces chiffres ne sont pas très encourageants pour un sport qui cherche à attirer de nouveaux talents.

Le rugby a besoin de repartir de zéro. Avec les jeunes, il doit surtout perdre les mauvaises habitudes prises à la suite du repositionnement du jeu des adultes. Comment se fait-il que, même au niveau des juniors, nous soyons en train de préparer les enfants à s'écraser les uns les autres ? Les quadragénaires et les quinquagénaires se souviennent du rugby de leur enfance comme d'un sport de courses. Autrefois, les enfants étaient sur le terrain, tournaient autour du ballon comme des abeilles autour du miel, et ne faisaient que quelques plaquages par match. Aujourd'hui, ils sont organisés en lignes défensives, conditionnés – « Fais ceci ! Fais cela ! » Depuis quand les collisions sont-elles devenues ce qu'il y a de plus important dans le rugby ? Avant, on parlait de la capacité d'un joueur à courir avec le ballon, de son habileté à le manier. Le jeu a été transformé en un jeu de cour de récréation sous stéroïdes. La joie du jeu à ce jeune âge, la course, l'habileté à éviter son adversaire ont disparu. Ce qui compte, ce sont les systèmes, le pouvoir, la course contre l'autre. Et ce, jusqu'en bas de l'échelle. En regardant cela, je ne peux m'empêcher de penser : *quand le rugby est-il devenu comme ça ? Quand est-il devenu si unidimensionnel et ennuyeux ?* Si, en tant que parent, j'emmenais mon fils ou ma fille jouer, je sais ce que je penserais : *n'y a-t-il pas un club où ils pourraient simplement taper dans le ballon ?*

Je me suis rendu dans des clubs et j'ai assisté à des séances d'entraînement d'une heure au cours desquelles les enfants n'ont joué que dix minutes. Le reste du temps était consacré à des discussions tactiques. Le plus important dans toute séance est que les enfants puissent jouer et apprécier le jeu. S'ils restent debout tout le temps, ils ne peuvent pas jouer. L'enfant se lassera vite et cherchera ailleurs un moyen de se divertir. En fin de compte, il sera perdu pour ce sport. Souvent, ces entraîneurs sont obsédés par la victoire. Ils dirigent en fait ces séances pour leur propre ego. Le rugby doit avoir une vision plus globale de ce qu'il est et de ce qu'il doit être. Dans le monde moderne, il doit avant tout permettre aux enfants de sortir la tête de leurs écrans et contribuer à la lutte contre l'obésité. Cela n'arrivera pas si les parents s'inquiètent de la sécurité du jeu et si les enfants qui s'y adonnent le trouvent ennuyeux. Les enfants de toutes tailles et de tous gabarits peuvent aimer le rugby. C'est un jeu de course amusant et excitant pour tous. Dans un monde où les distractions sont si nombreuses, si un sport ne suscite pas l'intérêt des nouvelles générations, c'est qu'il est mort.

Les gens affirment qu'il n'est pas normal d'arrêter le rugby de contact pour les jeunes enfants parce qu'ils ont besoin d'apprendre à un âge précoce. Vraiment ? Dans quelques années, lorsque le sport aura changé, ils connaîtront les techniques d'évitement. Ils joueront d'une manière différente. Lorsqu'ils seront plus âgés et voudront progresser, il faudra veiller à ce que tous les protocoles soient mis en place pour garantir une sécurité maximale. Je ne voudrais en aucun cas qu'un de mes enfants joue au rugby tel qu'il est pratiqué actuellement. Je ne voudrais pas qu'il accumule des problèmes pour l'avenir et je ne voudrais pas qu'il soit confronté aux risques liés aux impacts. Avec de jeunes enfants dont le cerveau est encore en pleine croissance, il faut supprimer les plaquages et les rucks. À aucun niveau il n'est bon pour un cerveau en développement d'être soumis à des chocs et des collisions constants et inutiles.

Une seule tragédie devrait suffire à pousser un sport à agir. Mais le rugby a réagi avec désinvolture et retard. Ce sport peut-il honnêtement dire aux parents qu'il fait tout ce qui est en son pouvoir pour assurer la sécurité de leurs enfants ? S'il traîne les pieds sur la question des jeunes pratiquant le rugby de contact, il ne pourra jamais le prétendre. Un sport bien géré, réactif et responsable s'adapte à son temps. Pourquoi une autre famille devrait-elle subir la souffrance de la famille Robinson ? S'attaquer aux problèmes du rugby n'est pas un concept vague. Il ne s'agit pas non plus seulement de démence. Il s'agit de jeunes gens souffrant de blessures catastrophiques qui peuvent changer leur vie. Ou y mettre fin. Le sport doit donner des orientations et des directives sur la question de savoir si le rugby de contact doit être retiré du programme scolaire. Les écoles doivent également prendre cette décision. Aucun argument ne peut l'emporter sur la sécurité des enfants. Dans quel monde vivons-nous lorsque des enfants sont confrontés à des traumatismes crâniens susceptibles d'affecter leur vie, voire de leur être fatals, et que la réaction consiste à rester les bras croisés et à dire : « C'est du rugby, c'est comme ça », à ne rien faire ?

Quand les gens sur les réseaux me disent que je veux détruire le rugby, ils ne peuvent pas se tromper davantage. Ce que je veux en fait, c'est assurer la sécurité du rugby pour qu'il n'y ait pas d'autre Ben. Comment quelqu'un qui aime le rugby peut-il regarder les parents de ce jeune garçon en face et leur dire que nous ne le leur devons pas ?

Chapitre 16

BRISÉ

Lorsque vous êtes jeune, vous pensez que les responsables du sport s'occupent de vous. Peu à peu, vous commencez à comprendre qu'en fait, ils s'occupent d'eux-mêmes. Il est alors trop tard.

Cela m'émeut et me bouleverse de penser que la vie de Ben Robinson a duré autant que ma seule carrière de joueur professionnel de rugby. Cela me fait également penser à la façon dont le jeu a changé pendant cette période. Comment les joueurs sont devenus des mannequins pour crash-test et comment ce qui se passe au sommet d'un sport se répercute toujours aux niveaux inférieurs.

Comme je l'ai déjà dit, lorsque le rugby a franchi le pas et est devenu professionnel, le sport est rapidement devenu de plus en plus axé sur la force. En première ligne, nous avons essuyé les plâtres. « La défense gagne les matchs. » C'est tout ce que j'entendais, car le rugby est passé d'un jeu fluide à un jeu basé sur les collisions. Ne vous contentez pas de me croire sur parole. Regardez sur YouTube la comparaison entre le jeu de course ouvert des décennies antérieures au professionnalisme et le style de jeu qui a suivi. Plus rapide, plus lourd, plus fort, c'est tout ce qui compte. Moi-même, je suis passé d'une personne très agile, qui courait sur le terrain et appréciait vraiment le jeu, à un bloc solide avec un tour de cou de 60 centimètres. En gardant à l'esprit que la moyenne pour un homme au Royaume-Uni est de 30 centimètres, vous pouvez voir que j'étais devenu mi-homme, mi-taureau.

Pour alimenter le désir de puissance du jeu, une énorme culture de la salle de musculation a vu le jour, ce que je n'aimais pas et ne me convenait pas particulièrement. J'ai ce que j'appelle une « force de fermier » – faites-moi faire de la lutte et il n'y en aura pas beaucoup capables de me battre. Mais demandez-moi de faire du développé-couché et cela n'aura rien à voir. Je pouvais à peine atteindre 150 kg alors que certains joueurs anglais soulevaient beaucoup plus. Là où je me suis révélé, c'est à l'arraché. Grâce à la puissance de mes jambes et de mes fesses, je pouvais soulever plus de 300 kg. Un fermier, je vous le disais – j'aurais été parfait pour déplacer des bottes de foin. Et, comme un fermier, je n'avais jamais un jour de repos.

Il y a eu si peu de répit. À peine avions-nous gagné la Coupe du monde et atterri à Heathrow que nous reprenions l'entraînement avec nos clubs. Même après avoir atteint la finale de l'Euro 2020 en plein mois de juillet, les footballeurs anglais ont pu passer quelques semaines sur la plage avant de revenir à l'entraînement. Mais entre 2001 et 2007, hormis une tournée de deux tests en Australie en juin 2006, j'ai joué pratiquement sans relâche, été comme hiver. Tout ce que j'ai fait, semaine après semaine, c'est jouer au rugby, me faire écraser encore et encore. Les trous dans le calendrier des clubs étant comblés par les matchs internationaux, mon corps devait tenir bon, ce qui rendait encore plus remarquable le fait que je n'avais jamais souffert de blessure grave jusqu'à ce jour. Je prenais des coups, mais pas suffisamment graves pour m'empêcher de m'entraîner ou de jouer. Je figurais toujours sur la feuille de match, j'étais toujours sur le terrain d'entraînement. Le staff me strappait et me remettait sur le terrain. Je jouais quarante matchs par saison. Ma tête et mon corps étaient continuellement mis à rude épreuve.

Mais cela n'avait aucune importance pour qui que ce soit d'autre que moi. Quelles que soient les exigences physiques, je savais ce qui se disait dans la hiérarchie : « C'est Wally, il va le faire. Tout ira bien. » Au bout d'un moment, ce message s'est ancré dans ma tête et j'ai commencé à croire que j'étais en quelque sorte indestructible. Même si je me blessais, le repos n'était jamais une option. Une fois, j'ai endommagé le ligament interne de mon genou. Je l'ai strappé et je suis retourné sur le terrain. D'autres fois, je soulevais une épaule et la douleur était insupportable. La solution ? Des antidouleurs, des piqûres. Jamais de récupération. Si les blessures corporelles sont traitées comme un simple inconvénient, de la chair à rafistoler, faut-il s'étonner que les blessures à la tête n'aient pas été, et ne soient toujours pas, traitées différemment ?

Je n'étais pas le seul à endurer cela. Je voyais mes compagnons de crash-test se faire assommer, tituber un peu mais être laissés sur le terrain. Et en toute honnêteté, le joueur en question a peut-être lui-même poussé en ce sens. Il a peut-être voulu rester pour aider son équipe, ou peut-être simplement pour avoir l'air d'un dur. Ses coéquipiers, désireux de ne pas perdre un collègue influent, peuvent également inciter l'entraîneur à ne pas le remplacer. Telle était la dynamique de ce sport. Sortir d'un match à cause d'un étourdissement était le plus sûr moyen de se faire traiter de « fiotte ». En fait, quelqu'un qui se cogne contre un poteau, titube en essayant de garder son équilibre, fait souvent rire tout le monde, un peu comme au cricket lorsqu'un batteur est frappé dans les couilles. Au rugby, c'est l'ignorance qui l'emporte, tandis que le bon sens reçoit un carton rouge et est renvoyé au fond de la tribune. *Le jeu – tout ce qui compte, c'est le jeu* – est une illusion qui s'empare de l'esprit.

Il m'est arrivé d'avoir des coupures autour des yeux, d'aller me faire recoudre de façon temporaire avant de recevoir les soins appropriés après le match. Imaginez cela dans n'importe quelle autre activité, par exemple dans une usine. Un ouvrier s'écrase un doigt dans une machine, on lui met un sparadrap avant qu'il puisse se rendre à l'hôpital à la fin de sa journée de travail. Le fait est que tout ce qui comptait, c'était de continuer. Je ne voyais pas d'autre solution. Laissez-moi aller jusqu'à la mi-temps et tout ira bien. De la même manière, j'étais connu pour prendre un coup, passer dix secondes au pays des fées, puis repartir comme si de rien n'était. Mais il s'était manifestement passé quelque chose. Mon cerveau avait été violemment secoué. Pensez à un freinage brusque dans votre voiture et à ce qu'il advient du café à emporter qui se trouve dans le porte-boisson près du levier de vitesse, à la façon dont il se répand dans tous les sens. Mon cerveau voulait faire la même chose sauf qu'il n'avait nulle part où se déverser. Tout ce qu'il pouvait faire, c'était se fracasser contre mon crâne d'un côté, puis reculer contre l'autre, ricochant d'avant en arrière dans une enveloppe malmenée par l'intensité de l'impact.

Ce mélange de désir de compétition et de manque de compréhension médicale profonde signifie qu'une décision sur l'aptitude à continuer après un traumatisme crânien ne peut jamais être prise par ceux qui sont concernés par le match. Les joueurs sont aveuglés par la loyauté à la cause, le désir de jouer, la peur de paraître faibles et de perdre leur place. Les entraîneurs, souvent sous pression, veulent simplement gagner. Dans ce cas, le seul avis qui doive être pris en considération est celui d'un médecin ou d'un soigneur. Aucun d'entre nous ne passe son propre examen de conduite et ne décide s'il est apte à prendre le volant. Y aurait-il la moindre différence ?

Je sais pertinemment que mon cerveau a été régulièrement secoué pendant les matchs. Souvent, un coéquipier me parlait après le coup de sifflet final, évoquant un incident ou une décision, et je restais assis là, dans le vague.

« Quand l'arbitre a pénalisé cette mêlée, je pensais que nous n'aurions pas d'autre chance », me disait-on. *Quelle mêlée ? Qu'est-ce que tu racontes ?* Pendant des années, j'ai pensé que c'était normal. Je trouvais que mes coéquipiers étaient bizarres. Comment pourrait-on se rappeler un détail survenu en plein match ? On oublie des choses. C'est ce que font les gens. Sauf qu'ils ne le font pas – du moins pas à mon âge, pas comme moi. C'est moi qui étais bizarre. Au lieu d'images des quatre-vingts dernières minutes frénétiques, j'avais un amas d'images floues qui se baladaient sur le terrain vague de mon cerveau.

Heureusement, il y a maintenant des joueurs qui alertent l'encadrement s'ils voient qu'un autre joueur a reçu un coup. C'est une victoire, mais le problème va bien au-delà de ce qui se passe sur le terrain. Comme tout professionnel, je m'entraînais sans relâche. En tant qu'amateur, je m'entraînais deux fois par semaine. Passé pro, c'était souvent deux fois par jour. Même si j'étais blessé, le message était le même : « Si tu ne t'entraînes pas, tu ne joues pas. » En Angleterre, où le temps de jeu est nettement plus limité et où la concurrence pour les places est sévère, le seul moyen de faire ses preuves est de s'entraîner. Cela ne s'arrête jamais. Même lorsque vous avez la possession du ballon, vous devez vous battre avec acharnement. Si vous levez le pied, il y aura immédiatement quelqu'un dans le rétroviseur prêt à vous bousculer. Cette peur est exactement la raison pour laquelle j'ai accepté d'être poussé en termes de puissance et de gabarit. Si l'on estimait qu'il fallait être plus grand et plus fort pour continuer à être efficace, il fallait que j'adhère à cette philosophie. On ne peut pas se contenter d'être professionnel le samedi. Pour atteindre le sommet et y rester, vous devez travailler dur jour après jour pour être ce que votre club ou votre pays veut que vous soyez. Pour un talonneur comme moi, cela signifiait encaisser des coups à la tête chaque jour. Il m'arrivait souvent d'être assommé à l'entraînement, mais autour de moi, on se contentait de hausser les épaules. Après tout, c'est Thommo, et Thommo est toujours d'attaque, n'est-ce pas ?

Personne n'y songeait davantage. Personne ne disait : « Attends, tu ferais mieux de t'asseoir pour le reste de la séance pendant que nous t'évaluons. » Les joueurs étaient comme écrasés par un bulldozer mais se relevaient aussitôt pour continuer. Cinq minutes plus tard, la même action pouvait se reproduire. Imaginez que vous percutiez un mur avec votre voiture, que vous vous remettiez au volant et que vous recommencez encore et encore. Il faudrait être fou. Au rugby, on pense visiblement que recevoir des chocs à la tête tous les jours est un bon moyen de s'entraîner. En France, l'entraînement était particulièrement préhistorique. En Angleterre, les entraîneurs laissaient de côté l'entraînement intensif la veille d'un match, alors qu'en France, nous faisions des séances de contact sans retenue. J'essayais de les éduquer mais c'était inutile. Cela faisait partie de leur culture rugbystique. Ils devaient être à fond tout le temps.

Partout où j'ai joué, plus souvent que je ne voudrais m'en souvenir, même si je le pouvais, on m'a demandé d'opposer mon solide corps de 114 kilos à la force quasi inamovible de la machine à mêlée. Croyez-moi, se soumettre à l'un de ces engins est tout sauf une partie de plaisir. Vous avez votre propre élan, plus celui des joueurs derrière vous, qui vous force à vous encastrer dans une machine qui semble plus adaptée à des travaux agricoles qu'au sport. Parfois, pour augmenter la résistance, d'autres joueurs se tenaient debout sur le cadre. Vous étiez tout simplement écrasé au niveau des épaules, du cou et de la tête. Je commençais à me sentir mal. Lorsque, finalement, nous avons relâché la pression, j'ai vu de petits points blancs devant mes yeux

– comme les étoiles que les personnages de dessins animés voient lorsqu'ils reçoivent un coup d'enclume sur la tête. Il s'écoulait quelques secondes avant que je comprenne à nouveau ce qui se passait autour de moi. Mais c'est ainsi que l'on travaillait. Au mépris de vos sensations. Le travail avec la machine à mêlée est devenu mon outil de travail quotidien, comme l'ordinateur pour d'autres. On avait vraiment l'impression que les entraîneurs ne trouvaient pas d'autre moyen d'entraîner les avants. Après tout, eux aussi étaient passés de deux entraînements par semaine à un temps plein. Comment étaient-ils censés occuper toutes ces heures ? D'autres fois, ils laissaient tomber la machine à mêlée et nous demandaient de nous frapper les uns les autres à la place. Un jour, nous avons répété la mêlée cent fois. Une tonne d'hommes qui s'entrechoquent. Cent fois ! Ils auraient tout aussi bien pu appeler l'armée et nous demander d'éperonner un char d'assaut. Ce genre d'entraînement n'a aucun sens. En gros, on demande aux joueurs d'atteindre une forme physique optimale tout en leur faisant subir en permanence des chocs violents – en plus de tout ce qui se passe sur le terrain. Je ne pense pas qu'un joueur de rugby puisse jamais dire qu'il est en pleine forme. Si des protocoles relatifs aux commotions cérébrales sont mis en place et que cela réduit les impacts, peut-être des joueurs pourront-ils enfin se dire à cent pour cent.

Avec mon esprit de compétition naturel, je ne me retenais ni à l'entraînement ni en match. Le problème, c'est que dans le sport professionnel, si vous faites des histoires, si vous prenez position, vous risquez d'être écarté. Ce n'est pas seulement votre nom sur la feuille de match qui disparaît, c'est votre avenir et votre gagne-pain. Mon travail, c'était clair comme de l'eau de roche, était de me faire mettre hors d'état de nuire. Et si c'était mon travail, comment aurais-je pu m'en plaindre ? C'est comme si un boulanger se plaignait de l'odeur du pain.

Vers la fin de ma carrière, j'ai eu l'impression que l'éthique de l'entraînement commençait à changer quelque peu. Les séances sont devenues plus scientifiques. Les entraîneurs semblaient surmonter leur amnésie collective et se rappeler que les compétences techniques peuvent aussi permettre de gagner des matchs. Je ne dis pas qu'ils cherchaient à revenir à l'époque grisante où Gareth Edwards sprintait sur soixante mètres pour marquer ce qui est peut-être le plus grand essai de tous les temps, avec les Barbarians contre les All Blacks en 1973, mais je suis certain que la préparation à la Coupe du monde que j'ai vécue en 2011 était très éloignée du tout physique de mes premières années, du manège sans fin qui équivalait à subir chaque jour des dizaines d'accidents de voiture contrôlés.

De nos jours, l'entraînement tend à être plus ciblé, les joueurs travaillant à la réalisation d'objectifs individuels et collectifs, plutôt qu'au contact physique pur. Pour moi, cependant, l'abandon du rugby tel que je l'ai connu est intervenu dix ans trop tard. Le résultat de cette punition quotidienne est qu'une grande partie de ma vie n'existe littéralement plus. La partie centrale – le joueur de rugby de haut niveau que j'étais – s'est volatilisée. Pas besoin d'être un génie pour s'en rendre compte. C'est dans cette partie médiane que le plus gros des dégâts a été commis. Par ailleurs, le fait que j'aie constaté des progrès vers la fin de ma carrière ne signifie pas qu'une nouvelle ère de sécurité s'est ouverte pour le rugby. Les chiffres de la RFU montrent qu'en 2018-2019, pour la huitième saison consécutive, la commotion cérébrale a été la blessure la plus fréquente lors des matchs professionnels, représentant 20 % de toutes les blessures signalées. Ces chiffres montrent qu'au cours de la même année, il y a eu 166 commotions en match et 38 commotions à l'entraînement. Près d'une commotion sur cinq s'est produite à l'entraînement.

Les collisions, souvent à une vitesse élevée, restent un élément essentiel de l'arsenal d'une équipe. Il suffit de regarder la puissance que certaines équipes ont sur le banc – des lignes spécialement conçues pour entrer en jeu vers la fin du match et s'imposer face à des adversaires fatigués. On en est arrivé au point qu'une équipe peut commencer avec un joueur plus faible à un certain poste juste pour qu'un grand joueur « d'impact » puisse entrer dans la mêlée en fin de match, quand il peut vraiment faire la différence. Les joueurs déjà sur le terrain sont épuisés et voilà qu'une masse musculaire d'un mètre quatre-vingt-dix et de 120 kilos entre en jeu et commence à les frapper de plein fouet comme s'ils étaient faits de bâtons d'allumettes. L'Italie a admis avoir gardé sa meilleure première ligne sur le banc jusqu'à la seconde mi-temps lors d'un récent match du Tournoi des Six Nations. L'Afrique du Sud a agi de la même manière lors de sa victoire à la Coupe du monde de rugby 2019. Avec six avants sur le banc, elle a pu introduire ce que l'on a appelé le « Bomb Squad ». Une excellente tactique, mais qui finira par briser les corps et les esprits. Ne vous contentez pas de me croire sur parole. Sir Clive

Woodward, qui a joué à l'époque des amateurs, a déclaré que s'il jouait aujourd'hui, il serait anéanti.

« L'utilisation des remplaçants a fait évoluer le jeu dans le mauvais sens », déclare-t-il. « Une partie du jeu devrait être axée sur la condition physique, sur le fait de jouer pendant quatre-vingts ou cent minutes. Si l'on fait jouer des joueurs frais contre d'autres qui ne le sont pas autant, on crée un déséquilibre dangereux. Notre préparation pour la Coupe du monde n'était pas basée sur la puissance – pour moi, il s'agissait plutôt de la forme aérobie. Si vous êtes suffisamment en forme, vous êtes de toute façon puissant. »

En 2021, quelques-uns des plus grands noms du rugby, parmi lesquels mon vieil ami Sir Ian McGeechan, ont écrit au président de World Rugby, Sir Bill Beaumont, pour lui dire que le rugby professionnel était devenu « inutilement dangereux ». Dans cette lettre, ils soulignaient qu'avec huit remplacements, le jeu était devenu un jeu à vingt-trois, et que certains joueurs s'entraînaient en conséquence, « privilégiant la puissance à la capacité aérobie… ce qui entraîne davantage de collisions et, dans les dernières séquences d'un match, de nombreux "géants" frais écrasent des adversaires fatigués ». Ces légendes, qui connaissent bien le jeu, proposent de limiter le nombre de remplacements à quatre et de ne les utiliser qu'en cas de blessure. Je suis tout à fait d'accord.

La lettre soutient également le point de vue de l'ancien capitaine du pays de Galles et des Lions, Sam Warburton, pour qui un joueur finira par mourir en direct à la télévision si aucune mesure n'est prise. Pensons-y : un homme, un héros absolu du rugby, qui a joué soixante-quatorze fois pour son pays, prédit que si les autorités n'agissent pas, quelqu'un mourra devant des millions de téléspectateurs.

Bill Ribbans, un consultant en traumatologie et en chirurgie orthopédique que je connais depuis l'époque où j'étais à Northampton, a décrit le fait de se mesurer de plein fouet à l'un des nouveaux professionnels d'un gabarit imposant revient à « se faire renverser par un camion ». Il pense que le fait de plaquer un tel adversaire peut exercer une force d'un cinquième de tonne sur l'épaule. Ce discours sur les joueurs de grande taille n'est pas une vue de l'esprit. Des analyses ont révélé que les joueurs de haut niveau des années 1980 pesaient en moyenne 89 kilos et mesuraient 1,80 mètre. En 2020, le poids moyen d'un joueur de Premiership anglais dépasse 100 kg et sa taille 1,85 mètre. N'oubliez pas qu'il s'agit là de moyennes – beaucoup de joueurs sont au-delà. Les propres données de World Rugby montrent que le nombre moyen de plaquages par match a presque triplé au cours des trois dernières décennies, passant de 94 en 1987 à 257 en 2019. Combien d'avertissements devront être émis, de statistiques produites, d'anciens joueurs et d'experts médicaux entendus avant que le sport ne commence à changer ? Si cela s'était passé il y a vingt ans et que l'on ne comprenait pas les effets de ces impacts, ce serait entendable. C'est un sport professionnel où l'objectif est de gagner. Mais maintenant que nous comprenons les tenants et les aboutissants, l'idée que cela continue est insupportable et triste. Très souvent, la réponse des autorités du rugby est : « Nous menons des recherches. » De combien de recherches ces gens ont-ils besoin ? Les preuves sont sous leurs yeux. Certaines d'entre elles sont vivantes et respirent – pour le moment.

Cela va au-delà du rugby. Tout d'un coup, on a l'impression que tous les organismes sportifs sont impatients d'expliquer les recherches qu'ils mènent. Mais certaines de ces études sont en cours depuis des années. Ce n'est que parce que moi-même et d'autres avons pris la parole qu'ils ont été contraints d'agir.

J'ai été choqué par le nombre de personnes qui, au plus haut niveau de l'administration sportive, sont soit ignorantes, soit arrogantes, soit les deux. C'est la raison pour laquelle on a laissé cette plaie s'infecter pendant si longtemps. C'est la chose la plus facile au monde de dire : « Nous faisons de la recherche. » Où sont les résultats ? Où sont les décisions ? On ne peut pas continuer à dire : « Recherche, recherche, recherche » quand les gens perdent la tête et meurent. Les problèmes neurologiques allant de la démence à l'épilepsie, en passant par le syndrome post-commotionnel – maux de tête, vertiges, problèmes de concentration et de mémoire – ne seront pas éliminés par une approche superficielle. Le fait est qu'avec la réglementation actuelle de mon sport, d'autres joueurs finiront dans le même état que moi. Pour que cela n'arrive pas, il faut agir immédiatement. Le rugby doit cesser de se couvrir et commencer à protéger ceux qui le pratiquent. Tant que ce ne sera pas le cas, ses instances dirigeantes seront accusées de se contenter de belles paroles. Elles doivent y joindre le geste. Une instance dirigeante responsable évalue les risques et apporte les changements nécessaires. Elle ne se contente pas de faire des « recherches ». L'information est maintenant disponible, il faut la traiter. L'instinct d'autoprotection doit disparaître. Ce qui arrive aux gens est bien trop important.

La vérité, c'est que les dangers des commotions cérébrales sont documentés depuis des décennies. Bill Beaumont s'est retiré du sport en 1982 à cause de cela, et il ne s'entraînait même pas à plein temps. Clive Woodward se souvient de l'époque où il jouait, dans les années 1980, et où les joueurs recevaient des coups sans qu'aucun protocole de prévention n'ait été mis en place.

« Une fois », raconte-t-il, « j'ai été assommé et j'ai littéralement marché jusqu'au bord du terrain, j'ai franchi la barrière et je suis allé m'asseoir dans le public. Les Cusworth [collègue de Clive à Leicester] se demandait où j'étais. Dans la tribune, le public criait : “Il est là, Les ! À côté de nous !” J'ai simplement sauté par-dessus la barrière et je suis reparti sur le terrain. Il n'était pas question de m'arrêter. Tout le monde était mort de rire. »

Clive qualifie aujourd'hui sa mémoire de « désespérante ». « Ma femme me dit souvent : “Tu as eu une vie formidable, il faut que tu t'en souviennes !” »

Il est évident que des joueurs de l'époque amateur ont été gravement touchés par des commotions cérébrales. Mais depuis, qu'a-t-on fait pour lutter contre ces traumatismes ? Je ne pense qu'au casque de mêlée qui est pour ainsi dire inutile. Lorsque votre tête subit un choc, avec ou sans casque, il se produit toujours un mouvement violent dans le crâne et le cerveau est endommagé. J'ai essayé de porter un casque de mêlée à plusieurs reprises, mais j'ai vite abandonné. J'avais trop chaud et, comme j'ai une tête en forme d'œuf avec des pommettes hautes (comme j'aime à le dire, j'étais beau avant de jouer au rugby), il était difficile d'en trouver un qui me convienne. Pire, à l'époque, les joueurs adverses tordaient la lanière pour qu'elle soit incroyablement serrée et vous empêche de respirer. J'ai également remarqué que les personnes portant un casque de mêlée avaient tendance à se couper davantage au-dessus des yeux, car le casque tend tellement la peau qu'elle se fend facilement. Ayant souffert d'une grave blessure au cou, j'étais également conscient qu'un casque de mêlée augmentait le risque que cela se reproduise en me donnant un faux sentiment de sécurité.

Un médecin m'a demandé un jour : « Combien de commotions avez-vous eues ? » Je n'étais pas tout à fait sûr de ce qu'était une commotion cérébrale. « C'est quand vous perdez conscience ? », ai-je demandé.

« Non, a-t-il répondu, ce n'est pas comme ça qu'on le mesure. Je parle d'impacts à la tête. Les impacts continus à la tête sont tout aussi risqués que les commotions graves. »

Des impacts à la tête ? me suis-je dit. *Bon sang, si c'est le critère, alors j'ai été commotionné à chaque match et à chaque entraînement.* J'ai repensé en particulier aux mêlées contre les équipes françaises. Lors d'une mêlée, les deux packs sont censés se rencontrer à partir d'un point de départ situé à un mètre l'un de l'autre. Les équipes françaises partaient de ce mètre puis, cherchant à s'imposer par tous les moyens, reculaient un peu. Je les voyais reculer – *OK, c'est bon, on y va !* De leur nouvelle position, ils chargeaient à fond et nous percutaient. Quel était le poids d'un tel impact pour nos têtes et nos cous ? En regardant cela aujourd'hui, on se demande comment cela a pu être autorisé.

Les Français n'étaient pas les seuls à pousser le côté physique à l'extrême. Beaucoup d'équipes avaient des joueurs censés marcher sur un joueur au sol, lui donner des coups de poing. Je ne dis pas que mon époque a été la seule à connaître un rugby dur. Lorsque William Webb Ellis a ramassé le ballon pour la première fois et a couru avec lors d'un match de football scolaire en 1823, je pense qu'il n'a pas fallu longtemps avant qu'un adversaire l'envoie au sol comme un rouleau compresseur. Le sport professionnel qui s'est transformé dans les années 2000 n'était qu'une version laide et abâtardie de celui qui avait précédé.

La question du médecin m'a fait prendre conscience que la commotion cérébrale a trop longtemps été considérée comme un état d'inconscience, comme celui d'un boxeur au tapis, alors qu'en réalité elle opère à des degrés bien plus nuancés. Oui, il y a les gros impacts, mais au cours d'une carrière, il y a aussi des milliers de blessures sub-commotionnelles – les coups, les secousses, les torsions soudaines – qu'un joueur encaisse comme s'ils faisaient partie du jeu. Le cerveau est secoué, mais sans résultat visible immédiatement. Au cours d'une carrière de dix à quinze ans, en raison du nombre considérable de rucks, de plaquages, de portages, de mauls et de mêlées, un joueur est susceptible de subir des dizaines de milliers de coups. Mais cela n'est pas normal pour autant ni juste. Un coup ou un choc à la tête provoque des dégâts, c'est aussi simple que cela. On prendrait peut-être mieux conscience de la gravité du problème si l'on abandonnait complètement le mot « commotion » et si l'on décrivait un impact pour ce qu'il est : une lésion cérébrale traumatique. Nous pourrions faire la même chose avec la démence précoce – soyons francs et appelons cela une lésion cérébrale.

*

Je soutiens les appels lancés par Progressive Rugby, créé par l'ancien international anglais James Haskell, en vue d'établir des règles de base pour le changement dans le sport. Progressive Rugby estime que World Rugby doit reconnaître le fait que la pratique du rugby professionnel peut provoquer des ETC et d'autres maladies neurodégénératives. Il souhaite également limiter les contacts à l'entraînement et le nombre de remplacements autorisés par match, que des observateurs désignés soient habilités à demander le remplacement des joueurs présentant des symptômes visibles, que la question des commotions cérébrales fasse l'objet d'une plus grande sensibilisation et que les soins post-traumatiques soient améliorés. J'ajouterais que le rugby doit également appliquer plus rigoureusement les règles déjà existantes. Il en existe concernant les plaquages dangereux mais elles sont totalement inutiles si elles ne sont pas respectées.

Je comprends que l'on dise que je veux obliger les autres à jouer un type de rugby que je n'ai jamais eu à pratiquer. Je partage cette préoccupation pour notre sport. Avouons-le, qui a envie d'assister à un match de rugby pour voir deux équipes se taper dans le dos pendant quatre-vingts minutes ? Mais en fait, si l'on examine les propositions de changement, la nature essentielle du jeu le jour du match restera la même. Les améliorations visent à garantir que les joueurs ne reçoivent pas de coups totalement inutiles à l'entraînement, que les règles sur les contacts soient correctement appliquées et que les traumatismes crâniens soient examinés rigoureusement selon une série de protocoles stricts. Si le rugby veut survivre, ces changements ne sont pas négociables. C'est une question de bon sens. Le sport évolue avec le temps et les exigences du professionnalisme, l'augmentation des enjeux, l'introduction d'un modèle commercial, le besoin de survivre et de réussir le changent plus que tout. Le rugby professionnel a vu le jour il y a vingt-cinq ans, mais cela pourrait tout aussi bien remonter à un siècle tant le jeu a évolué. Le jeu au plus haut niveau s'est transformé en quelque chose de très différent de ce que les gens pouvaient voir dans *Rugby Special*[27] le dimanche après-midi dans les années 1970.

Il est également tout à fait possible que nous ayons encore beaucoup à apprendre sur le cerveau et les effets des traumatismes dus aux impacts. Ce que nous avons vu jusqu'à présent n'est peut-être que le contrefort d'une montagne immense et hideuse. Je pense à Rob Burrow, l'ancien international des Rhinos de Leeds, l'homme le plus courageux et le plus inspirant qui soit, si terriblement frappé par la maladie de Charcot. Avec moins de 63 kilos et un 1,60 mètre, Rob a passé seize ans à plaquer régulièrement des joueurs deux fois plus grands que lui. Le lien entre la carrière sportive de Rob et la maladie qu'il a endurée avec tant d'humilité, d'humour et de courage n'a pas encore

27 Émission britannique de la BBC qui a débuté en 1966 et est encore diffusé de nos jours.

été définitivement établi, mais il est difficile de ne pas se demander si l'une n'a pas conduit à l'autre[28].

Ceux qui dirigent le rugby doivent tenir compte des faits concernant les lésions cérébrales si l'on ne veut pas que des milliers d'autres joueurs paient le prix le plus élevé possible pour jouer au rugby, c'est-à-dire qu'ils ne soient plus que l'ombre de ce qu'ils ont été. Ce n'est pas de l'alarmisme, c'est un fait. Si rien ne change, qu'est-ce qui empêchera que ce qui m'est arrivé à moi et à des centaines d'autres – ceux que nous connaissons – arrive à ceux qui sont en ce moment même sur les terrains de rugby ? Assurer la sécurité des gens a un coût, et c'est pourquoi le sport doit investir correctement à tous les niveaux pour s'en assurer.

Personne ne veut faire couler le rugby mais la question est bien plus vaste. Il est évident pour moi que si l'on veut épargner mon triste sort à d'autres, il faut bien que quelqu'un continue à donner l'alerte.

28 Rob Burrow est décédé le 2 juin 2024.

Chapitre 17

PREMIER TÉMOIN

Je n'ai jamais voulu revenir dans la sphère publique. En toute honnêteté, mon instinct me pousse à fermer la porte au monde et à reprendre le cours de ma vie. L'existence que je menais au début de l'année 2020 était aussi éloignée de la télévision et des journaux que possible. Ce n'était plus mon habitat naturel. J'étais sur le canal avec ma canne à pêche ou dans le jardin avec les enfants. Tout cela a changé dès qu'il est devenu clair que, pour protéger la sécurité à long terme de ma famille, je serais le joueur le plus en vue dans le procès mené par Richard Boardman et les spécialistes juridiques des commotions cérébrales dans le sport, Rylands Law, contre World Rugby, England Rugby et Wales Rugby Union.

Il était évident dès le départ qu'il serait difficile de persuader les autorités du rugby de délier les cordons de la bourse et de payer une compensation pour leur négligence supposée à mon égard et à l'égard d'autres personnes à propos des commotions cérébrales subies. Cependant, Richard et ses collègues avocats, qui me représentaient ainsi qu'un nombre croissant d'anciens joueurs appartenant à la première génération à avoir joué toute une carrière de rugbyman professionnel à temps plein, étaient toujours optimistes quant au résultat, une conviction fondée sur une base juridique solide. Toute instance sportive a un devoir de protection envers ses pratiquants ; pourtant, dans le rugby, les contacts à l'entraînement n'ont jamais été limités et les protocoles adéquats en matière de commotions cérébrales sont devenus plus laxistes, si seulement c'était possible.

Le jargon juridique m'a laissé froid, mais j'ai pu constater que nous avions un dossier solide. Le rugby avait failli à son devoir de protection malgré des données sur les risques de blessures à la tête. Il n'y a pas eu davantage de réflexion sur l'impact de la puissance du sport professionnel sur les pratiquants. J'étais la preuve vivante de leur culpabilité. Steve Thompson – pièce à conviction numéro un. J'ai été rejoint sur le devant de la scène par, entre autres, l'ancien flanker anglais Michael Lipman, qui était sorti du terrain sur commotion cinq fois pendant la même saison. Les symptômes de Michael me sont terriblement familiers : sautes d'humeur, désorientation et pertes de mémoire font désormais partie de son quotidien. Une fois, il a laissé son bébé sans surveillance pendant quatre-vingt-dix minutes. M'a rejoint également Neil Spence, ancien flanker de Leicester, Gloucester et Rotherham. Il souffre de problèmes d'élocution, de crises d'angoisse et de dépression. Neil avait l'habitude de juger de la qualité de ses performances en fonction de l'état d'esprit dans lequel il se trouvait au coup de sifflet final. Devenu entraîneur, il est passé une fois devant la crèche où il devait récupérer ses enfants et s'est garé dans une autre école pour commencer à mettre en place une séance d'entraînement. Le pilier Carl Hayman, légende des All Blacks, a rejoint l'action contre World Rugby après avoir été diagnostiqué d'une démence précoce à l'âge de 41 ans. Il souffrait de maux de tête, de pertes de mémoire et avait envisagé de mettre fin à ses jours. Il a été stupéfait de ne pas pouvoir se souvenir du deuxième prénom de son fils lorsqu'il est allé demander un passeport. Et puis, bien sûr, il y a eu Alix Popham, dont les problèmes m'ont fait prendre conscience de mes propres difficultés.

Et pourtant, au fur et à mesure que le procès avançait, je me suis retrouvée à passer de l'enthousiasme – je savais que nous avions raison et que ce que nous faisions était exactement ce que nous devions faire – à l'idée soudaine que toute cette affaire était une énorme perte de temps. *Les gens comme nous se font toujours baiser. Nous ne gagnons jamais. On nous remet toujours dans notre boîte et on nous dit de nous taire.* J'ai regardé le film *Dark Waters*, qui raconte l'histoire vraie des habitants d'une ville du New Jersey souffrant de graves problèmes de santé dont on pense qu'ils sont dus à la consommation d'eau polluée par des produits chimiques provenant d'une usine voisine, et de l'avocat qui tente désespérément d'obtenir une indemnisation de la part de l'entreprise responsable. Ces pauvres gens attendent des années et des années pendant que les demandes d'indemnisation font l'objet de procédures juridiques interminables, de va-et-vient entre les compagnies d'assurance. Je ne suis pas sûr de pouvoir supporter ce genre de délai – la pression, le fait de ne pas savoir, le harcèlement incessant à l'intérieur de ma tête. C'est tellement dur pour Steph aussi, à un moment où nous avons tellement de choses à faire dans nos vies, où nous essayons d'imaginer de quoi demain sera fait, d'avoir constamment cette incertitude. Comment pouvons-nous planifier mes soins, l'avenir de notre famille, alors que nous n'avons aucune idée de ce que sera notre situation financière ? Certaines personnes pourraient se dire : « Profitons tant que nous le pouvons et dépensons tout ce que nous avons », mais je ne suis pas comme ça. Je veux planifier pour m'assurer que Steph et les enfants iront bien. J'ai eu ma vie. Je ne me préoccupe pas d'être choyé dans de grands hôtels, de dépenser de l'argent pour des voitures. Tout ce qui compte maintenant, c'est de s'occuper des enfants et de Steph, de faire en sorte qu'ils puissent vivre sans se soucier constamment de l'argent. En l'état actuel des choses, rien n'est prévu pour nous. J'ai une famille. Je regarde le coût des soins et cela me fait peur. Je ne peux pas les laisser avec ce fardeau.

De même que certains pensent que je suis ingrat envers le rugby, que je mords la main qui m'a nourri, d'autres m'accusent d'être cupide – *Il a gagné beaucoup d'argent pour courir avec un ballon et maintenant il en veut plus ?* Si des gens pensent que je suis gourmand, ils pourraient peut-être me dire quel est exactement le prix à payer pour perdre la tête. Ils pourraient également réfléchir à ce que coûte la prise en charge d'une personne atteinte de démence. Et l'importance de celle-ci sur leur capacité à gagner leur vie. Des gens pensent que, parce qu'il s'agit d'un sport professionnel, nous sommes tous multimillionnaires et que nous disposons de revenus de dizaines de milliers de livres par semaine. Comprenez-moi bien, je ne dis pas que nous ne gagnons pas bien nos vies, mais c'est loin d'être suffisant pour nous permettre de ne plus travailler après nos carrières. Et puis, quelles sommes justifient d'être dément ? Peu importe combien gagne un individu, personne ne mérite cela.

Ce qu'il mérite, c'est que l'instance qui a une part de responsabilité dans l'effacement de sa mémoire lève la main et l'admette. Ainsi, l'organisation donnera à ceux qui souffrent quelque chose de bien plus précieux qu'un règlement financier – elle leur donne un règlement mental. Compte tenu du nombre de joueurs qui traversent la tourmente des maladies liées aux commotions cérébrales, l'importance de les libérer des sables mouvants juridiques et de leur permettre de se décharger d'une partie du fardeau ne pourrait être plus grande. Comme tout le monde, je veux tourner la page des discussions juridiques, des déclarations de témoins, des rapports interminables. Le procès est la seule chose que je veux oublier mais je ne peux pas. Il ne sert à rien de me dire que la justice est lente. Cela ne veut rien dire et ne pourra jamais justifier le stress que tant de gens, notamment les familles des joueurs, ont subi.

En vérité, tout cela aurait dû être réglé depuis longtemps. Les preuves des conséquences des traumatismes crâniens dans le rugby existent depuis près de cinquante ans. Il ne sert à rien de se cacher derrière le fait que l'ETC n'est diagnostiqué que par dissection post-mortem du cerveau. La Concussion Legacy Foundation est une organisation à but non lucratif qui, en collaboration avec la Boston Brain Bank, a révélé la présence d'ETC chez 110 des 111 anciens joueurs de NFL dont elle a examiné le cerveau. Les sports de contact ne peuvent plus se prévaloir de la clause d'exonération post-mortem. C'est un argument qui ne fonctionne plus en Amérique et qui ne devrait pas non plus être admis ici. Ce bateau a coulé. Combien d'arguments faudra-t-il encore avancer ? Il faut admettre que les traumatismes cérébraux sont à l'origine de l'encéphalopathie traumatique chronique, un point c'est tout.

La Concussion Legacy Foundation, qui travaille des deux côtés de l'Atlantique, s'intéresse désormais au rugby où, à l'heure où les professionnels de la première génération comme moi atteignent l'âge mûr, elle s'attend à trouver des histoires tout aussi dévastatrices. J'ai rencontré le directeur général de la fondation, Chris Nowinski. C'est Chris qui a persuadé la famille du célèbre défenseur de la NFL, Andre Waters, d'autoriser l'envoi d'un échantillon de tissu cérébral à Bennet Omalu, dont j'ai parlé plus haut, après qu'Andre se soit suicidé avec un fusil de chasse. L'examen a révélé que le tissu était similaire à celui d'une personne de quatre-vingt-cinq ans. Waters avait 44 ans lorsqu'il s'est tué. Il avait développé un ETC. « J'ai arrêté de compter mes commotions cérébrales à quinze ans, avait déclaré Waters. Je ne disais rien, je reniflais des sels odorants et je retournais sur le terrain. »

Chris, neuroscientifique et ancien joueur de football américain à Harvard, a une expérience de première main des lésions cérébrales. Il a souffert de graves symptômes post-commotionnels après avoir reçu un coup de pied à la tête au cours de sa seconde carrière en tant que catcheur à la WWE. Ce problème l'a éveillé au potentiel de dommages à long terme des commotions cérébrales et sur le manque de connaissances et d'attention dans de nombreux sports.

« Arrêtons l'hémorragie », tel est son cri de ralliement. « Ne ruinons pas la vie des autres parce que nous pensons que les gens ont besoin de s'entraîner à recevoir des coups à la tête tous les jours pour devenir de bons joueurs de rugby. »

Il est une autre voix importante et très bien informée qui appelle à une action immédiate pour limiter les contacts à l'entraînement et s'attaquer à la nature destructrice du rugby pour le cerveau et le corps. Les cerveaux des joueurs de football américain constituant la grande majorité des sujets étudiés par sa fondation, Chris considère qu'il est vital de construire une base de données sur le rugby. Bien que le problème soit évident, au-delà de tout doute raisonnable – les joueurs de rugby se présentent avec de plus en plus de symptômes cliniques identiques à certains joueurs de NFL –, les experts doivent encore documenter cette situation. J'ai donc pris une décision importante. À ma mort, mon cerveau sera légué au Concussion Legacy Project, créé par la Concussion Legacy Foundation UK et la Jeff Astle Foundation, afin d'aider la recherche scientifique sur l'ETC. Pour qu'un changement se produise, des données sont nécessaires et je serai heureux d'en fournir certaines.

Le don de cerveau est très personnel et émouvant, et ce n'est pas une chose à laquelle on s'imaginerait penser à un si jeune âge, mais s'il y a une chance que cela puisse aider d'autres personnes à ne pas finir dans le même état que moi, c'est quelque chose que je suis déterminé à faire. Steph est d'accord – enfin, aussi d'accord qu'un partenaire peut l'être – pour que je suive cette voie, ce qui est déjà très important en soi. Je ne peux pas imaginer que ce soit agréable pour elle de devoir penser à quelque chose lié d'aussi près à la mort. L'ablation du cerveau – le cœur même d'un être cher – est poignante et définitive. Cela signifie que je ne serai pas enterré ou incinéré en entier, un acte qui peut être très important, voire réconfortant, pour ceux qui restent. C'est une décision qui ne se prend pas à la légère et il faut faire preuve de compréhension et de compassion à l'égard des familles qui ne supportent pas de laisser partir une partie aussi essentielle d'une personne – sa personnalité, son caractère, son amour sont liés au cerveau. Il est horrible que la pratique d'un sport puisse un jour mettre une famille dans l'obligation de faire un tel choix.

Évidemment, même si toutes les personnes concernées – et moi le premier – espèrent qu'il se passera un certain temps avant que mon cerveau ne finisse sous un bistouri, le fait de m'engager montre que je crois absolument au travail de la fondation et en sa capacité à provoquer le changement. C'est pourquoi je suis heureux de constater que je ne suis pas le seul joueur de rugby à avoir promis de faire don de mon cerveau à la science. Les anciens All Blacks James Broadhurst et Ben Afeaki, ainsi que l'ex-pilier australien Toby Smith, qui ont tous quitté les terrains à cause de traumatismes crâniens, ont fait de même, tout comme le géant du rugby à XIII australien Peter Sterling. La famille de Dave Bolton, légende de Wigan décédée à l'âge de 83 ans à la suite d'une longue bataille contre la démence, a également fait le geste incroyable de donner son cerveau à la science après sa mort.

Bien que rassuré par la détermination des joueurs de rugby à mettre en lumière les traumatismes cérébraux et les

ETC, je ne peux m'empêcher de me demander combien d'autres exemples, combien d'autres familles soumises au bouleversement émotionnel du don de cerveau, devront se sacrifier ainsi. L'ETC est à peine présente dans la population générale, mais elle est endémique dans les sports de contact. Au-delà du rugby et de la NFL, les joueurs de football australien Danny Frawley, décédé dans un accident de voiture, et Shane Tuck, qui s'est suicidé, se sont révélés atteints d'ETC. Au baseball, où les collisions, notamment entre receveurs et coureurs, sont plus fréquentes qu'on ne le pense, Ryan Freel, qui s'est également suicidé, est devenu le premier joueur de la Major League Baseball à se voir diagnostiquer un ETC, tandis que le hockeyeur canadien Derek Boogaard, mort d'une overdose de drogue et d'alcool, s'est avéré souffrir d'un ETC avancé à l'âge de vingt-huit ans à peine. Plus près de nous, cinq membres de l'équipe d'Angleterre qui a remporté la Coupe du monde de football en 1966 ont développé une démence. Jack et Sir Bobby Charlton, Nobby Stiles, Ray Wilson et Martin Peters sont tous décédés de cette maladie. Cinq sur onze, on ne peut pas dire que ce soit une coïncidence. Pour être honnête, je me sens mal lorsque j'entends parler de la façon dont les pros s'entraînaient à faire des têtes à l'époque – un ballon suspendu au plafond qui s'écrasait contre le crâne, encore et encore. C'était avant l'entraînement régulier au jeu de tête sur le terrain d'entraînement.

Bien entendu, les hommes ne sont pas les seuls concernés. De nombreuses femmes pratiquent des sports de contact et de nombreux éléments indiquent qu'elles sont également touchées. Jacinda Barclay, star du football australien et quarterback au football américain, s'est suicidée à l'âge de vingt-neuf ans des suites d'une maladie mentale. Face à son cerveau endommagé, les experts de l'Australian Sports Brain Bank l'ont décrit comme une bombe à retardement. Brandi Chastain, l'un des plus grands noms du football féminin, qui a marqué le penalty victorieux pour les États-Unis lors de la finale de la Coupe du monde 1999, a également accepté de faire don de son cerveau à la Concussion Legacy Foundation, après avoir craint que ses problèmes de mémoire ne soient dus à ses années passées à donner des coups de tête dans un ballon.

Je pourrais remplir le reste de ce livre et une douzaine d'autres avec les noms et les histoires d'autres personnes dont le cerveau a été endommagé par l'encéphalopathie traumatique chronique. Combien de preuves supplémentaires faudra-t-il apporter sur le lien entre les sports de contact et les lésions cérébrales ? Rien n'est plus évident. La recherche dont nous avons vraiment besoin n'est pas de savoir si l'ETC existe – les tests cognitifs et les scanners cérébraux peuvent en fournir des preuves avant la mort – mais de savoir comment traiter ce mal. Il faut confronter les instances du sport et demander pourquoi les réformes tardent autant, car pour un sport, dire que le changement n'est pas nécessaire revient à dire que l'ETC fait partie du sport et qu'il n'y a aucun problème à y inscrire nos enfants.

Plutôt que de procéder à des autopsies, mieux vaudrait créer un système qui permette un examen permanent et obligatoire du cerveau des joueurs de leur vivant. Un bilan de santé qui inclurait la même imagerie en tenseur de diffusion (DTI) qui a révélé les dommages dont j'ai souffert.

Il en résulterait une amélioration considérable des chances d'identification de l'ETC. Si un joueur passe un scanner DTI au tout début de sa carrière professionnelle, il disposera alors d'une base de référence à partir de laquelle toute détérioration pourra être mesurée. Cela pourrait signifier que les joueurs doivent prendre leur retraite avant même d'avoir commencé leur carrière. Oui, c'est triste. Mais c'est mieux que de finir comme moi. Le rugby est un jeu. Il y a beaucoup d'autres jeux.

Les neurochirurgiens disent depuis longtemps qu'une seule commotion cérébrale peut entraîner des lésions permanentes. Je ne sais pas exactement pourquoi personne n'écoute. Peut-être a-t-on trouvé les données un peu arides. Juste des chiffres. Mais les chiffres sont synonymes de vies, de cerveaux qui s'écrasent dans des crânes. Année après année, les joueurs sont abandonnés et les conséquences sont terribles. Aujourd'hui, parce que la vérité sur la démence est indéniable et qu'elle a été rendue publique, aucune instance dirigeante d'un sport de contact ne peut plus se contenter de faire comme si de rien n'était.

Le rugby a fait quelques progrès. Si les officiels le jugent nécessaire, les joueurs doivent se soumettre à une évaluation d'une blessure à la tête sur le bord du terrain. Le fait de viser la tête d'un adversaire a également été sanctionné par un carton rouge direct. Mais en réalité, tant que le jeu ne mettra pas en œuvre un ensemble de mesures concertées et de grande envergure, il ne fera rien d'autre que coller un sparadrap sur une plaie béante. Il faut une intervention chirurgicale, comme cela s'est produit dans le football américain après que la détermination de Bennet

Omalu a révélé le lien entre le jeu et les ETC, ce qui a finalement conduit un groupe d'anciens joueurs à entamer une action collective contre la NFL, action qui a abouti à un changement significatif et à une amende d'un milliard de dollars. Cela n'a pas été facile. La recherche a fait l'objet d'une campagne concertée de remise en question. Les propriétaires d'équipes ont cru à ces bêtises et les médecins qui leur parlaient étaient souvent à leur solde. Mais finalement, l'instance dirigeante du football américain a réduit le nombre d'impacts autorisés à l'entraînement et a fixé la limite à une seule séance d'entraînement avec contact par semaine. Je regarde ces restrictions et je pense que le rugby pourrait s'en inspirer. On estime que ces simples changements réduiront de 70 000 le nombre d'impacts dans la carrière des joueurs de la NFL. La ruine du football américain prédite par les esprits chagrins ne s'est jamais produite. Il reste plus populaire que jamais.

Je suis envieux de ces anciens joueurs de la NFL dans la mesure où ils ont connu une issue à leur combat. Il y a eu des moments où j'ai pensé que cela n'arriverait jamais. Il est difficile de continuer à ressasser mon expérience de la démence à chaque étape du combat juridique. C'est quelque chose qui déclenche trop facilement des pensées négatives dans mon cerveau et me rend sujet à des sautes d'humeur – *s'ils gagnent le procès, où vais-je me retrouver ? Que vais-je faire alors ?* Je commence à prendre les choses personnellement et à éprouver de l'animosité envers les instances dirigeantes du sport pour la position dans laquelle je me trouve, pour ce qui peut très facilement être considéré, dans le monde binaire de la procédure juridique comme un manque d'intérêt et de compassion pour mon état. Je sais aussi qu'un tel sentiment n'aide personne. Il vous ronge et vous rend amer. Je ne veux pas être comme ça. Je ne peux pas gaspiller le temps qu'il me reste à vivre dans l'amertume. Je dois être positif. Je dois gagner mon procès pour montrer que ce qu'ils ont fait est mal. Je veux que le sport – tous les sports – prenne la question au sérieux et les mesures qui s'imposent.

L'état dans lequel nous nous trouvons aujourd'hui est dû en grande partie au fait que le sport a été autorisé à faire ses propres règles pendant trop longtemps. On a lavé le cerveau des gens en leur faisant croire que parce qu'un terrain de sport n'est pas un lieu de travail ordinaire, on ne pourrait pas avoir les mêmes attentes ; que ce sport est tellement dangereux qu'il serait impossible de le réglementer comme n'importe quel autre sport. Après tout, dans la plupart des sports, le taux de blessure est de 100 %. Toute personne qui pratique un sport se blesse un jour ou l'autre. C'est ce qu'avancent les opposants au changement : « Ce n'est pas un environnement normal. » D'accord, mais cela ne veut pas dire que tout est permis. On ne peut pas se contenter de dire : « Le sport est un cas particulier, on ne peut pas le changer. » Pas avec les connaissances que nous avons désormais. Ce n'est pas juste, pas plus que ce n'est juste pour les joueurs. Encore une fois, il ne faut pas oublier que beaucoup de ces joueurs sont des enfants.

Dans tous les autres domaines de la vie, le gouvernement établit la législation en matière de santé et de sécurité. L'idée que, parce qu'il s'agit de sport, ces questions de vie et de mort peuvent être laissées aux instances est ridicule.

Dans mon autre vie, lorsque je travaillais à creuser des trous dans le sol, une difficulté physique à long terme résultant de ce travail serait classée comme un accident du travail. L'industrie de la construction opère dans des limites strictes, faute de quoi elle manquerait à ses obligations. C'est comme si cela n'avait pas d'importance dans le sport, qu'en raison des risques de blessure, il devrait exister en dehors des critères normaux de santé et de sécurité. Alors que d'autres secteurs d'activité sont contraints d'agir, le sport traîne les pieds. Le rugby a réagi à la vitesse d'un escargot, tout comme le football. Cela fait deux décennies qu'un médecin légiste a jugé que la démence de Jeff Astle était liée au fait d'avoir donné des coups de tête dans un ballon. Les recherches montrent que les anciens footballeurs sont trois fois plus susceptibles de mourir de démence que les autres personnes de la même tranche d'âge. Comme le dit Dawn Astle, « le football n'a pas agi et n'a pas protégé ses joueurs – hommes, femmes, enfants, tous en danger, potentiellement, sans restriction, sans protection, sans information. Si le sport est laissé à lui-même comme il l'est, il fera toujours ce qu'il veut. » Le jeu a limité les têtes à l'entraînement pour les plus jeunes, mais il devra peut-être aller plus loin s'il veut convaincre les joueurs de demain, ainsi que leurs parents ou leurs soignants, que le risque de démence a été réduit à des niveaux acceptables.

Il fut un temps où, chaque fois que j'entendais les mots « santé » et « sécurité », je montais sur mes grands chevaux en disant que le monde allait mal. Mais c'était parce que j'ignorais la réalité. Maintenant que j'ai regardé autour de moi et que j'ai bien pris la mesure des risques, je vois qu'il n'y a rien de mal à assurer la sécurité des gens si on le peut. Je ne crois pas qu'il faille envelopper le monde dans la ouate, mais s'il existe des domaines d'améliorations évidents, pourquoi diable ne pas faire quelque chose à ce sujet ?

C'est tellement simple que même une personne souffrant d'une lésion cérébrale – comme moi – pourrait s'y mettre. Pourquoi ne pas résumer cela en sept règles que nous pourrions commencer à mettre en œuvre dès maintenant pour améliorer la sécurité des joueurs ? Appelez ça comme vous voulez, mais pour ce que ça vaut, voici mon propre manifeste en sept points pour le changement :

1. Honnêteté

Nommez la commotion cérébrale par son vrai nom : une lésion cérébrale traumatique. Parlez-en en ces termes et leur perception changera immédiatement. Quel que soit le milieu, si des personnes souffrent de lésions cérébrales traumatiques, leur entourage doit prendre la situation au sérieux et agir.

2. Réduction des impacts

Si nous voulons réduire le nombre de traumatismes crâniens, il existe un moyen tout à fait évident : réduire le nombre de collisions. Les impacts en match sont une chose ; les intégrer systématiquement dans les séances d'entraînement en est une autre. Il s'agit d'un jeu d'adresse (supposé), pas d'un jeu de démolition. En limitant les contacts à l'entraînement, on limite les risques de dommages. Même avec mon cerveau irrémédiablement endommagé, j'arrive à le comprendre. Pourquoi les dirigeants du rugby ne peuvent-ils pas en faire autant ?

3. Passeports des joueurs

Il nous arrive parfois de rechercher nos symptômes sur Google lorsque nous avons mal à la gorge. Mais lorsque le moteur de recherche indique une amygdalite comme cause possible, nous ne prenons pas un couteau, ne débarrassons pas la table de la cuisine et ne nous opérons pas nous-mêmes. Dans la vie de tous les jours, nous confions notre santé à des experts. Pourquoi ne faisons-nous pas de même avec le rugby ? Les passeports des joueurs – une visite médicale annuelle – fournissent des données constamment mises à jour à partir desquelles tout déclin physique ou mental peut être mesuré et pris en compte.

4. Gestion des commotions cérébrales

Intégrez cela dans le jeu à tous les niveaux – MAINTENANT. Nous ne pouvons plus tolérer que des enfants titubent sur les terrains, soient autorisés à continuer à jouer à cause d'une attitude qui consiste à dire « ça va aller » encouragée par une absurdité telle que « l'endurcissement » véhiculée par certains acteurs du jeu. Les protocoles relatifs aux commotions cérébrales doivent être strictement appliqués. Ceux qui ne le font pas devraient être exclus du jeu.

5. Repos consécutif à une commotion cérébrale

Un joueur suspecté d'avoir subi une commotion cérébrale ne devrait pas être autorisé à retourner sur le terrain avant un minimum de trois semaines. Peu importe qui il est – un enfant jouant pour son école ou la plus grande star mondiale. Nous oublions parfois ce qu'est le rugby : un sport. Si quelqu'un manque trois semaines, ce n'est pas la fin de son monde – mais cela pourrait l'être s'il ne le fait pas.

6. Remplacements

Pour ceux qui croient qu'une collision majeure est synonyme de bonne télévision (il s'agit de la vraie vie, pas d'un film), une situation s'est créée dans laquelle les équipes peuvent procéder à huit nouveaux changements et utiliser les remplaçants pour écraser une opposition vulnérable et fatiguée. Les conséquences potentielles de cette situation sont évidentes – enfin, elles devraient l'être. Les remplaçants ne devraient être utilisés qu'en cas de blessure.

7. Personnel de secours

Les jockeys font souvent remarquer que les courses de chevaux sont le seul sport où les participants sont poursuivis par une ambulance. Je ne propose pas de créer un nouveau poste – celui d'auxiliaire médical –, mais il est essentiel que des personnes ayant un certain savoir-faire médical, en plus des premiers soins de base, soient présentes lors des matchs de rugby de tous niveaux. Il doit y avoir une protection adéquate et garantie.

Heureusement, la situation concernant les commotions cérébrales dans le sport a au moins été reconnue. En 2021, le ministère du Numérique, de la Culture, des Médias et des

Sports a publié un rapport intitulé « *Concussion in Sport*[29] », dans lequel il recommande que tous les sports utilisent une définition standard de la commotion cérébrale pour l'ensemble du Royaume-Uni, et que le Health and Safety Executive établisse un cadre national pour le signalement des lésions cérébrales dans le sport. Elle insiste également pour que UK Sport, qui supervise le sport d'élite, finance la présence d'un médecin-conseil habilité à empêcher les athlètes de concourir lors de chaque grande manifestation sportive. Si ces recommandations ne sont pas suivies, le nombre de personnes souffrant de graves traumatismes cérébraux liés au sport atteindra des proportions épidémiques. Richard Boardman a déjà déclaré qu'il pensait que jusqu'à 50 % des anciens joueurs de rugby professionnels pourraient souffrir de complications neurologiques à la retraite. Il ne s'agit pas d'une ou deux personnes malchanceuses. Il s'agit de milliers de personnes. La chance n'a rien à voir là-dedans. Dans le contexte actuel du rugby, les problèmes durables liés aux traumatismes crâniens sont presque inévitables. J'ai entendu parler de projets concernant la création d'une clinique de santé du cerveau pour les joueurs retraités âgés de trente à cinquante-cinq ans. C'est très bien, sauf que les dommages se produisent déjà chez des joueurs âgés de vingt ans. Il faut agir tant qu'il est temps. Ces joueurs doivent être protégés. C'est en partie le travail de la Rugby Players' Association (RPA), l'organe représentatif des joueurs en Angleterre. Mais si même une fraction seulement de son financement provient de la RFU, comment peut-elle prétendre à l'impartialité ?

29 Commotion cérébrale dans le sport.

Une organisation de joueurs ne peut en aucun cas être compromise. Vous, la RPA, êtes là pour protéger les joueurs. Si c'est votre travail, faites-le. Ne laissez pas cette tâche à d'autres qui n'en font pas une priorité.

*

Si ma détermination et celle d'autres personnes à combattre les autorités du rugby devant les tribunaux signifie qu'elles finiront par réformer le jeu en profondeur, alors ce dur labeur aura valu la peine, car ces changements épargneront beaucoup de souffrance et, je le crois, plus d'une vie. Mais j'aurais vraiment préféré ne pas avoir à le faire. Ma vie actuelle serait bien plus simple et bien moins tendue sans tout cela. C'est du stress qui s'ajoute au stress. Je veux juste que le dossier soit bouclé. Je ne veux pas qu'il plane constamment au-dessus de ma tête. Parfois, je me retrouve assis sur le côté du lit, paniqué et en train de me balancer. D'autres fois, j'envoie un message à mon avocat, cherchant à me rassurer, à me prouver que je fais ce qu'il faut. Mais je ne peux jamais être totalement rassuré, car je ne sais pas grand-chose de ce qui m'attend.

Ce qui me fait tenir, c'est la conviction absolue et inébranlable que la façon dont moi et tant d'autres avons été traités est inadaptée ; que je pourrais peut-être sécuriser la vie de ma famille et vivre mes dernières années de conscience sans le stress de me demander s'ils iront bien lorsque la maladie sera à son paroxysme. Je vis pour donner à mes enfants de meilleures chances que celles que j'ai eues. Je n'ai pas eu grand-chose, mais d'un autre côté, je n'ai jamais eu de parent dépendant de moi. Je veux que mes enfants sachent que s'ils partent vivre leur propre vie, ils peuvent le faire sans s'inquiéter parce que des professionnels s'occuperont de moi. Je ne veux pas qu'ils s'empêchent d'aller à l'université ou de trouver un travail, ou quoi que ce soit d'autre parce qu'ils s'inquiètent que leur mère doive me soulever pour me mettre dans le bain, ou que je m'égare. Ce sont des enfants extraordinaires et je sais que s'ils voient leur mère se débattre, ils ne réaliseront jamais leur propre potentiel. Je veux qu'ils sachent que je suis pris en charge. Je veux qu'ils puissent voyager sans avoir à se soucier de moi. C'est au père de prendre soin de sa famille. Le fait que ce soit à ma famille de prendre soin de moi me fait me sentir très mal. La culpabilité écrasante de les avoir laissés tomber m'accompagne partout. Mais ce n'est pas le pire. L'idée que je sois piégé dans l'épave de mon propre esprit, conscient que mes enfants me nourrissent, me lavent, m'habillent, me rend malade. Si jamais cela se produit, j'espère que je serai loin. Je veux dire vraiment loin. Que je n'en serais pas conscient. Je ne peux pas accepter d'être ainsi torturé.

L'affaire a fait couler beaucoup d'encre. Un mot, pourtant, n'a jamais été écrit ou prononcé : dignité. Je suis une personne qui, par nécessité la plupart du temps, s'est toujours débrouillée seule. Je me suis enorgueilli d'être indépendant. Aujourd'hui, cela m'échappe, et je ne suis pas le seul. Partout dans le monde du rugby, d'anciens joueurs voient leur capacité à s'occuper d'eux-mêmes réduite à néant. Au plus bas, nos têtes sont remplies d'idées noires : être nourri à la petite cuillère, lavé à l'éponge, séché par un tiers comme si nous étions des enfants, bordés dans mon lit.

Personne ne sortira gagnant de ce procès. Comment pourrait-on gagner quand on perd autant ? Ce dont il peut s'agir, de manière assez appropriée – et je me permets le plus petit des sourires ironiques en écrivant cela – c'est de la tranquillité d'esprit. Nous avons besoin de savoir que nos soins futurs préserveront notre dignité et celle de nos proches aussi longtemps qu'il sera humainement possible de le faire. Comment pourrait-on refuser cela à quelqu'un qui a perdu la capacité de mener sa propre existence ?

Chapitre 18

LIGNE DE FUITE

Comme je l'ai mentionné lorsque j'ai commencé à parler des collisions qui ont causé ma démence et du fait que je cherchais à obtenir un dédommagement, il y a eu un certain nombre d'obstacles. Il y a eu plus d'une personne dont la première pensée n'a pas été : *Bon sang, c'est terrible, un homme d'une quarantaine d'années qui ne se souvient pas du prénom de sa femme.* Au lieu de cela, ils sont allés directement à : *Eh bien, je ne l'ai pas entendu s'en plaindre à l'époque.*

Au début, j'étais en colère lorsque j'entendais ce genre de commentaire, mais ensuite, en y réfléchissant, je me suis rendu compte que ces personnes mettaient le doigt sur quelque chose à ma place. Comment diable aurais-je pu me plaindre de tout cela ? Je ne savais pas que cela se produisait.

Si vous jouez au rugby pendant un certain temps, il est évident que vous finirez par avoir des problèmes physiques. Dans mon cas, je me suis cassé le cou deux fois. Mes épaules, mes coudes et mes genoux sont en miettes. Je l'accepte. Ce n'est pas un problème. Cela fait partie du travail que j'ai choisi. Mais je n'ai jamais su ce qui arrivait à mon cerveau.

Comment aurais-je pu ? Si j'avais su, j'aurais arrêté au milieu de la vingtaine, comme beaucoup de joueurs aujourd'hui. Oui, au début, cela aurait été douloureux mais j'aurais eu une vie intacte aujourd'hui.

La raison pour laquelle je me « plains », comme certains l'ont dit, c'est que les dommages infligés à nos têtes et pas seulement à nos corps étaient déjà documentés à l'époque. Et que ces connaissances ont été ignorées. Ma seule préoccupation après un coup à la tête était de savoir à quelle vitesse je pouvais me remettre sur pied. Le nombre de cellules cérébrales qui venaient d'être irrémédiablement endommagées ne faisait pas partie de ma conversation interne. Pourquoi en serait-il allé autrement ? J'étais joueur, pas médecin. Il y a des gens dans le rugby dont le travail est d'assurer la protection des joueurs. Je n'étais pas l'un d'entre eux. Je n'aurais pas pu faire leur travail, pas plus qu'ils n'auraient pu faire le mien. C'est pour la même raison que je ne procède pas moi-même au contrôle technique de ma voiture. Je n'ai pas la moindre idée de ce qui se passe sous le capot et je m'en remets donc à un mécanicien. Et je m'attends à ce que ce mécanicien m'avertisse s'il pense qu'il y a un problème qui pourrait envoyer le véhicule dans le fossé.

Dans le rugby, il y avait clairement des gens qui connaissaient les blessures à la tête et pourtant rien n'a été fait. Les gens disent qu'il faut connaître son propre corps. C'est vrai. Je sais si j'ai mal. Je sais si je me suis froissé un muscle ou tordu une cheville. Mais l'intérieur de mon crâne ? Je suis désolé, je n'en ai pas la moindre idée. Je ne vois pas les bleus, je ne vois pas le sang. Ce manque de signes extérieurs continue d'être un énorme problème. Pensez-y. Si vous avez une vingtaine d'années, que vous êtes dans la fleur de l'âge, que vous jouez pour un club professionnel, voire pour votre pays, que vous gagnez bien votre vie, allez-vous prêter l'oreille à toutes les tristes histoires de ceux qui ont perdu la tête ? Voulez-vous sortir du terrain après une collision et potentiellement perdre votre place au profit d'un autre gars ? À ce moment-là, vous vivez la vie dont vous avez rêvé, une vie pour laquelle vous vous êtes donné à fond depuis votre enfance. Personne ne vous empêchera de vivre votre rêve. C'est pourquoi les joueurs sont les dernières personnes qui devraient être autorisées à participer à la prise de décision sur les blessures à la tête.

Je sais pertinemment que si je pouvais emprunter le Tardis[30] et revenir à mon adolescence, je préférerais ne pas avoir posé les yeux sur un ballon de rugby. Bien sûr, je n'inclus pas une seconde Steph et les enfants dans cette histoire. Ils sont dans ma vie – ils sont ma vie – précisément grâce à ma carrière dans le rugby et sont les meilleures choses qui me soient arrivées. Ce que je veux dire, c'est que j'aurais pu avoir une vie normale et être en bonne santé mentale au lieu de me retrouver dans le pétrin dans lequel je me trouve aujourd'hui.

J'entends des joueurs à la retraite dire qu'ils recommenceraient. Ils doivent être fous. Ou bien ils n'ont absolument personne dans leur entourage qui pourrait être affecté. S'ils prononcent ces mots en sachant que leurs proches pourraient être entraînés dans leur tourmente mentale, c'est qu'ils ont

30 La machine à voyager dans le temps (mais aussi dans l'espace) dans la série TV *Doctor Who*.

un point de vue très égoïste. D'accord, pour l'instant, la démence est peut-être très éloignée de votre esprit. Mais un jour prochain, elle pourrait être plus proche que vous ne l'imaginez. Elle s'emparera de tous vos souvenirs et les effacera. Vous pourriez alors penser comme moi : *si je ne me souviens de rien, pourquoi me suis-je donné la peine de le faire ?*

Peut-être n'ont-ils pas encore envisagé leur vie dans quelques années. Peut-être ne peuvent-ils pas se résoudre à y penser. Je ne peux pas ériger cette barrière. Pour moi, elle est démolie. Elle a disparu. Je vois mes enfants que, comme tout le monde, je veux rendre heureux, à qui je veux mettre un toit au-dessus de la tête et subvenir à leurs besoins. Mais combien de temps serai-je capable de travailler ? Je suis déjà limité à des tâches strictement physiques. Je n'ai plus la capacité de m'occuper de la planification et de la paperasse. D'accord, si j'avais été diagnostiqué pendant que je jouais, ma carrière de rugbyman se serait terminée plus tôt. J'aurais été déçu. Mais j'aurais continué à vivre et je serais aujourd'hui bien installé dans un emploi bien établi, avec un revenu sûr à long terme. Au lieu de cela, je dois me redécouvrir à quarante-trois ans, avec des lésions cérébrales.

Consciemment et inconsciemment, je m'adapte au nouveau moi. Je sais qu'il y a des gens qui doivent me regarder travailler avec mes outils et se demander ce qui m'est arrivé : *attendez, il n'a pas gagné la Coupe du monde ? Qu'est-ce qu'il fait au fond des trous ? Le pauvre bougre ne doit pas avoir de chance*. Mais je ne veux pas travailler dans un environnement sous pression. Je sais pertinemment que je n'y arriverais pas. Je trouve la paix dans un travail normal. J'ai commencé par travailler sur des chantiers et il y a fort à parier que si le rugby n'était pas arrivé, c'est là que j'aurais fini, et j'en aurais été parfaitement heureux. L'argent n'a jamais été important pour moi.

Aujourd'hui, le problème est que même cette source de revenus – un travail physique normal – est menacée. Même dans le cas d'un métier manuel, ma concentration peut être affectée. Une minute, je pense à une solution à un problème et l'instant d'après, je n'y pense plus. Il en va de même si je reçois un appel Zoom à propos d'un emploi. Les gens disent que j'ai une très bonne image, mais c'est parce que si j'ai une réunion importante, je la prépare la veille. En réalité, je sors de cet appel sans avoir la moindre idée de ce qui s'est dit. Le résultat est que je peux me retrouver à blaguer un peu – ce qui en soi est terrible parce que c'est quelque chose que je n'ai jamais fait. Je raconte des conneries pour faire avancer les choses. Après coup, Steph se met à rire. « Qu'est-ce qui s'est passé ? » Et je lui réponds : « Je n'en ai pas la moindre idée. » Je répète ce que les autres disent pour donner l'impression que je suis au courant de ce qui se passe.

Le travail physique répétitif ne me pose pas de problème, mais je sais qu'un jour, les compagnies d'assurance auront des doutes quant à ma capacité à travailler dans un tel environnement. Qu'en sera-t-il alors de ma situation financière ? C'est une autre facette moins visible de la démence – elle réduit à néant les opportunités de gagner sa vie. Au moment même où les gens cherchent désespérément à se donner une certaine sécurité, à eux et à leur entourage, le monde du travail leur ferme ses portes. De nombreux anciens sportifs, par exemple, gagnent quelques sous en se remémorant leur carrière dans les clubs de rugby. J'ai fait de même. Mais comment puis-je le faire maintenant que je ne me souviens de rien ? Il en va de même pour les médias. Ces dernières années, par exemple, j'ai réalisé des interviews qui coïncidaient avec les tournées des Lions. Ce n'est plus le cas aujourd'hui. Si je ne peux pas faire de comparaisons avec mes propres expériences, à quoi bon ?

J'ai également travaillé à Twickenham en tant qu'ambassadeur pour les matchs à domicile de l'Angleterre. Après avoir intenté un procès à la RFU, je suis presque sûr qu'on ne me demandera pas de revenir. En fait, sur le plan financier, ma vie s'est effondrée au cours des cinq dernières années. Mes enfants ne sont pas gâtés, mais je veux leur donner une bonne vie. Maintenant, je me demande comment je vais faire. Que se passera-t-il lorsqu'ils seront un peu plus âgés et qu'ils auront besoin de leçons de conduite ? La question peut paraître saugrenue, mais ce genre de choses me trotte dans la tête. Quand il s'agit d'argent et d'avenir, je dois démêler une situation compliquée. Si je devais avoir trois emplois et travailler le week-end pour rendre ma famille heureuse, je le ferais. Mais je ne peux plus. Je suis passé d'un projet de travail à vie à une absence totale d'idée de ce que je serai dans quelques années. J'ai l'impression qu'en un rien de temps, je suis passé d'une capacité à faire des tas de choses à un tout petit nombre d'options. Je suis tout le temps en proie à la panique. Je ne peux pas arrêter de travailler. Je dois faire quelque chose.

Il est également facile d'oublier que l'absence soudaine de travail aggrave l'isolement social des personnes atteintes de démence. Ils sont de plus en plus coupés de ce qui aurait été une source majeure de stimulation mentale et de compagnie. Le fait de travailler à l'extérieur et de réparer des chasses d'eau m'a rendu heureux. J'ai toujours voulu travailler à l'extérieur, faire quelque chose de physique avec une bande de copains. C'est ma zone de confort, ce qui m'épanouit, tout comme le fait de faire partie d'une équipe de rugby me rendait heureux à l'époque. Après quelques jours de travail avec Shaun, il s'est tourné vers moi. « Tu es l'une des plus grandes déceptions de ma vie », m'a-t-il dit. « Parce que tu es tellement stupide et normal. » Stupide et normal – pour moi, c'est le meilleur compliment que l'on puisse me faire. J'aime simplement faire mon travail et l'apprécier. Steph dit que depuis qu'elle me connaît, elle ne m'a jamais vu aussi heureux au travail qu'aujourd'hui. Même à Dubaï, lorsque j'étais impliqué dans de grosses affaires, je n'étais pas vraiment heureux. Je le faisais parce que je pensais que je devais le faire. Alors que j'aime mon travail actuel. Je suis toujours au mieux de ma forme lorsque je suis entouré d'un groupe de personnes que j'apprécie et en qui j'ai confiance. Je ne suis qu'un homme normal qui a fait une incursion dans un monde anormal, puis en est revenu. Mais aujourd'hui, je risque de perdre tout cela aussi. J'ai toujours pensé que je deviendrais l'un de ces types que l'on voit sur les chantiers – la soixantaine, mais toujours en activité, aimant ça. J'ai toujours pensé : pourquoi prendre ma retraite ? Les gens disent que lorsqu'on est à la retraite, chaque jour est un jour de vacances. Mais si chaque jour est le même, il n'y a pas vraiment de vacances. L'idée de ne rien faire ne m'enchante pas. Je crois que nous avons tous quelque chose à offrir à la société. Je ne veux pas être quelqu'un qui prend et ne donne jamais en retour, rester assis sur mon cul et laisser les autres faire le travail difficile. Sur les chantiers, tout le monde rit parce que j'aime balayer. Voir un endroit propre et bien rangé me fait du bien. Cela me met dans de bonnes dispositions. Je vois des bénévoles ramasser des détritus et j'entends des gens dire : « À quoi bon ? » Mais je comprends tout à fait. Ils font une bonne action et se mettent dans de bonnes dispositions mentales. On pourrait dire que je ne fais que réparer des chasses d'eau. Mais j'aime vraiment ça, surtout comparé au fait d'assister à des réunions en essayant d'assimiler des informations inutiles à n'en plus finir. J'essaierai toujours de travailler, même s'il faut m'attacher à une corde pour que je ne m'égare pas.

Il y a peu de chances que je disparaisse de la brasserie dont je suis copropriétaire – on dit bien « Faites ce que vous aimez » ! La Powder Monkey Brewing Co. est basée à Gosport, à l'intérieur d'une poudrière historique située près de la base navale. « Powder Monkey » est le nom que l'on donnait autrefois à un enfant qui se démenait pour transporter la poudre à canon de la cale d'un navire de guerre jusqu'aux canons sur le pont. J'ai même une gamme de bières qui porte mon nom. J'ai testé de nombreuses Hop & Hooker. Le club de rugby Old Northamptonians a été le premier à la vendre.

Il y a autre chose que j'aime vraiment et qui découle de ma participation à Powder Monkey. Jim, le père de mon collègue réalisateur Mike McGeever, habite juste en bas de chez moi, et Mike, qui est installé dans le sud, m'a demandé si je pouvais lui rendre visite. La première fois que je suis allé à l'appartement de Jim, il mangeait ses Weetabix avec une cravate, et l'endroit était impeccable. Jim a peut-être eu une attaque, mais son environnement est resté immaculé.

Je me suis vite rendu compte que, alors que j'étais censé aider Jim à faire ses courses, c'est en fait à moi que nos escapades à Tesco faisaient le plus grand bien, un vrai remède à ce que j'endure. Je côtoie Jim et je me sens utile, j'ai l'impression de faire quelque chose. Lorsque nous sortons, nous nous asseyons sur un banc à l'extérieur du magasin, parfois pendant une heure ou plus. Nous ne parlons pas beaucoup, mais je l'entends respirer à côté de moi. C'est bizarre, je sais, mais c'est un son des plus agréables. Je me retourne et je le vois prendre l'air, écouter les oiseaux, le soleil sur son visage, et je sais qu'il apprécie simplement d'être en vie. Le fait d'être avec Jim me permet de me sentir plus à l'aise. Il me fait apprécier ce que j'ai plutôt que de penser à ce que je vais perdre.

Jim est la première personne vraiment âgée que je connaisse. Je nous regarde errer dans le supermarché et je me dis que ce doit être la sortie shopping la plus étrange de Grande-Bretagne ! Nous sommes tous les deux en train d'errer dans ce magasin. « – Tu as les sacs de courses ?

– Non, je pensais que tu les avais. »

Mais Jim peut être très perspicace. Il connaît tous les bons plans de Tesco. Je vais mettre quelques repas à réchauffer au micro-ondes dans son panier. « Non, non – ajoutes-en un et tu auras la réduction. »

Il n'accepte pas non plus d'être traité avec condescendance. De l'avis général, Jim était un personnage assez dur à l'époque. Une fois, alors que nous étions sortis, Steph m'a envoyé un message pour me dire qu'elle avait des amis qui venaient et qu'il fallait qu'on prenne quelques bouteilles de Prosecco.

« Mets-les dans le chariot », a-t-il dit. « Je vais les payer. »

« Non, non, Jim. Il n'en est pas question. »

Nous avons bataillé un moment jusqu'à ce qu'il finisse par craquer. « Pour l'amour de Dieu, Steve ! Laisse-moi juste les prendre ! »

J'ai souri. « *Wouah !* Le voilà ! Je savais qu'il était là quelque part. » Nous nous sommes mis à rire tous les deux. « Tu redeviens vraiment l'espèce de vieil enfoiré que tu as toujours été ! »

L'incident du Prosecco m'a servi de leçon. Il est important que nous respections les gens, quels que soient leur âge et leur état, et que nous les laissions prendre des décisions aussi longtemps qu'ils le peuvent.

Rendre visite à Jim m'a ouvert les yeux. Chaque fois que je le quitte, j'ai envie de pleurer. Je ne sais pas si c'est à cause de ce qui m'arrive, si j'y vois un peu de mon futur, mais il y a quelque chose de très émouvant.

J'espère pouvoir trouver un avenir satisfaisant et utile en trouvant un projet professionnel qui ne se contente pas de tolérer ma maladie mais qui en fait un élément central, en aidant et en conseillant les autres pour qu'ils aient autant de chances que possible de repousser la vague de la démence. Malheureusement, il ne s'agit pas d'une maladie que l'on peut tuer dans l'œuf – on ne peut pas prendre des comprimés pour la faire disparaître –, mais on peut s'aider en se remettant en forme et en changeant de mode de vie. Je veux sensibiliser les gens à ces éléments. Je ne pourrais peut-être plus me présenter devant un public et parler de ma carrière de rugbyman, mais je peux parler de ce qui m'est arrivé d'un point de vue médical et, je l'espère, aider les autres à comprendre. Je ne veux pas que les gens m'évitent. Si quelqu'un a une question à poser, je préfère qu'il me la pose directement. Pour ma part, je ne resterai pas sur la touche. J'irai jusqu'au bout et je répondrai à la question. Je veux que l'on parle ouvertement de la démence, pas à voix basse comme s'il s'agissait d'un sujet tabou. Regardez les progrès accomplis dans l'information des hommes sur le cancer des testicules. Je connais des joueurs qui ont commencé à se contrôler régulièrement dans les douches à la suite de toutes ces publicités à la télévision et dans les journaux. C'est grâce à cela qu'ils ont été diagnostiqués à temps. Auparavant, ils ne se seraient jamais contrôlés, que ce soit dans la douche ou ailleurs. J'ai moi-même consulté un médecin après avoir découvert une grosseur. Heureusement, il ne s'agissait que d'un kyste, mais le fait est que j'ai été poussé à agir par un élément extérieure. C'est le genre de sensibilisation que je veux que les gens de tous âges reçoivent sur la démence, de sorte que lorsqu'ils commencent à avoir des absences, ou qu'un parent devient imprévisible ou irrationnel, ils puissent se dire que la maladie est une cause possible.

Plus que cela, je veux attirer l'attention sur une maladie qui semble si souvent reléguée au fond de l'armoire – mieux vaut l'ignorer, ne pas la voir. Je sais ce que l'on ressent. Dans un monde idéal, un plan clinique impliquant une petite équipe de gestion de cas serait établi pour quelqu'un comme moi. Bien sûr, nous ne vivons pas dans un monde idéal et cette équipe de gestion de cas n'existe pas. Je viens du rugby professionnel et des gens se sont donc manifestés pour m'aider, mais bien sûr, très peu d'autres patients ont cette chance.

*

Selon les statistiques du gouvernement, en 2019, 66 424 décès ont été causés par la démence et la maladie d'Alzheimer. Cela représente 12,5 % de l'ensemble des décès. Imaginez que nous soyons un sur huit à mourir sur les routes. Le tollé serait énorme. Dans le cas de la démence, nous n'entendons que le silence. Des personnes s'efforcent de placer la démence parmi les priorités de santé publique, et je veux être l'une d'elles. Pouvons-nous faire baisser ces chiffres ? Pouvons-nous exiger un meilleur traitement et une aide aux familles ? Bien sûr que oui. Il n'est pas acceptable de cacher le problème comme si c'était un secret honteux. Il s'agit de la vie de personnes. Elles méritent d'être traitées avec dignité.

Je sais aussi, d'après ce que j'ai appris depuis que j'ai été diagnostiqué, que la démence touche un spectre beaucoup plus large que les seules personnes âgées. Beaucoup de jeunes en souffrent. Nous devons briser les stéréotypes et permettre à ces autres malades de se faire connaître si nous voulons vraiment comprendre et traiter la crise de la démence qui se déroule sous nos yeux.

À l'origine, j'avais l'intention d'intituler ce chapitre « L'avenir ». La vérité est que des millions de personnes dans ce pays n'ont aucune idée de ce que leur réserve l'avenir, soit parce qu'on leur a diagnostiqué une démence, soit parce qu'un de leurs proches est lentement rongé par la maladie, et ma famille et moi-même ne faisons pas exception. Ma démence va-t-elle s'aggraver rapidement ou va-t-elle se stabiliser pendant quelques années ? Regardez ce qui s'est passé avec les footballeurs. Certains ont rapidement sombré, tandis que pour d'autres, le déclin a été beaucoup plus lent.

Je ne sais déjà plus à quelle vitesse mon état se détériore. Il est clair que j'oublie des choses. Je peux regarder un objet banal et ne plus savoir comment il s'appelle. Cela me saute aux yeux. Mais d'autres fois, je rencontre des gens qui me disent que s'ils n'avaient pas été au courant, ils n'auraient jamais soupçonné que j'avais ce problème. Ils l'auraient peut-être fait s'ils s'étaient assis sur le siège passager de ma voiture lorsque je me suis perdu à un rond-point. C'est arrivé. L'autre semaine, je rentrais du travail. J'ai emprunté ce rond-point des centaines de fois, et soudain, d'un seul coup, je n'avais aucune idée de l'endroit où je me trouvais. J'ai continué et j'ai fini par voir quelque chose de familier : « Oh, je sais où je suis ! »

Tout ce que je peux faire, comme n'importe qui dans ma position, c'est vivre au jour le jour. Je décline progressivement. C'est comme regarder ses enfants grandir. Jour après jour, ils sont toujours les mêmes et pourtant, si vous faites une marque au crayon sur le mur pour les mesurer, vous constatez qu'ils ont grandi de plusieurs centimètres par rapport à la dernière fois. Grandir, toujours grandir. J'ai parfois l'impression d'aller dans l'autre sens, de disparaître, de toujours disparaître.

J'espère qu'un jour nous nous rencontrerons à mi-chemin.

Chapitre 19

FAMILLE

Mon temps est révolu. Mon temps, désormais, c'est m'occuper de ma famille – et le leur, d'une certaine façon, c'est de prendre soin de moi.

Saskia m'a encore vu fixer le chien aujourd'hui. Elle a tout de suite compris que, comme toujours, j'essayais – et n'arrivais pas – à me souvenir de son nom. Elle a dit : « C'est Stan », et c'est tout, elle est repartie.

La même chose se produit si je n'arrive pas à trouver un mot – elle me fait des suggestions, m'aide à le trouver – ce dont j'ai de plus en plus besoin. Hier, par exemple, Steph m'a demandé si je voulais un verre. « Oui, un café s'il te plaît », ai-je répondu, « et est-ce que je peux l'avoir dans un… euh… euh… » Je ne savais plus où j'en étais. « Un de ceux-là », ai-je dit en tendant une tasse. M-U-G. Trois lettres. Disparues. Alors Saxon, Saskia, Slone et Seren, merci – j'accepte toute l'aide que je peux recevoir.

Je suis toujours fier des enfants et de la façon dont ils se comportent avec moi. Ils se sont incroyablement bien adaptés à la situation, voulant même être encore plus avec moi – même si l'aide d'une petite armée d'enfants de moins de dix ans est un rappel brutal et bruyant de l'existence de cette situation. Je suis triste qu'ils bouchent les trous dans les phrases de leur père ou qu'ils se demandent ce qui me tracasse – « Papa, si c'est ta veste que tu cherches, elle est dans la voiture » –, mais au moins maintenant, en tant que famille, nous comprenons tous, à des degrés divers, ce qui se passe. Avant le diagnostic, mes oublis provoquaient des frictions. Steph et moi nous chamaillions. Nous nous disputions sans cesse. À juste titre, elle me demandait pourquoi je n'avais pas fait quelque chose que je lui avais dit que je ferais, un peu de bricolage peut-être. De mon côté, je m'offusquais qu'elle n'ait pas fait quelque chose qu'elle avait dit qu'elle ferait. « Qu'est-ce que tu racontes ? Je t'ai dit que j'avais changé d'avis. Pourquoi tu n'en tiens jamais compte ? »

Pareil pour les enfants – « Papa, tu es vraiment bête. Tu avais promis de faire quelque chose et tu ne l'as pas fait ». Cela semble idiot, je sais, mais parfois, en gardant à l'esprit que je ne savais vraiment pas que j'avais promis quelque chose et que je ne l'avais pas fait, j'avais l'impression que toute ma famille se liguait contre moi. Maintenant que nous savons tous qu'il y a un problème, nous pouvons voir les choses sous un angle différent. Certaines des choses que je fais (ou ne fais pas) – monter dans la voiture par la mauvaise portière, mettre la glace au réfrigérateur – sont tellement folles qu'en fin de compte, tout ce que nous pouvons faire, c'est en rire.

Pour les enfants, mes petits moments d'absence sont l'occasion d'inverser les rôles. Chaque fois qu'ils font quelque chose d'un peu idiot, je leur dis « Dime Bar ! », comme dans la vieille publicité d'Harry Enfield où il joue le rôle d'un acheteur pas trop malin qui fait tomber des boîtes dans son chariot. Maintenant, quand je commence à buter sur les mots, à bégayer un peu, Seren me rend la pareille – « Papa ! Dime Bar ! » Peut-être qu'un jour, elle ira plus loin et utilisera la phrase d'Harry dans cette publicité : « Ce type est cinglé. » Avec un peu de chance, je serai encore capable de comprendre suffisamment pour savoir qu'elle est drôle.

Les enfants sont assez gentils. Lorsqu'un tel écart se produisait avec mes copains, ils me regardaient comme si j'étais l'idiot du village – « Tu es stupide ou quoi ? » Maintenant, au moins, ils reconnaissent que quelque chose ne va pas – « OK », disent-ils, « mais tu es quand même stupide ! »

Avec des amis plus récents, cela peut sembler un peu plus gênant et embarrassant. Nous avions des voisins et pendant qu'ils étaient là, j'ai demandé à Seren d'aller chercher quelque chose.

« Euh… euh… »

Elle savait que j'avais oublié son nom. « Allez, dis-le ! »

« Euh… tu… »

« Non, ce n'est pas ça – qu'est-ce que c'est ? »

Mes amis savent évidemment comment je suis, mais on se demande toujours ce que pensent les gens lorsqu'ils assistent à une situation de ce genre.

Alors qu'il m'arrivait de perdre le fil une fois de temps en temps, c'est désormais mon quotidien. Je me retrouve à buter sur des phrases, sans certitude d'arriver à la fin. Je veux parler, mais mon esprit est soit en pause, soit incapable d'agir. La plupart du temps, l'option la plus simple est de rester silencieux. Je ne vais pas adresser la parole à qui que ce soit parce que je sais que ce sera un travail difficile et que je m'énerverai contre moi-même. Mais parfois, même mon propre silence n'est pas sous contrôle. Récemment, j'ai eu l'impression qu'un peu du syndrome de Tourette se glissait dans mon comportement. J'ai remarqué qu'à la maison, il m'arrivait de dire des choses déplacées ou de jurer à voix haute. Oubliez les autres, c'est moi que cela choque – et c'est moi qui le fais. Ces crises m'amènent à me poser des questions. L'ai-je fait exprès ? Ai-je pensé à quelque chose qui m'a fait réagir de la sorte ? Suis-je en train de jouer de ma démence ? Je me remets constamment en question : pourquoi est-ce que je me comporte comme je le fais ?

Heureusement, malgré tout, Steph et moi sommes capables de rire de cet intrus dans nos vies.

Elle me rappellera que c'est le jour des poubelles – « Je ne peux pas faire ça », lui dirai-je.

« – Pourquoi ?

– Lésions cérébrales.

– Allez, dégage.

– Non, vraiment, je ne me souviens plus comment sortir par la porte de derrière. » D'autres fois, je lui dis que c'est elle qui a un problème. Bien qu'elle puisse se souvenir des paroles de n'importe quelle chanson – d'où son surnom de « Jukebox » – essayez de lui faire retenir tout ce qui se passe dans les magasins et vous n'aurez aucune chance de vous en souvenir. Je lui ai dit : « Chante la liste des courses et tu t'en souviendras peut-être ! »

Elle donne autant qu'elle reçoit. Si elle ne sait plus où elle en est, elle me dit : « Je me suis fait avoir, je suis moi aussi stupide maintenant. »

C'est très bien que l'on se moque l'un de l'autre – c'est exactement ce que je veux. L'alternative, à savoir que nous restions là à nous morfondre dans la situation, ne mérite même pas qu'on y réfléchisse.

Parfois, cependant, je ne peux pas l'éviter. C'est une question inutile, parce qu'il n'y a pas de réponse, mais je ne peux pas m'empêcher de me demander. *Qu'a-t-elle fait pour mériter cela ?* La plus gentille des femmes, la plus aimable des mères, la plus généreuse des partenaires – *Pourquoi ? Pourquoi elle ?* Je ne souhaite à personne ce qu'elle endure. Je sais qu'elle y fera face, parce qu'elle est plus forte que n'importe qui. Je parle d'une vraie force. Pas de celle de quinze gars sur un terrain de rugby. Steph est incroyablement résistante – elle a dû le faire, étant mariée avec moi. Mais pourquoi devrait-elle porter ce fardeau ? Cela ne change rien de le dire, mais je le dis quand même – c'est tellement, tellement injuste. C'est facile pour moi. Je ne pourrai pas voir ce qui se passe à travers les nuages de la démence. Pour elle, ce sera clair comme du cristal. La cruauté de la démence peut sembler destinée à la victime ; en fait, elle est destinée à ceux qui restent.

Parfois, j'ai l'impression d'en apprendre autant sur moi-même que j'en oublie. J'ai toujours aimé cuisiner, mais aujourd'hui, c'est devenu une activité plus importante, dans laquelle je peux vraiment me perdre. Je n'aime rien plus que de préparer le rôti du dimanche, de faire ma propre sauce, de préparer toutes les garnitures. Il n'est donc pas étonnant que je trouve particulièrement pénible qu'un trou de mémoire vienne interrompre cette évasion mentale. Il m'est arrivé plusieurs fois d'être là, en train de préparer des plats que j'avais déjà cuisinés des centaines de fois, et d'oublier complètement ce que j'étais censé faire. La semaine dernière, je préparais une tarte et je me suis arrêté net. Je n'avais aucune idée de ce qu'il fallait faire ensuite. Steph a dû m'aider. Je lui ai dit : « Je n'ai pas la moindre idée de ce qu'il y a dedans. »

La lecture constituait un autre grand moment d'évasion. Je fais de mon mieux pour m'y tenir, mais ce n'est pas facile quand je ne me souviens pas du tout de ce que j'ai lu la dernière fois. J'en suis actuellement au quatrième d'une série de romans policiers, et je devrais donc connaître les personnages récurrents, mais ils surgissent dans les pages comme un mystère complet pour moi. Lire n'est pas vraiment la même chose lorsqu'il faut sans cesse vérifier qui sont les personnages. Ce qui était autrefois un moyen d'échapper à la frustration est maintenant devenu la source de celle-ci.

Il m'est difficile de retenir des informations écrites. C'est difficile quand on a des responsabilités professionnelles et, comme je viens de le faire, quand on est en train d'acheter une maison. Parfois, des gens ont pensé que j'étais dyslexique. Ce n'est pas le cas, mais le fait qu'ils aient pensé que je pouvais l'être montre à quel point les lésions cérébrales peuvent être mal interprétées.

L'alcool, je n'y ai pas encore renoncé. Comme je suis un grand garçon, j'ai toujours été capable de tenir mon verre, même si aujourd'hui je ne bois jamais plus de quelques bières parce que ce n'est plus ce que je suis. J'ai toutefois remarqué que, même après quelques verres, je peux avoir des trous de mémoire. Je me réveille le lendemain matin et je regarde Steph. Elle sait, à l'expression de mon visage, ce que je pense – *Merde ! Qu'est-ce que j'ai fait ?* Elle voit la panique dans mes yeux.

« – Tout va bien, dit-elle alors, il ne s'est rien passé. Tu vas bien.

– Je n'ai pas couru tout nu dans la rue ?

– Pas cette fois. »

Les risques de trouble à l'ordre public sont heureusement minces. Nous prendrons quelques verres avec un bon dîner, puis nous passerons la nuit à devant la télévision – ce dont, bien sûr, je ne me souviens pas non plus. Je n'ai jamais bu à la maison – pour moi, c'était quelque chose que l'on faisait dehors –, mais maintenant, je préfère de loin boire quelques bières, trouver ce petit bonheur, et danser dans la cuisine avec les enfants. Rien de plus. La dernière chose que je veux, ce serait chambouler ma routine quotidienne, qui implique un départ très matinal. Il le faut – lorsque vous avez quatre enfants en bas âge, comment pouvez-vous concilier vos responsabilités familiales, professionnelles et, dans mon cas, la lutte contre la démence ?

Comme j'ai du mal à me concentrer, chaque petite chose prend plus de temps qu'elle ne devrait. La frustration liée aux changements de mode de vie pour rester en forme et en bonne santé est due à la pression du temps. Maintenir mon état mental équilibré signifie passer plus de temps aux feux rouges. La nature de mon métier m'oblige à travailler la nuit. Sensibiliser le public aux lésions cérébrales dans le sport signifie réaliser des documentaires et des interviews.

La recherche de la sécurité financière implique de traiter des questions juridiques.

Je ne reste pas dans ma bulle. Des gens dépendent de moi. J'étais récemment à Portsmouth pour le travail lorsque Steph a appelé. Saskia avait une température ridiculement élevée, Steph était restée debout toute la nuit avec elle, et maintenant Saxon n'avait pas l'air d'aller bien non plus. J'ai repris l'autoroute et j'ai franchi la porte d'entrée pour trouver Steph épuisée, les yeux cernés sur le canapé, et il fallait encore aller à l'école. C'est ça la vie de famille. Des millions de personnes jonglent chaque jour avec leurs engagements. Je ne sais pas avec combien de balles je peux jongler avant d'en laisser tomber une. Lorsque quelqu'un a renversé votre sablier et que le sable s'épuise, tout semble sous pression.

Un jour normal, je me lève avant six heures, je nourris le chien et j'ai un peu de temps pour moi avant que les enfants ne descendent. Je prépare leur petit déjeuner, les dépose à l'école, à pied ou en scooter (je ne me souviens pas avoir vu des enfants déposés à l'école en voiture lorsque j'étais enfant) et je vais pêcher une heure pour me changer les idées. Je rentre à la maison, je fais un peu de fitness, rattrape un peu de paperasse, puis les enfants rentrent à la maison et c'est reparti pour le chaos habituel. C'est tout, c'est ma journée. Enfin, peut-être. Si je travaille de nuit, je pars avec une équipe dans la camionnette et je ne retrouve mon lit qu'à cinq heures du matin.

Heureusement, Steph ne travaille pas, ce qui me libère d'une grande partie de la pression liée à la prise en charge des enfants. Elle sait, par exemple, que mon cerveau est follement sensible aux bruits aigus. Si l'un des enfants couine, c'est comme si quelqu'un avait pris un fer à repasser chaud et l'avait appuyé sur un nerf. C'est comme un réflexe – je n'ai pas d'autre choix que de crier. Ensuite, je vois les enfants me regarder et je me sens très mal. Je leur dis toujours que je suis désolé. Je ne veux pas que mon état les perturbe. Encore une fois, j'ai la chance d'avoir quelqu'un d'aussi compréhensif que Steph. Elle sait immédiatement si je suis mal en point et si j'ai besoin d'être seul. Je lui en suis très reconnaissant – je suis bien conscient que je la laisse s'occuper de quatre enfants. C'est l'une des raisons pour lesquelles, lorsque je retrouve mes esprits, j'essaie de faire le maximum avec eux. Il est important pour moi de passer chaque minute que je peux avec les enfants. Nous sommes tous des bombes à retardement dans une certaine mesure – personne ne sait combien de temps il vivra – mais je ressens la pression de créer les souvenirs qui, je l'espère, resteront avec eux lorsque je serai devenu une personne complètement différente. Et pourtant, la réalité, la dure réalité, c'est que je dois gagner autant d'argent que possible, aussi vite que possible. Je me sens parfois désolé de voir que le temps familial, si précieux, est grignoté. Je veux désespérément être là pour les câlins, à l'heure du coucher, parce que je veux graver ces souvenirs, pour eux et pour moi. Si je ne suis plus qu'une coquille vide, je veux qu'ils sachent que leur père les aimait plus que tout au monde. Je veux qu'ils se souviennent de ce qu'ils ressentaient lorsqu'il les prenait dans ses bras, lorsqu'ils étaient embrassés par lui, lorsqu'ils sentaient ses poils frotter contre leur visage. Pour ma part, je veux faire tout ce qui est en mon pouvoir pour les programmer dans mon cerveau, marquer leurs noms au fer rouge. Je veux faire tout cela avant que la maladie empire et que j'oublie.

Il est si difficile de trouver un équilibre entre l'argent, la famille et les soins personnels. Chaque jour, je suis sur un fil dans une tempête de force 10 et j'essaie d'atteindre le rivage. Mais il y a une autre façon, plus positive, de voir les choses. Ma maladie nous a rapprochés plus que je n'aurais pu l'imaginer. Je pense que lorsqu'ils seront plus âgés, les enfants nous respecteront pour avoir été aussi ouverts que possible avec eux dès le début, même s'il n'est pas possible de cacher la démence de toute façon. Ils en ont des manifestations sous les yeux. Cela semble terrible parce qu'ils sont si jeunes, mais ils ont déjà commencé à comprendre mon comportement – « Laissons-le un peu tranquille, il n'est pas dans son assiette. » Il faut respecter l'intelligence des enfants. Cela ne marche pas de leur cacher des choses, de les laisser avec des questions en tête.

L'autre jour, je me suis énervé. Je me suis rendu compte que j'avais oublié les naissances des enfants, non pas leur anniversaire (que je peux conserver dans l'agenda de mon téléphone), mais leur venue au monde. Et ce, bien que j'aie été aux côtés de Steph pour les quatre accouchements. Chacun devrait être gravé dans mon cerveau, mais non, la gomme de la démence les a tous effacés. Il en a été de même pour notre mariage. Le fait qu'il se soit déroulé à Las Vegas sera, je l'espère, difficile à oublier, mais si vous me demandez des détails – le jour même, le lieu, ce qui a été dit –, je n'en ai déjà plus la moindre idée. Comme tous les autres albums photos de ma maison, leur contenu est une révélation aussi grande pour moi que pour un étranger.

Je me demande parfois si ces lacunes n'apparaissent pas parce que je panique, parce que je fais trop d'efforts. Vous savez, parfois, si vous regardez quelque chose en face, vous ne le voyez pas, mais si vous regardez du coin de l'œil, il est là ? Ou bien une image cachée apparaît sur votre téléphone et ce n'est qu'au dernier moment, quand vous abandonnez votre recherche, qu'elle devient claire ? C'est comme ça. Je veux tellement me souvenir de certaines choses que j'ai peur de forcer mon esprit et qu'il se rebiffe, me joue des tours, cachant des souvenirs derrière un rideau. Ou bien il se met en mode panique – *J'AI BESOIN DE ME SOUVENIR ! IL FAUT QUE JE ME SOUVIENNE !* Sa fonction principale disparaît et tout ce qu'il peut faire, c'est se crier dessus. Je ne le blâme pas, je fais exactement la même chose. Ensemble, mon cerveau et moi ne pouvons même pas mettre ce déclin sur le compte d'événements qui glissent de plus en plus vers le passé. Si quelqu'un me demandait : « Qu'as-tu fait la semaine dernière ? », il y aurait des trous noirs à la place de journées entières. Je sais que certaines personnes diront qu'elles ne se souviennent pas de ce qu'elles ont fait hier, ou qu'elles se retrouvent en haut de l'escalier sans savoir ce qu'elles sont allées chercher, mais c'est différent. Il y a un vide là où se trouvaient bon nombre de mes souvenirs les plus précieux, qu'ils soient nouveaux, anciens ou intermédiaires. Peu à peu, ils disparaissent. Ils ne sont pas oubliés. Ils sont effacés. Disparus. Je finirai par avoir une vie antérieure qui existe principalement derrière un mur – un mur trop haut pour que je puisse jamais voir la beauté de l'autre côté. La prise de conscience d'une perte émotionnelle aussi énorme me frappe avec la force d'un plaquage. La mort d'un souvenir est une commotion en soi, un coup dur pour mon moral, un rappel brutal de ce que la démence me fait et de ce dont elle me dépouillera encore.

*

Je suis très heureux de la situation dans laquelle je me trouve aujourd'hui avec Steph et les enfants. Mais ce bonheur est constamment assombri par l'inévitable qui se profile. Il arrivera un moment où je ne pourrai plus rien faire. Quand, au lieu d'alléger le poids de ma famille, mentalement sinon physiquement, je vais le faire peser sur elle. C'est l'une des raisons pour lesquelles nous nous sommes installés dans le Cheshire. Je n'ai pas de famille pour me soutenir, mais la famille de Steph est proche. Elle vient d'un milieu totalement différent du mien. Pour elle, la famille est tout, un lien qui ne peut être rompu. Si mon état empire et que Steph a besoin d'une aide émotionnelle, nous savons que sa famille sera là. Pour eux, il est naturel de s'épauler mutuellement. Au cours des années qui ont précédé notre retour au Royaume-Uni, je me suis tourné vers la communauté des expatriés pour obtenir ce soutien. Quand vous voyez comment fonctionne une vraie famille, vous comprenez que c'est incomparable.

Nous avons également la chance de vivre à la lisière d'une campagne magnifique. Ce que j'aime particulièrement dans le fait d'être rentré en Angleterre, ce sont les saisons. En vivant dans des pays chauds, il me manquait de voir le paysage changer autour de moi – différentes couleurs, différentes nuances, un jour n'étant jamais tout à fait comme le précédent. J'ai aussi adoré voir les enfants s'y habituer. Quelques jours après notre retour, nous roulions sur une route de campagne.

« – Arrête la voiture ! a crié Seren depuis la banquette arrière.

– Quoi ? Qu'est-ce qui se passe ? Qu'est-ce qui se passe ? J'ai ralenti pour m'arrêter.

– C'est un mouton ! »

Si elle avait vu un chameau, elle n'aurait pas sourcillé. Pareil pour un tigre ou un lion, à bien y penser. Elle les avait tous vus au zoo de Dubaï. Mais un mouton ? On aurait dit un animal d'une autre planète.

Maintenant, elle s'habitue à un autre spectacle : les équipes de tournage qui débarquent à la maison pour filmer mon combat contre la démence. Je crois qu'en fait, elle aime bien ça. Il y a quelques semaines, ils nous filmaient sur le chemin de l'école. Les autres enfants demandaient ce qu'étaient les caméras. Elle a répondu fièrement : « C'est pour nous ! », avec un peu d'assurance.

J'ai toujours minimisé mes performances sportives devant les enfants. Ils ne m'ont jamais vu jouer et ce n'est pas comme si je m'asseyais tous les soirs devant les vidéos de mes matchs. Parfois, cependant, Seren entend un parent d'un ami mentionner quelque chose.

Ellc me demande : « Tu es célèbre ? »

Je lui réponds : « Non, non. »

Mais je pense qu'elle a compris qu'il y a quelque chose en moi que certaines personnes trouvent intéressant.

C'est drôle, quand nous nous sommes installés chez elle, Steph était persuadée que personne n'aurait la moindre idée de qui j'étais. « Ici, on ne s'intéresse qu'au football », disait-elle, « pas au rugby. »

C'était juste avant Noël et nous sommes allés à Liverpool pour faire quelques achats. Nous nous sommes dirigés vers un étal de marché pour acheter du papier d'emballage. J'étais sur le point de payer quand le type a refusé catégoriquement. « Non, Steve », m'a-t-il dit, « c'est pour moi, pour tout ce que tu as fait. » J'ai regardé Steph. Elle était abasourdie.

Nous avons ensuite rencontré les parents de Steph pour déjeuner dans un pub du centre-ville. Je m'apprêtais à payer l'addition lorsque j'ai remarqué que les boissons n'avaient pas été incluses. Je l'ai fait remarquer, car je ne voulais surtout pas que quelqu'un ait des ennuis. Le gérant s'est approché. « Ne vous inquiétez pas, Steve », a-t-il dit, « les boissons sont offertes par la maison. C'est un plaisir pour nous de vous recevoir ici. »

Je me suis tourné vers Steph. « Je croyais que tu avais dit que personne ici n'aurait la moindre idée de qui j'étais. » Elle n'a rien dit – elle était appuyée sur la table, la tête dans les mains.

J'aime que nous soyons tous ici, dans notre nouvelle maison, heureux, blottis, nous six, notre famille. J'ai acheté et vendu des propriétés par le passé, mais celle-ci me tient plus à cœur que toute autre. Cette maison a été durement gagnée en des temps difficiles. Elle n'a pas été gagnée grâce au rugby ; elle est le fruit d'un travail acharné et de notre détermination à ne pas nous laisser abattre par la maladie. Pour moi, malgré mon état, cette maison représente un nouveau départ, et c'est pourquoi nous n'avons emporté de l'ancienne que les canapés. Je n'étais pas attaché à beaucoup d'objets parce que je ne me souvenais pas d'où ils venaient ni pourquoi je les avais achetés, et nous nous en sommes donc débarrassés.

J'aimerais pouvoir dire la même chose à propos de la démence. L'autre matin, j'ai enfoncé ma tête dans mon oreiller et j'ai pleuré. Tout ce que je pouvais penser, c'est que j'avais gâché ma vie. Je me suis mis dans cette situation, j'ai mis ma famille dans cette situation. Les gens n'arrêtent pas de me dire : « Ce doit être incroyable de jouer pour son pays. » Et c'est vrai. Mais se retrouver dans ma situation n'en valait pas la peine.

On me dit : « Je donnerais tout pour faire ce que tu as fait. » Et je pense : *allez-y, donnez votre vie de famille* – parce que c'est ce que j'ai fait. Le rugby m'a façonné – il m'a emmené dans des endroits extraordinaires, m'a fait vivre des expériences incroyables et m'a fait rencontrer des gens remarquables. Mais en même temps, il m'a détruit.

Quel était l'intérêt de tout cela ? J'ai eu soixante-treize sélections pour l'Angleterre. Je ne pourrais pas en être plus fier. Mais je ne peux pas donner plus de détails que cette simple statistique, car je ne me souviens pas de grand-chose.

Je me suis finalement arraché du lit et j'ai fait du Peleton pendant une demi-heure. J'avais tellement d'énergie refoulée à l'intérieur – de la tristesse, de la colère, peu importe comment on l'appelle – que je suis arrivé troisième sur 7 500 personnes lors de la session. J'ai tout déchiré et, à cette occasion, je me suis senti mieux. J'avais vidé non pas le corps, mais l'esprit. N'est-ce pas étrange ? Une personne atteinte de démence qui se vide volontairement le cerveau ? Parfois, cependant, le vide est une libération. J'efface le tableau. Sur cette surface brillante et immaculée, je dessine tout ce qui compte vraiment pour moi. Cinq visages extraordinaires. Je me suis retourné dans mon lit et me suis endormi profondément.

Épilogue

LES TÉNÈBRES ET LA LUMIÈRE

En écrivant ce livre, j'ai essayé de reconstruire mon esprit. Les fondations sont peut-être faites de sciure de bois et les briques de sable mais, pendant un certain temps, j'ai pu revoir qui je suis et ce que j'ai fait.

Je vais être honnête. Une grande partie de moi est encore dans le déni. Une partie de moi pense que ce ne sont que des conneries, que ce n'est qu'une grosse erreur et que si je lutte suffisamment longtemps, la démence disparaîtra. Soyons réalistes, je me suis déjà cassé le cou et je m'en suis sorti. Il y a toujours eu un moyen, j'ai toujours survécu. Ce sera la même chose. N'est-ce pas ?

Une fois, j'ai même demandé à John, le neuropsychiatre : « Mon cerveau me joue-t-il des tours ? Se pourrait-il que tout aille bien ? » C'est fou, non ? En me donnant de tels espoirs, je ne fais que préparer la chute. Je me convaincs que je vais bien et soudain, quelque chose se produit – j'oublie le nom d'un ami –, et je retombe sur terre lourdement. D'autres fois, je suis en train de discuter avec quelqu'un, je me sens en pleine possession de mes moyens, et je réalise soudain que mon cerveau n'a pas imprimé un seul mot qui vient d'être prononcé. C'est exactement ce qui est arrivé l'autre jour avec le père de Steph : j'écoutais et en même temps, je n'écoutais pas. Le pire, c'est lorsque l'autre personne oublie où elle en était dans la conversation – « Où en étais-je ? », demande-t-elle.

« Vous me le demandez à moi ? Vous savez ce qui m'arrive, n'est-ce pas ? Je ne sais pas où j'en étais, et encore moins où vous en étiez ! »

Je pense qu'en fait, ce qui confirme le plus que je suis atteint d'ETC, c'est que je ne peux jamais me souvenir de la signification de ces trois lettres. Il n'y a, à proprement parler, aucun espoir. Mais je ne voudrais pas que l'on pense qu'il s'agit d'un livre où l'on crie : « Plaignez-moi. » Je ne l'ai pas écrit pour que les gens me regardent avec un air compatissant ; je l'ai écrit parce que je veux lever le voile sur un petit secret du sport. Je l'ai également écrit parce que je vois à quel point il est important que le message sur la démence vienne de quelqu'un qui vit avec, de quelqu'un qui est lui-même en perpétuelle découverte de soi-même. Je veux que mon message soit entendu, pour aider le plus grand nombre de personnes possible à ne pas se retrouver dans la même situation.

Je veux aussi, pour le bien des générations à venir, que tout le monde comprenne à quel point les lésions cérébrales et le risque de démence sont répandus dans le sport. Depuis des années, certains font pression pour que le monde du sport se rende compte qu'ils se sont heurtés à un mur de briques. Oui, savoir ce qui va m'arriver est une torture, mais je me console en sachant que mon diagnostic contribue à mettre en lumière les milliers d'invisibles – non seulement dans le sport, mais dans la société tout entière – pris au piège de la démence. Nous ne pouvons pas continuer à oublier ceux qui oublient.

Je pense que la plupart des personnes qui écrivent leur histoire espèrent qu'elle sera pertinente pendant de nombreuses années. C'est différent pour moi. J'espère qu'un jour, *Inoubliable* sera considéré comme un document historique d'une époque néfaste où le sport s'est égaré, s'est embourbé dans une vision étroite et a placé le profit au-dessus de la responsabilité. Malheureusement, le changement semble toujours venir lentement, et les lésions cérébrales traumatiques dans le sport, ainsi que leurs conséquences, sont susceptibles de persister sous une forme ou une autre pendant des décennies.

Je suis sûr qu'il y a toutes sortes de personnes qui ont joué au rugby à tous les niveaux et qui sont effrayées par les problèmes auxquels elles pourraient être confrontées aujourd'hui. Peut-être sont-elles dans le déni. Peut-être ont-elles claqué la porte à l'idée que leur cerveau pourrait abriter une présence extraterrestre. C'est pourquoi j'espère qu'*Inoubliable* sera une lueur d'espoir, un léger coup de pouce pour montrer que la vie continue malgré la démence, que les dommages qu'elle inflige sont progressifs et qu'il existe, malgré l'absence de réponse nationale coordonnée à la crise de la démence, des personnes et des organisations remarquables pour vous aider, mais aussi pour aider ceux qui vous entourent – ceux pour qui vous avez le plus de crainte.

Au fond de moi, j'ai besoin de ce livre parce que je n'ai rien d'autre. Les photos et les vidéos du passé n'ont plus de sens. Je suis dedans, mais pas dedans. Comme si je pointais un appareil photo sur moi pour découvrir qu'il n'y avait pas de pellicule dans l'appareil. Ma vie – ou plutôt la version que mon cerveau a de ma vie – sera dans ma tête. C'est pourquoi, lorsque la démence finira par prendre totalement possession de moi, je lui demanderai une chose : de ne pas me piéger dans le monde du rugby ou de mon enfance, mais de me permettre de vivre dans un espace qui est à jamais le moment présent – ma femme Steph et nos quatre magnifiques enfants tels que je les vois ici, devant moi, en ce moment, riant, jouant et, dans un souci de réalisme, se chamaillant un peu. Donnez-moi cela et, à l'extérieur, j'aurai peut-être l'air vide, mais à l'intérieur, je vivrai la vie la plus heureuse possible. L'image s'est arrêtée au point de perfection. Steph, Seren, Slone, Saskia et Saxon – je serai dans vos vies à chaque minute de chaque heure. Repensez à ces moments et vous serez aussi dans la mienne.

REMERCIEMENTS

Cela a été bizarre de me redécouvrir à travers les souvenirs d'autres personnes. Je ne pouvais pas écrire une autobiographie – je ne me souviens pas d'assez de détails de ma propre vie – et donc, par nécessité, j'ai dû combler ces lacunes avec des témoignages. Il y a eu des moments où les gens ont été si gentils avec leurs souvenirs que je me suis demandé si j'y croyais vraiment. Sont-ils en train d'enjoliver le vrai moi ? Ce n'est pas de la paranoïa. En vérité, peu de gens du rugby, joueurs ou non, m'ont envoyé des messages depuis que ma démence a été rendue publique. Cela m'a un peu surpris, car j'ai toujours pensé que j'étais doué pour m'occuper des gens quand ils avaient des problèmes. Peut-être que je me suis trompé sur ce point. J'ai discuté avec Hephs.

« Écoute, dis-moi la vérité », lui ai-je demandé. « Est-ce que j'étais un peu un trou du cul quand j'étais plus jeune ? Parce que les gens ne font pas vraiment la queue pour me tendre la main maintenant. »

Sa réponse a été directe, typique de lui : « Oui, tu n'as pas été toujours facile, disons-le comme ça. »

Cela m'a un peu surpris – j'aurais mieux fait de ne pas poser la question ! Mais on ne peut pas tout avoir. J'ai toujours apprécié les gens qui parlent franchement, et c'est pourquoi j'apprécie tant les contributions de ceux qui ont eu la gentillesse de participer à ce livre.

Parmi eux figurent plusieurs joueurs de l'équipe d'Angleterre victorieuse de la Coupe du monde 2003. Un grand merci à ce fou de Lewis Moody qui me fait encore rire, au très beau Ben Cohen, à Joe Worsley et au roc qu'est mon ami et mentor de Northampton, Paul Grayson. Du côté des entraîneurs, qui se sont efforcés de me rendre aussi bon que possible, je remercie Simon Hardy pour son immense savoir et sa patience qui m'ont permis de devenir un lanceur en touche décent (je m'excuse une fois de plus pour le café de merde). Andy Robinson – je ne pourrais pas te respecter davantage. Merci beaucoup pour le temps consacré à faire de moi un international anglais et pour la manière dont tu l'as fait, avec bonne humeur et discipline. Sir Clive Woodward, vous avez raison – vous dirigiez vraiment un orchestre. C'est le seul dans lequel je me serai jamais trouvé et « merci » ne me semble pas suffisant pour m'avoir permis d'y trouver ma place.

J'aimerais également remercier Colin Deans, un géant du jeu qui m'a encadré en tant que talonneur à Northampton ; John Steele, qui a lui aussi exercé une influence considérable ; et Phil Keith-Roach, qui m'a totalement compris. Wayne Smith – si j'ai été un joueur de classe mondiale, c'est grâce à toi.

Nombreux sont ceux qui m'ont guidé tout au long de mon parcours, mais qui n'ont jamais vu les feux de la rampe et qui, je l'espère, ne chercheraient pas un seul instant à s'y faire une place. Il s'agit notamment des entraîneurs qui m'ont aidé à surmonter mes débuts de « diamant brut ». Merci à Mark Lee, Matt Bridge et Alan Hughes. Un immense et sincère merci également à Keith Picton qui a absolument sculpté ma carrière. Les mots ne suffisent pas à exprimer ce que tu as représenté pour moi.

Je voudrais remercier Hephs, qui est comme un membre de la famille pour moi, d'être là si souvent. Je t'admire à bien des égards. Merci également à Andy Blay, un grand ami qui me permet de me sentir à l'aise dans ma peau, et à Jon Drown pour sa présence constante dans ma vie. Mike McGeever – tu as été une bouée de sauvetage –, quelqu'un que j'aurais aimé avoir à mes côtés lorsque j'étais plus jeune. Merci également à ton incroyable épouse, Caroline. Une grande mention également à Steve et Helen Wall, des personnes magnifiques et les parrains de nos enfants, ainsi qu'à mon vieil ami Mikey Davies à Dubaï. Richard Higson et Stuart Stammers – merci pour le plaisir et les rires. Shaun, Simon, Gary et Declan de SP Environmental, merci de rendre le travail quotidien si agréable.

Ben Thomas, mon agent, tu as été immense, un ami et un pilier dans les moments difficiles. De tout cœur, merci.

Merci à tous les membres de la Concussion Legacy Foundation pour leur incroyable travail de sensibilisation (pour discuter du don de cerveau, envoyez un courriel à UK@concussionfoundation.org).

Je voudrais également remercier les médias qui ont été proactifs en parlant des problèmes du rugby, en racontant les histoires des joueurs et en devenant le genre de diseurs de vérité indépendants qui peuvent faire la différence.

Un grand merci à James Hodgkinson, Matthew Phillips et à toute l'équipe de Bonnier pour avoir fait fonctionner ce projet et s'être montrés si engagés, serviables et compréhensifs dès le début. Ce fut un plaisir.

Enfin, je voudrais remercier John Woodhouse, qui a travaillé avec moi sur ce livre, pour avoir rendu si confortable ce qui aurait pu être si difficile. Je n'aurais jamais écrit ce livre si tu ne m'avais pas mis à l'aise. Nous avons sympathisé autour d'un mauvais sandwich aux bâtonnets de poisson, nous sommes devenus amis et c'est ainsi que tout a commencé.

Il y aura, je le sais, ceux que j'ai oubliés, et je ne peux que m'excuser auprès d'eux. Croyez-moi quand je vous dis que vous êtes là, j'en suis sûr, quelque part dans ma tête.

Plus que tout, je voudrais remercier mon incroyable épouse Steph et mes quatre magnifiques enfants, Seren, Slone, Saskia et Saxon. Vous êtes mes rocs. Vous êtes tout pour moi. Je vous aime plus que les mots ne pourront jamais le dire.

Composition et mise en pages
Nord Compo à Villeneuve-d'Ascq